大师经典

# 量子领导者

·珍藏版·

[英] 丹娜·左哈尔（Danah Zohar） 著

杨壮 施诺 译

*Danah Zohar*

The Quantum Leader

A Revolution in Business Thinking and Practice

机械工业出版社

CHINA MACHINE PRESS

从牛顿物理时代到量子物理时代，人类正在经历一次认知方式上的重大改变。无论是商界还是其他领域的领导者，都需要从根本上重构思维方式以应对充满未知、复杂性和不确定性的未来。在本书中，"量子管理"理论的奠基人丹娜·左哈尔教授融合东西方智慧，深入剖析了为什么传统商业系统如今不再奏效，对比了牛顿式管理和量子管理模式的优劣，并提出了企业引入量子变革、构建量子管理系统的原则和路径。

## 图书在版编目（CIP）数据

量子领导者：珍藏版／（英）丹娜·左哈尔（Danah Zohar）著；杨壮，施诺译. —北京：机械工业出版社，2022.9（2023.9 重印）
（大师经典）
书名原文：THE QUANTUM LEADER
ISBN 978-7-111-71450-7

Ⅰ.①量… Ⅱ.①丹… ②杨… ③施… Ⅲ.①企业领导学 Ⅳ.①F272.91

中国版本图书馆 CIP 数据核字（2022）第 153214 号

机械工业出版社（北京市百万庄大街22号　邮政编码100037）
策划编辑：李新妞　　　　　　责任编辑：李新妞
责任校对：薄萌钰　张　薇　　责任印制：李　昂
河北宝昌佳彩印刷有限公司印刷

2023 年 9 月第 1 版·第 2 次印刷
169mm×239mm·18.5 印张·1 插页·202 千字
标准书号：ISBN 978-7-111-71450-7
定价：69.00 元

电话服务　　　　　　　　　　网络服务
客服电话：010-88361066　　　机 工 官 网：www.cmpbook.com
　　　　　010-88379833　　　机 工 官 博：weibo.com/cmp1952
　　　　　010-68326294　　　金 书 网：www.golden-book.com
**封底无防伪标均为盗版**　　机工教育服务网：www.cmpedu.com

写给张瑞敏先生，本人对他的量子视野及
实践勇气深表敬佩。

# 译者序

我认识左哈尔女士可以追溯到 2008 年。那年，我是她所著《魂商》（*Spiritual Intelligence*）一书的译者，对她在书中提出的魂商（SQ）理念和量子管理思想产生了浓厚的兴趣。后来，我邀请左哈尔教授到北京大学国家发展研究院（以下简称北大国发院）给 MBA 学员讲述魂商的核心观点，受到同学们的热烈欢迎。左哈尔女士早年在麻省理工学院学习物理学和哲学，后来在哈佛大学深入研究东西方文化，并获得哲学、宗教及心理学博士学位。她将量子物理学原理引入企业管理领域，融合东西方智慧，提出自成一家的"量子管理学"，在全球管理界产生了深远影响。

2015 年 6 月，应左哈尔教授和机械工业出版社编辑的请求，我又开始担任左哈尔女士的新书《量子领导者》的译者。左哈尔女士也在北京与我见面，希望我把这个任务接下来。尽管在北京大学的教学研究工作繁忙，但出于对左哈尔教授的尊敬和对量子领导理论的兴趣，我最终接受了这项翻译工作。

整个翻译过程极具挑战性。左哈尔的书涉及历史、哲学、物理、文学等多个学科领域，翻译是一个系统工程。自始至终，我们坚持了一个基本原则：忠于原文，精准翻译。因此，译稿经过了反复推敲，多次修改，很多人为此付出良多。在此特别感谢北大国发院经济学硕士程玺女士对译稿中多处复杂难点的精准校对与整理，也感谢机械工业出版社的编辑在翻译过程中开展了多方面的协调工作。可以说，本书的顺利出版本身也是量子相互碰撞的结果。

20 世纪，量子物理学的出现开启了一个新的科学时代，与量子物理相联系的思维、混沌理论和复杂科学强调不确定性创造的潜能。量子世界观将宇宙看作一个不断进化的、深层次联通的自组织系统，可以通过反复试错来探索未知。左哈尔的《量子领导者》一书在理念上挑战了基于牛顿思维模式的西方管理模式，提出了互联网时代组织的量子特征，在理论上和实践上都具有重要的意义。

左哈尔教授认为，17 世纪伟大的物理学家牛顿的科学思维已经遍布人类心灵的每一个角落，影响到社会的各类组织机构及国家的商业市场领域。牛顿思维假定所有事物都是确定的、可预测的，如同机器一般运转。牛顿式商业领袖更重视企业效率，强调目标和结果。牛顿式领导者擅长"有限博弈"，量子领导者则擅长"无限博弈"；牛顿式领导者追求事物发展的稳定性和逻辑性，而量子领导者善于学习应对不稳定性和不确定性的局面。牛顿式世界观是囚禁当今时代商业思维的观念。借用大物理学家玻姆的观点，"世界上所有的问题都是思维的问题"。牛顿式领导者主要使用左脑，重视逻辑线性思维，调动部分大脑工作；量子领导者则使用整个大脑，不仅重视逻辑思维，还开发右脑的本能思维，打破常规，创新创意。融合左右两部分大脑的功能，是量子组织的重要特质。

左哈尔教授将魂商定义为"人类的第三种智慧"，对应于智商和情商。它让我们意识到生命的意义、价值和目的。如果说《魂商》从个人层面解释了日常生活中不常见的现象，那么《量子领导者》则深入组织领导者、管理机制和领导力变革的根源，描绘了量子时代领导者的特质。左哈尔认为，人类属于物理世界的一部分，但是，人从本质上讲是一个量子系统。她描述的量子领导者身上应具有的特质包括：

- 量子自我是兼容并包的，它既有独特个体部分，又有关联性群体部分。

- 量子自我是整体性的、关联性的。我身在自然，自然在我身。

- 量子自我是自组织的，没有明确的边界。

- 量子自我是自由的，边界处于不断变化之中。

- 量子自我是负责的，我的选择创造了世界和我周边的一切。

- 量子自我是一个爱发问的自我，而问题共同创造了答案。

- 量子自我是心灵的，它充满了人生的意义、愿景、价值观。

在对量子时代的个人特质进行阐述后，左哈尔又描述了量子组织在目标、思维、战略、发展、绩效等领域与传统组织不同的八大特质：

- 量子组织具有整体性。整体影响局部。每个部分相互关联。

- 量子复杂系统是不确定的，难以预测，处于有序和混乱之间。

- 新科学是涌现且自组织的，自下而上。量子混沌系统具有创造性。

- 新科学是"兼容并包"的多元现象，而不是非此即彼、黑白分明。

- 海森堡不确定性原理得出结论：我们提出的问题决定了我们得到的答案。

- 新科学大胆梦想，发现了很多超越当下的、有趣的、有创造性的东西。
- 量子物理描述了一个参与式的宇宙，观测者也是被观察事实的一部分。
- 宇宙具有无限的可能性。量子组织意识到员工会不断追求梦想。

左哈尔提出的量子领导者和量子思维，与东方哲学注重整体、全局、灵感、长远发展目标有异曲同工之处，也让我们对于未来企业融合中西方管理精髓充满了希望。认真观察，我们发现今天在中国和世界上如日中天的互联网企业，如腾讯、阿里巴巴、脸谱、亚马逊、苹果、谷歌等，以及传统行业中转型相对成功的企业，如IBM、华为、海尔、京瓷、宏碁等，都在一定程度上具备了量子组织的特征。

左哈尔对量子领导者特质的描述对我们很有启发。但是对于今天不同社会环境中的组织和个人，面对复杂多变的量子环境，如何培育量子组织特质并成为量子企业，左哈尔并没有给出具体答案。量子企业不可能自然产生。量子组织的属性也并非都会对社会产生积极影响。在过去几年中，世界在政治、经济、社会、市场等领域都发生了巨大变化，变得越来越不确定、多元、复杂。互联网革命和大数据带来了技术、模式、效率、产品的创新，给人们的工作、生活、信息搜集带来了方便。同时，很多行业和企业在竞争中被互联网技术颠覆，很多人因此失业。技术不仅可以给人类造福，也会带来负面因素。恐怖组织利用互联网技术和去中心化特质，隐藏在世界的不同角落，给人类带来了巨大灾难。

面对这种情况，我的问题是：互联网时代带来的颠覆性技术对人类产生了什么影响？它改变了人类社会什么，以及没有改变什么？在互联网时代，人的弱点改变了吗？人的贪婪改变了吗？组织的社会属性改变了吗？人与人之间的信任是增强了还是减弱了？企业间竞争的规则和手段改变了吗？国与国之间的关系改变了吗？战争的逻辑改变了吗？最大限度攫取利润的企业短期经营目标改变了吗？今天的企业和100多年前的传统企业相比在技术层面发生了巨大变化，但是在人的精神和灵魂层面发生了什么本质上的变化？更为值得深层次思考的问题是：人类为什么没有在本质上发生改变？大多数企业的目标为什么总是追逐短期利润？促使企业向量子企业稳健长远发展的社会条件和文化土壤是什么？

个人的观点：传统企业要从本质上蜕变、发展成为左哈尔教授所描述的量子组织，必须满足两个条件：第一，领导者本人要有坚定的信仰和价值观，并且这种价值观通过企业文化对员工的熏陶在组织内得以弘扬；第二，企业所面临的生态环境和文化土壤必须对企业转变为量子组织具有积极的影响。

优秀的企业家都具有明晰的社会属性，以及清晰的价值观和人生观。企业领导者价值观的形成过程受到社会各方面因素的影响，在漫长的日积月累中逐步形成。这种价值观和信仰一旦转变为企业文化，将对组织发展产生决定性的影响。日本京瓷公司的稻盛和夫（敬天爱人、利他经营、做人何谓正确、致良知）、我国台湾慈济组织的证严上人（大慈大悲、宽亮容忍、懂得舍得）、海尔的张瑞敏（去中心化、服务型领导意识）、华为的任正非（艰苦奋斗、危机意识）等领导者，都是有追求、有梦想、有使命、有价值观的领军人物，他们的价值观、人格魅力和思想是培育量子特质、推动企业持续发展的灵魂和动力。

但是，个人领导力并不能保障企业的基业长青。组织是社会结构的一个组成部分，具有明显的社会属性，不断受到环境、文化、历史、市场、政治的影响。因此，组织不可能"独善其身"，企业也很难"在商言商"。德鲁克认为，管理是一门人文艺术。因为管理与文化精神因素有着密切关联，如人的本性、善与恶、真与美。"一个健康的企业、一所健全的大学和医院，不能在一个病态的社会中谋求生存并获得发展。"[一]人在环境中生活，必然受到环境的影响；组织面临怎样的社会生态，势必受到怎样的熏陶。

组织领导者如果没有清晰的价值观和宇宙观，会变得贪得无厌、追逐短期利润，大权在握、集权行事，不愿将权力下放，也做不到"兼容并包"。**领导者的信仰、素质、品格是企业转型为量子企业的必要条件。但是打造健康阳光的生态环境是企业成为量子企业的充分条件。**如果没有良好的社会、文化、人文、法律生态环境，组织不可能自动实现扁平化；如果不鼓励老师和学生独立思考，勇于挑战，中国不可能产生诺贝尔奖获得者和乔布斯一样的人才。

不管前面的路有多远、多么艰难，左哈尔的《量子领导者》带给了我们信心、信念、希望。在互联网信息数字时代，量子领导者必将成为既能打破规范、突破传统束缚、敢为天下先，又能创造规范、积极从事组织变革的中坚力量。拥有了这种力量，我们一定会

---

[一] 引自《德鲁克管理思想精要》。——译者注

有勇气和信心参与一种"无穷"的游戏，我们也可以和传统的"边界"捉迷藏，改变旧时代的生存法则，创造出新时代既文明又健康的游戏规则。

谨以此书与大家分享。

杨　壮

2016 年 10 月 9 日

# 致　谢

请允许我在本书出版之际，诚挚地感谢我的同事——克里斯·雷（Chris Wray）。自始至终，他与我所进行的那些迸发灵感火花的对话让我永远难忘。克里斯和我将继续为我们新创的"量子动力系统"进行研究，并在全球为企业家开展"量子管理"的工作坊。

我要感谢斯蒂芬·孟及孙凯教授的帮助，他们为我了解中国开启了一扇方便大门，帮助我认识和研究了中国的相关企业和商学院。我感谢海尔集团战略部在青岛为我安排参观如此有价值的海尔集团。我同时感谢位于杭州的浙江大学儒商与东亚文明研究中心的人员，特别是周教授对我的著作表现出的兴趣。我还要感谢杭州天健水务公司的陈锋先生，毫不吝啬地让我为完成此书研究调查他的公司。

# 前　言

## 为什么商业需要来一场革命

在当下的一些西方经济市场，资本主义的文化和商业实践在现实中正陷入危机。正如我们所知道的那样，过分追逐短期私利与利润最大化，过度强调高管奖金和股东价值，发展孤立主义思维，任意忽视公司长远发展目标，导致整个商业生态系统发展不可持续。在《魂商》这本书中，我把以上现象描述为一个正在吞食自己的猛兽。今天，我们尚未完全从 2008 年撼动全球经济的金融危机中恢复生机，虽然一些商业精英已经觉醒，但大多数商界领袖依然维持"常态"，因为这是他们唯一熟悉的游戏。

本书希望提供一个新的领导力思维体系，完全不同于以往的组织结构和实践模型。这是一个区别于以往的领导模式，在这个模式下，来自外部和内部的驱动力会激发出一种不同类型的商业领袖。我把其称为"量子领导者"。

目前，企业领导人面临工业革命时代以来最大的一场技术颠覆性变革，急需进行创造性的结构重组。如果没有清晰认识到这一点，面对外界环境挑战，企业领导人不可能从根本上建立一种全新的领导力文化。不仅商界领袖会面临这些挑战，不同层面的所有领域的领导者都会面临这种挑战。

新的文化需要重新定义一个新的领导模式，以便创造性地去适应更快速和复杂的变化、环境的不确定性与风险、全球范围内的关联性、去中心化，以及员工、顾客、公民对道德和人生意义的更大需求。基于此，我们不仅需要一个新的思维体系，更要创建一种新的隐喻、新的假设、新的价值观。而量子物理、混沌理论、复杂科学所带来的科学思维革命是最有力量替代旧思维体系的一个崭新模式。

在社会科学领域，将科学认作是新思维的强大隐喻对我们来说并不陌生，其中包括管理学理论。16 世纪与 17 世纪产生的机械物理，尤其是牛顿三定律的简约美，激发了无数富有创造力的思想者塑造西方近 300 年的文化史。弗洛伊德（Freud）的心理学，洛克（Locke）和约翰·斯图尔特·穆勒（John Stuart Mill）的政治观点，穆勒和亚当·斯密（Adam Smith）的资本主义哲学，奥古斯特·孔德（August Compte）的社会学，弗雷德里克·泰勒（Frederick Taylor）的科学管理思维，以及逻辑实证主义，都建立在牛顿理论思维体系之上。即使在今天，认知科学偏爱的神经系统科学和思维计算机模型也受到牛顿思维的影响。他们都是热情的唯物主义者与还原论者，试图将所有复杂的系统还原为简单的原子和标准的工作部件。

现存的且惯常的模式发展得益于思维、假设、牛顿学说的价值观及引发工业革命的科学。若我们不理解这段历史，我们就无法理解那一仍然囚禁商业思维的观念。牛顿学说商业思维模式假定公司与市场如同机器，有能力简单、守法地运作。它们稳定运行，可人为控制。在某种情况下，它们的运作实现了降低风险与确保平衡的目标。

对比之下，与量子物理相联系的思维、混沌理论和复杂科学强调不确定性创造的潜能。它告诉我们创新系统是复杂的、互联互通的，并且可以在彼此的环境中对话、自我组织与管理。它们的最佳状态是处于"混沌的边缘"，即系统中不稳定性最大化的边缘，可使不断创新并改变规则变得自由可行。

少年时，我对量子物理非常感兴趣。13 岁时，我"发现"了原子，那时我想成为一位原子科学家。15 岁时，通过阅读戴维·约瑟夫·玻姆（David Joseph Bohm）关于量子物理的经典著作，我改变了自己对于许多事物的基本观念。我思考着关于量子物理的答案，思考着少年们询问的关于人生和意义问题的答案。在中学时代，我曾花几年时间用我在卧室中制造的云室电子加速器做粉碎原子的实验。由此，我赢得了很多科学竞赛大奖，最终，获得了麻省理工学院的物理学奖学金。就读麻省理工学院的那段时光，我意识到自己对哲学及量子物理学中蕴含的世界观更感兴趣，胜于对单纯物理学的喜爱，因此我取得了物理与哲学双学位。新的量子世界观为本书提供了哲学框架。

我们的世界观是指我们对世界的理解，对我们经历的人与事如何串联起来的理解。它涵盖了从我们所理解的宇宙宏观范畴到日常生活每一天的所有事情。在中世纪，西方文明受犹太教/基督教世界观的影响，告诉世人上帝如何创造和治理世界，如何制定社会标准和人类行为道德准则，并构造家庭与社会的层级结构。17 世纪时，机械论的牛顿世界观取代了上述观念，将宇宙和世间万物描述成一个时钟结构的机器，并且由确定性规律掌控的原子碎片结构组成。唯物主义成了社会中的主导价值观，人类的生命也丧失了其广义层面的意义。

本书关注的是新兴的、正在成长的量子世界观对广义的领导和管理的影响。量子世界观将宇宙描述成一个不断进化的、包含着整体的、深层次联通的自我组织系统，它们可以通过反复试错来探索未知。在量子世界观的人类层面，意义、目的与动机取代了机械定律作为我们生活与组织中的动态组织原则。

我用毕生精力研究量子世界观给我们日常生活的各个层面与各种问题带来的新视角，从零碎思维模式到整体观念的转变，从确定性到不确定性的转变，更深刻理解关系在我们生活中发挥的作用，理解人类、价值观、动力和干预所应扮演的更有意义的角色，重视事物的潜质，强调事物"也许是什么"而不是强调"是什么"，创建一个新的思维框架。我一共写作了三本与量子世界观相关的书，尽管后两本著作才针对商业读者，但我要承认，是我的第一本书《量子自我》（*The Quantum Self*）出乎意料地让我从事了25年专注商业思维和管理顾问的工作。从那以后，我受到商界进一步的邀请参与量子管理咨询工作。就职于伦敦商学院的一位教授让我跟他的工商管理专业的学生聊一聊《量子自我》这本书，这是我受到商界进一步邀请、在商界推广量子领导理论的开端。

伦敦商学院的教授罗尼·雷瑟姆（Ronnie Lessem）很有先见之明，这种思想甚至超越了他的时代，他或许是意识到量子物理引出的思想对商业影响的第一人。如今，越来越多的商界领袖分享着他们的观点，我在与他们交流自己与公司的量子工作时也不再语塞或受到冷遇。然而，他们想了解更多。他们想了解这些量子物理的新观点是否可以帮助他们理解为什么许多商业体系夭折，量子思想是否可以帮助他们寻找新的领导模式、组织结构，以及在他们措手不及遭遇困难时如何改造组织。这本书不仅是为他们而写的，也是为那些还没有意识到自己企业有问题的商界领袖而写。

假如你是一位商界领袖，你的公司运转很不顺利。你认为你的商业实践和经营方法或领导方式也许能更加有效，所以你召集顾问，商讨新的教练与改革计划。然而，这些新计划并没有效果。他们重新摆放了房间里的家具，虽然看似与之前不同，但不久你会意识到同样的房间里还放置着同样的家具。你辞去了一些员工，重组工作流程，精简中级管理层，尽力与之多沟通交流；你重新定义了公司的价值观，将其打印出来放在员工的钱包里。但是，重大改变并没有发生。这本书会建议你如何重新设计房间，甚至如何拆掉旧的架构重建新屋。这本书会告诉领导者如何"重置"他们的大脑，重新自我改造，以新的方式思考，采用新的风格领导。以此，他们可以成为"量子领导者"。

量子领导者强调信任他人和组建信任系统的重要性、建立关系组建团队的重要性、为适应多变环境保持灵活的重要性、时刻面对未来发生的各种可能性的重要性。同时，量子领导者也强调意义、愿景、价值观，尤其重视为他人服务的价值观。由此可见，量子领导者是"仆人领袖"。牛顿式组织如机器般运转，量子组织则如生命系统般运作，生物学家称其为"复杂适应系统"。生命系统与其存在的环境处于动态互动之中，非常敏感，可以随时接受新的变化。它们靠风险生存，靠创造性的错误（突变）成长，它们自下而上自我管理，在不稳定的环境中表现出很强的生命力。通过理解自己的组织是大脑控制的生命体，量子领导者具备新的能力去提升自我认知、明晰需求、与组织内部的有机动力同步、与组织成员一同努力，而不是与之对着干。

领导者及其下属需要理解他们为什么在做正在做的事，理解他们的行为更为宽泛的背景与结果，以及理解支持且引导他们行动的价值观。量子思维的重点是提出问题的重要性（海森堡不确定性原理）、这些问题背后的价值观、这些问题的背景因素和解决方法的本质。

受牛顿思维影响的传统商业领导者只注重效率，注重集中精力完成任务。这与价值无关。牛顿式领导者强调"目标管理"，主张将复杂的问题分解为单个且相互独立的目标，然后逐个突破。最后一个目标的完成是相互孤立的部分目标的总和。量子领导者尊重效率和利润，但是他们认为，意义、服务、人际关系和价值观是产生效率和利润的最佳方式。他们意识到，树立短期目标的视野较狭隘，通常会自我毁灭。把问题和抱负置于长远的视角内加以看待，可以更好地取得全面成功。他们认为所有目标都与其背景相关，因此着眼于大局，认为更全面和系统的整体大于各部分之和，将帮助他们更好地理解和运用这些组成部分，无论是资本、工厂还是人力资源。

量子领导者善于学习如何应对不稳定性和不确定性，并从中获得成长。他们知道创意和创新在"混沌的边缘"发展得最好。他们将确定性的缺乏和清晰界线的缺失视为进行试验和创新探索的机遇。牛顿式领导者热衷于"有限博弈"，而量子领导者则最擅长"无限博弈"。"有限博弈"的参与者在规则和界线之内博弈，而"无限博弈"参与者则在边界上博弈（包括边界内）。他们制定新的规则，进行新的博弈。我们将来会看到，众多的新科技初创公司都会按照量子规则博弈。

牛顿强调 A 点到 B 点之间只有一条途径，这是上帝对宇宙的看法。牛顿式领导者往往过于频繁地采信这样一种观点：只有一种最佳解决方案，只有一种最佳策略，只有一种最佳答案。这种狭隘的视角会造成巨大的失误。量子论系统会同时尝试从 A 点出发的多条路径，并且通常会达到一个创新的 B 点。量子领导者能够预测一种场景或者一个问题的多种可能的结局，通过尽可能地采纳其他方面的意见，探索多种可能的解决方案。这使得领导者能够为急速的变化和不可预知的情况做足准备，并且更好地理解出现的各种复杂局面。

牛顿式领导者推崇"自上而下"的管理方式。"我是老板。我说了算。我懂得最多。我管事。"为了实现这一管理方式，他们需要管理一种等级明确的组织结构。量子领导者对等级的依赖程度远远没有那么高。的确，量子领导者也必须做出最终的决定，但他把员工看作一起进行创新的合作伙伴，并且广泛吸收他们的观点和专长。量子领导者会充分利用相互联通的企业网络、对话小组和团队中的团体。团队成员可获得更多的自主空间，自行搭建他们的工作框架、自行组织实践。量子组织形式存在很多互动的权力中心。

牛顿式领导者强调答案，并保证结果。他们规避风险，惩罚犯错的员工。量子领导者鼓励提问和试验。他们认为，任何"愚蠢的"想法和"失误"无一不是学习的机会。因为，这些都是激发员工创新所应承担的风险。

要想成为量子领导者，你只需要一种不同的现实视角（一种全新的世界观）：既针对领导者本人的内心现实，也针对领导者工作实践范围内的外部现实。两者并不是分离的。思考是一种存在的方式，我认为，成为领导者是领导力的核心所在。新的领导者需要新的思维。这就需要均衡地运用体力、心理、情感和心灵力量，需要调动大脑的全部能力。我认为，量子思维基于自然、基于量子体系的过程，能够满足如上需求。

今天我们知道，大脑是"可塑的"，而且大脑在与经验、环境及思考过程的对话中不断"重塑"自己。大脑神经影响着我们的思考方式，我们的思考方式反过来又影响着大脑活动。我们的思考方式对于我们的用脑方式、共同创造现实的方式，以及我们设计的社会结构和组织类型发挥着积极的作用。在本书中，我们采用了戴维·玻姆的观点，即世界上所有的问题都是思维的问题。如果我们是牛顿式思想家，我们主要使用左脑，调动部分的大脑工作，以牛顿式的思考方式思考，创造出牛顿式组织。如果我们是量子思考者，我们使用整个大脑，融合左右两部分大脑的功能。而且，我们创造出的是量子组织。量子思维是成为量子领导者的关键。

本书将会介绍量子思维的基本原则和技能，而这些原则和技能都来自于复杂的自适应系统（活跃的量子体系）的属性和过程，让量子体系因不确定性和不稳定性而迅猛发展，允许这些体系相互之间及与环境之间建立共同发挥创造性的对话。（我要指出的是，很多备受尊重的当代物理学家和神经学家认为，大脑实际上是一个复杂的自适应系统。它综合了量子过程和复杂的神经系统，从而形成意识，或称"思想"。）

本书将为读者提供身体力行的指导和实践，培养读者的量子思维。本书将借用真实公司和真实领导者成功和失败的商业案例来阐释所有的概念。同时，本书也会提出实践建议，说明如何在实际商业情景里运用量子思维。本书第三部分致力于实际运用的方法，实践量子系统动力学（QSD）的方法论。

从本质上讲，商业组织是一种动态的能量系统。塑造这种系统的强大力量之一是驱动我们做出决策和行为的动机。这些动机就像"混沌吸引子"⊖一样，指导着我们的行为。本书将领导者运用牛顿思维或量子思维的程度与领导者动机的本质联系起来，探索量子领导者如何将自身及员工的动机从占据当下企业文化主流的恐惧、贪婪、愤怒和自大转向更具积极意义的探索、合作、创新和服务。这就让企业能够从更高的动机出发，拥有建立在清晰价值观基础上的更深刻的使命，对自身的性质和愿景有更广泛的理解，从而实现更为健康的"企业长期财务表现"，而不仅仅局限于基于效率和短期的物质收益。

通过和同事克里斯·雷沟通，我采用了系统动力学的视角来看待商业组织，这也是本书最具革新意义和原创的地方。系统动力学本身已经存在了几十年的时间，它成功指出：工作部件可以理解为具有反馈回路的系统，这些反馈回路不仅能够强化一些模式或者行为，并且能够产生新的模式或者行为。传统的系统思维提出了运用干预手段实现预期效果的最佳方式，其方法论严重依赖于数学建模系统。但是，它没有考虑到与人力系统共事的独特性，而商业组织，

---

⊖ Chaotic Attractor，译为混沌吸引子，是系统动力学中的概念：一个包含混沌因子的动态系统是局部不稳定但同时又是全局稳定的。——译者注

理所当然，也是人力系统。

我在本书中第一次提出 QSD 的观点。从广义上讲，它是一种新的商业哲学/愿景，可以应用于所有的人类群体和组织。这一愿景来自量子物理学的新思考。从更实际的角度来看，QSD 是一种关于商业变革、社会思维、思想和实践的方法论，其灵感来自于反映在人类意识中的量子物理系统的动力学。

QSD 能够将复杂的自适应系统（所有的活跃系统）变得富有创意，并适应人类系统的特性。人类拥有大脑，大脑又分为左右两个半球，分别拥有不同的思维技能。人类拥有偏见、动机、价值观、目的和对意义的追求。所有这些对于其所存在的组织都会产生影响。确实，更进一步来讲，我认为组织本身也有大脑、偏见、动机、价值观、目的和意义。

量子战略动力学的实践方法论包括培训公司领导使用量子物理学的主要思想（"量子思维"），理解并运用首先呈现在《心灵资本》（*Spiritual Capital*）中的规模动机，随后学习我的"量子变革的 12 项原则"（本书第 11 章）。此外，该方法论将教会领导者使用冥想、反省性思维（本人原创），以及玻姆对话技巧（部分公司正在使用），从而使在当前商业模式内发挥作用的各种假设、价值观、动机等浮出水面。然后，也请领导者考虑多种其他模式，以期达到"量子"状态，能够在所有模式的边界思考和工作，以此改变依赖模型的传统系统动力学思维。

聪明的读者将会发现，当前企业面临的很多问题其实是文化问题，因文化的多元性产生挫败感。"问题如此之大，我能做些什么？"

在量子视野中，一切事物都与其他事物相互关联。但是，我认为这是一种富有创意的挑战，并有可能成为灵感的源泉。的确，很多商业问题是文化和全球性的问题。但是，我相信，在当今世界，商业是唯一一种拥有财力、权力并触及全球的产业，能够领导我们所需要的文化和全球性的变革。量子领导者是充满力量带领我们进入未来的先锋。

# 目 录

译者序

致谢

前言　为什么商业需要来一场革命

## 第一部分　量子时代的商业思维

第1章　欢迎进入量子时代 / 002

量子世界观 / 006

我从哪里来 / 008

我是谁 / 011

我为什么在这里 / 013

我能做什么 / 015

第2章　你得把自己转换到更高
的层次 / 018

管理和领导力的新挑战 / 023

创造性思维和量子思维 / 029

转换范式的必要性 / 030

第3章　思维的三重境界：如何
重启你的大脑 / 035

潜力无限的大脑 / 036

混乱，美好的混乱 / 038

串行思维：大脑的"智力" / 041

联想思维：大脑的"心脏" / 044

量子思维：大脑的"灵魂" / 048

量子思维：超思维 / 052

第4章　应用于领导力的量子思维
八大特质 / 054

原子论 vs 整体论 / 057

决定论 vs 非决定论 / 063

还原论 vs 涌现性和自组织 / 067

"非此即彼" vs "兼容并包" / 070

现实性 vs 潜在性 / 081

主体与客体的分割 vs 参与性的
世界 / 083

私人生活 vs 公共生活 / 085

第5章　领导者的边界 / 092

稳定的谬论 / 096

边缘上的文化 / 101

在边缘地带生存 / 105

不是非此即彼，而是兼容并包 / 110

## 第二部分　组织结构和领导力的三种模式

第6章　西方的故事：牛顿模式的
左脑组织 / 118

关于原子小球和自我 / 118

关于原子小球和组织 / 123

第7章　东方的传奇：人际关系模
式的右脑 / 126

波形的自我 / 127

波与组织 / 129

第8章　量子的新时代：一场弥合
东西方的新思维革命 / 135

量子自我的特质 / 137

量子组织的八个特点 / 141

量子思维模式实例 / 151

中国量子案例研究：海尔集团 / 153

## 第三部分　QSD：量子领导力体系和战略实践

第9章　构建你的量子系统 / 164

第10章　动机，只有动机才能驱动
人类进化 / 170

动机的层次 / 173

使用动机量表的七个步骤 / 176

积极和消极的映射 / 176

在量表中找到自己的位置 / 177

如何转换动机 / 181

应用动机量表 / 184

第11章　量子变革的12项原则 / 202

原则1　自我意识 / 205

原则2　自发性 / 207

原则3　愿景及价值引导 / 209

原则4　整体性 / 210

原则5　同理心 / 213

原则6　拥抱多样性 / 214

原则7　场独立性 / 216

原则8　刨根问底，勇于质疑 / 218

原则 9　重建框架的能力 / 220

原则 10　积极利用挫折 / 221

原则 11　谦逊 / 223

原则 12　使命感 / 224

第 12 章　对话：新思维风暴来袭 / 226

辩论 vs 对话 / 229

知道 vs 发现 / 229

回答 vs 问题 / 229

输赢 vs 分享 / 230

不公 vs 公平 / 230

能力 vs 尊重/敬畏 / 231

证明观点 vs 倾听 / 231

关于对话本身 / 232

第 13 章　冥想和反思实践 / 237

正念冥想 / 239

反思练习 / 243

结语　量子领导时代：告别高高在上，以仆人心态来做领导 / 247

现实工作中的服务型领导者 / 250

"服务型领导者"的概念 / 258

量子领导者的誓言 / 260

译后记 / 262

# 第一部分

# 量子时代的商业思维

# 第 1 章
# 欢迎进入量子时代

2013 年年末，中国《经济参考报》<sup>⊖</sup>刊登了一篇关于海尔集团
CEO 张瑞敏的报道，题为"张瑞敏正在把管理学推入量子时代"。
这篇报道突出了海尔集团革新的管理方式、企业文化和公司结构，
强调了海尔的扁平化创业平台架构、无边界管理方法论、持续自省
和共同创新文化，以及消费者驱动的设计和生产实践。2014 年 11
月，海尔战略决策委员会的成员写信邀请我与张瑞敏面谈，并在信
中写道："海尔今年年初开始努力向面向'创客'的高效平台转型。
这是 CEO 张瑞敏先生制定的首要战略。我们一直在学习您的量子管
理思想，并坚信它会引领我们走上贯彻此战略的道路。"

海尔是中国的一家全球白色家用电器制造商，是一家占有全球
家用电器市场 14% 份额的企业。它是中国众多正在开启新的量子管
理革命并将中国商业思想推进量子时代的企业之一。在西方的硅谷，
也有一些公司正在大刀阔斧地进行新结构和新领导力的实践。在这
个诞生于 20 世纪的"新"科学思想的指引下，这些企业正在重新塑
造 21 世纪的世界。

---

⊖ 该报道实际首发于 2013 年，原作者错写为 2014 年，这里参照真实的发
生时间。——译者注

　　管理模式借鉴科学已不是什么新闻。过去 300 年中，科学几乎支配了人类所有领域的创新与变革。从早期的工业革命以来，我们运用科学技术在医药、公共健康、交通等领域取得了前所未有的成就，及至今日的计算机时代，科技更是翻天覆地地改变着我们在这颗星球上的生活与认知方式。就科技本身而言，过去 60 年所取得的成果俨然已经超过前溯至石器时代的成就总和。

　　与此同时，过去 300 年中，科学家们对生命和宇宙的本质、演变及运行规律的研究和发现，也彻底颠覆了我们过去的认知。这些科学思想改变了我们对自己到底是谁的看法，重新发现了人类在大千世界中的位置，因此也深刻地改变了我们的生活。特别是 17 世纪伟大的物理学家、数学家艾萨克·牛顿（Isaac Newton），其科学思维已经遍布人类心灵的每一个角落，也遍布于我们思维产生的每一个创作和产品。

　　牛顿的理论造就了普遍的牛顿式世界观。在牛顿的理论中，宇宙像是一个上了发条的机器，一切事物的运行都由三条简单的铁律决定，因此所有的事物都是确定的、可预测的。时至今日，我们理解自身行为和与他人关系的"牛顿式"心理学，医院一直奉行的"牛顿式"医学，以及最好的商学院所教导的"牛顿式"管理学，都建立在牛顿的理论基础之上。"牛顿式"的原子理论令我们追求个体主义、惧怕集体主义及偏好西方民主。虽然你可能对此毫无意识，但不论你是生活在西方，还是受到西方世界的影响，你都生活在"牛顿式"的思维集合当中，深深信任"牛顿式"的自己。

　　在 20 世纪初，量子物理学的发现开启了一个新的科学时代，一个崭新的思想体系就此诞生。然而遗憾的是，我们至今也未能迎头赶上。新概念、新范畴、对物理和生物现实的全新认识几乎颠覆了几个世纪以来科学界认为真实可靠的一切事物和想法。这次思想转变深刻而突然，以至于引发了第二次科学革命的浪潮。我深信，这次新科学革命向我们许诺了一个理解自身参照范围的革命，许诺了一种全新的社会化生活方式，以及一种全新的商业模式。在最深处，它将会是一场精神革命。就像牛顿科学引发了包罗万象的牛顿式世界观一样，量子科学也将为量子时代的崭新世界观奠定基础。

旧科学建立在绝对性之上——绝对的空间、绝对的时间、绝对的确定性；新科学强调一切现实的核心是相对的和不确定的。旧科学告诉我们，想法和有意识的观察者对物理世界中一切事物的创造和运行毫无影响，物质就"在那里"，真实而客观地存在，而"我"只是一个被动的见证者，对世间力量毫无掌控；新科学则不然，它认为我们生活在一个具有"参与性"的宇宙之中，作为有意识的观察者/主体⊖参与了对现实的创造，我们不仅对自身的行为、更是对世界本身都负有责任。旧科学强调连续性和持续线性的变化；而新科学充满了量子跃迁、复杂性、突变⊖和突如其来的混沌。

旧科学构想了一个物理宇宙，各自独立的部分（原子）被生硬的因果法则绑定在一起，按照既定的模式运转；而量子科学展现给我们的是一个纠缠的宇宙，所有事物都微妙地相互联系，你中有我、我中有你，事物之间的关联总是同步发展的（同步性），缺乏一个明显的信号，而事物运行的模式则展现出一定的内在顺序。"牛顿式"

---

⊖ 科学资料中通常将 Agent 译为主体。——译者注
⊖ Catastrophe 在量子物理学中通常翻译为突变。——译者注

的科学家将一切分解成各个零散的组成部分，认为只有特定的为数不多的力对它们产生了影响；量子科学家或者复杂科学家强调当部分形成整体时会有新的特性或新的模式产生。一成不变、毫无新意的宇宙已经过时，取而代之的是一个自组织<sup>○</sup>的、持续创新的复杂多变的宇宙。量子科学家认识到，不能将事物与它们所处的环境割裂开来，总体总是大于部分之和。在新科学的框架下，层级化的简单性将让位于自组织的复杂性。我们可以试图掌控一切，但这并不简单。

我们大多数人都听说过量子物理学，但乍一听都觉得它和自己毫无关系。量子物理是研究原子甚至更微小的粒子运行的科学，它艰深晦涩、满是数学，甚至被认为很古怪。这种大众观点并不奇怪。量子物理学的创始人最初也无法理解它，甚至认为永远也不会有人能理解。爱因斯坦曾将其称为"爱丽丝梦游物理学"，并将其比作"由思维元素胡编乱造而成的、聪明的偏执狂的幻想论"。爱因斯坦参与了量子理论的创建，却从来不喜欢它。

是的，量子物理与众不同，这也正是它有趣的地方。它有能力改变一切，它存在于我们生活的方方面面：在我们当中，在我们的身体和心智当中，在我们所依赖的几乎每一项科技当中。实际上，我们今天正生活在一个量子世界之中，而一旦我们完全意识到这一点，一切皆可变。

如果你在初秋午后瞭望天空，鸟儿们成群结队迁徙，你可知为

---

○ Self-organized 在量子力学中通常翻译为自组织：若是不存在外部指令，系统按照某种默契的法则，各尽其责而又协调主动地形成有序布局，就是自组织。——译者注

什么鸟儿们能够协同飞翔？答案就是因为鸟儿眼中的量子信号使得它们可以协同飞翔。在大量的自然现象中，量子论都起着关键的作用，包括植物的光合作用、人体细胞运行、大脑神经同步乃至神秘难解的人类意识。21世纪最重要的科技全都是量子科技。超流体、超导体、激光眼科手术和所有的激光技术、PET扫描、硅芯片和我们所有的手提电脑、智能手机、平板电脑，甚至任天堂Wii和微软XBox都是量子技术。数字通信革命本质上是一场量子革命。我们身处的互联网时代正是量子时代。

牛津大学量子信息学教授弗拉斯科·维德拉尔（Vlasko Vidral）说："很少有现代物理学家认同牛顿物理学可以和量子物理学相提并论，即便是在日常生活的'真实世界'中也是如此。牛顿的理论只是一种近似，在任何尺度上世界都是量子的。"是的，世界就是量子的！然而我们当中的大多数人却还深陷在过时的牛顿式世界观当中，无论是对自己、对社会还是对组织的看法，都还被牛顿思维所主宰。是时候奋起直追了！

## 量子世界观

新的量子世界观意味着很多不同的新观念——强调整体而不是部分，强调关联而非分离，强调两种或多种方法而不是非此即彼、只有一种最好的方法，强调问题而非答案，强调事物的潜力而不仅仅关注当下的表现，强调思想上的谦卑，强调统一性而不是碎片化，强调复杂性而非简单化。在此后的章节中，我们将会深入地观察这些方面。其实不仅如此，量子世界观还会帮助我们重建生命和领导力的意义与使命感。事实上，我们发现，当今很多领导者都在为寻找更深层次的人生价值而烦恼。

一位企业领导者在 2011 年日本海啸中幸存了下来。事后他说："现在，我每天都会思考生命的意义和我所要做的事。"一位来自瑞典的高级主管曾给我写信："我还年轻，我有一个美好的家庭和花不完的钱，我也是行业中的精英。但我并不开心。我的确是在赚钱，但却没能为我所在乎的事情做哪怕一丁点儿的付出。"玛莎百货公司前总经理安德鲁·斯通（Andrew Stone）男爵告诉我："我经常凌晨 4 点醒来，追问自己：这一切都是什么？这一切都是为了什么？当我绞尽脑汁却得不到想要的答案时，我甚至想砍死自己。"

寻找意义是我们生命的主要动力。我们的人性也由此而定义，这可能也是人类在地球生物中如此独一无二的原因。当我们对意义的深切需求不能被满足时，我们的生命会变得肤浅和空虚，我们将失去理智。为了能像一个完整（且充实）的人一样活着，对于以下这些问题，我们需要找到有意义的答案：生命是什么？工作意味着什么？我辛苦建立或为之效力的公司意味着什么？为什么我处在这段关系之中？有朝一日我的死又意味着什么？为什么我对一件又一件的事、一个又一个的人做出承诺？当找不到这些问题的答案时，我们便陷入了危机，存在意义的危机。我们可能会以不同的方式经历危机，可能是感到迷失、失去目标、无精打采，或是低迷消沉、沮丧或厌倦。对于商业领导者来说，意义的缺失会让他们怀疑世界，并为了追逐短期的利益而不惜任何代价。

从某种意义上来说，人类是最喜欢问问题的生物。在所有问题中，有四个最重要的问题塑造了一切有意义的世界观。这四个问题以不同形式出现在世上所有伟大的精神文明中，并为如何找到生命深层次的意义和人类存在的安全感设置了大纲。这四个问题是：**我从哪里来？我是谁？我为什么在这里？我能做什么？** 从我自身来讲，我从五岁开始就一直问自己这些问题。随着时光的流逝，不断重复地问自己这些问题成了我最重要的日常精神修行。现在我想和你们分享我从自己不断进化的量子世界观中所找到的答案，希望从量子视角来发现领导力的精神基石。就像阿尔泰－喜马拉雅（Altai Himalaya）公司（一个专为爱马仕提供时尚品的亚洲公司）的CEO，克里斯托弗·吉尔克（Christopher Giercke）说的："一个领导者，必须把自己放在整个宇宙的背景之下，以便认识到我们适合做什么、我们有多渺小，互相合作与帮助对我们来讲是何等重要。"

## 我从哪里来

如果我问起你的年龄，你会毫不犹豫地告诉我你的实际年龄，即从出生那天开始算起——25岁，45岁，65岁，等等。但如果我接下来对你说："你要记住，你是文化的传承者。"在这种情况下，你可能会说你有100岁，或者300岁，甚至更长远地看，从西方或东方文明的起源开始算起，你已经有2 000岁或者5 000岁了。如果我再说："不，你是地球和生命的传承者。"你接下来可能会说你已经15亿岁了。事实上，我们每个人都有135亿岁。

当宇宙大爆炸，奇点迅速扩张，由此产生后来的一切时，我们每个人已经在那里了。转瞬之间，宇宙大爆炸产生了量子真空、空间、时间和希格斯场，我们就在那里。当第一个真空波动"时间的皱纹"产生了质量、能量和引力，然后又产生了炽热的等离子体和宇宙辐射时，我们就在那里。当粒子和作用力出现，恒星和行星诞生时，我们就在那里。况且，它们也都不是真正的了无生机，都包含了最原始形式的主体、意志、方向感甚至使命感。就像量子物理学家戴维·玻姆所说的："即使是电子也被认为具有一定程度的思想。"○

我们的身体和思想里承载着宇宙全部的历史、目的和意图。我们的身体是由星尘构成的，我们的心灵遵从着联结宇宙的量子定律和作用力○。而且我相信，在这个时代不同的语言和文化中，我们每个人都注定要复述这个有关我们起源的故事。这可能是全世界伟大的创世神话，从古巴比伦到现在的量子论，都在以自己的方式讲述着相同的故事。

我们的体内也承载着这个星球上生命进化的全部历史。在我们身体组织里最简单的一层，我们发现了类似单细胞动物的结构，如同阿米巴虫一样。它们没有神经系统，它们所有的感官协调和运动反射都存在于一个细胞内。而我们体内的白细胞在血液中清理垃圾、吞噬病菌时，表现得就像池塘里的阿米巴虫一样。

简单的多细胞动物，比如水母，也没有中枢神经系统，但是它们有神经纤维网络，能让细胞之间相互交流，使身体得以对外界做

---

○ 原文是 Even the electron is informed with a certain level of mind。此处译为"具有一定程度的思想"更为贴近一点。——译者注

○ 原文是 We carry the whole history, purpose and intent of the universe in our bodies and in our minds. Our bodies are made of stardust, our minds obey the same quantum laws and forces that bind the universe together. ——译者注

出协调反应。在我们的身体内，内脏的神经细胞形成一个相似的网络，用以协调蠕动、收缩肌肉从而推动食物前进。进化程度更高的动物形成了更加复杂的神经系统，最终演变为原始的大脑。人类大脑最原始的部分就是脑干。它是从爬行动物延续而来的，所以经常被叫作"爬虫脑"。

随着哺乳动物的进化，前脑发展成型——最初低等哺乳动物的前脑主要控制动物的本能和情绪（包括我们的情绪中枢——大脑边缘系统）。接下来是具有复杂运算能力的大脑半球成型了。继而出现的"小小的灰色脑细胞"被大多数人认定是人类思维机能的象征。就像我们的意识里包含着整个宇宙的演化史，我们的思考和行为也包含着整个地球生命的进化史。

然后就是整个人类伟大的古代文明史，包括神话和迷信，道德法则和价值观，艺术、音乐与传说，等等。我们中有多少人依旧害怕踩到砖缝，旅行不能没有护身符，在"黑色星期五"活得战战兢兢。许多受过良好教育的人在面临失败时，也会想起神话中西西弗斯在诸神的惩罚下无数次将巨石推上山的故事；或者用伊卡洛斯振翅高飞却因离太阳太近最终殒命的神话来勉励自己。

希腊哲人教给我们的逻辑和归因，以及智商测试所检验的理性和智慧，都只是我们精神世界的冰山一角。伴随着文明演化的许多信条，其实是相互矛盾和排斥的，但我们会依据这些信条来思考，做出决定和承诺。然后，把事情搞砸！荣格心理学派认为人类的精神世界存在许多层潜意识，强调我们的心灵只有1%是"开化的"。

我们从基因中继承了远古祖先曾经拥有的生理特征、天赋、疾病和行为特性。无论在东方还是西方，许多人都相信我们继承、积累着前世留下的业力的历史<sup>⊖</sup>、命运和一系列来自生命的挑战，它们一代一代地传承下来，从一个人的行为或决定传给另一个人。同时我们又受到父母的影响，从他们身上继承了价值观、习惯、志向，以及我们生活的起点、困难、挑战和思想反应，甚至有时还包括精神疾患。

如果要问我们从哪里来，我们必须了解，是上述所有的因素造就了我们。它们塑造了我们的一部分，造就了我们的传奇，是我们已经继承的意义，也是我们生命环境的主要源泉。

## 我是谁

我，在这里；我的躯体在这里，躯体的构成元素曾是宇宙某个遥远的角落散射的星尘。简单点，我就是一个独特的个体。我的灵魂在这里，能自由地呼吸，能有意义地感知和记忆，还有大量如此令人敬畏的起源，在这里。可是，我认为的那个"我"是谁，或是什么呢？我从哪里开始，又到哪里结束呢？

根据量子物理学的最先进形式——量子场论，宇宙大爆炸后最早产生的是被物理学家称作"量子真空"的环境。在物理学中，任何其他物质都是这一真空的激发或震荡的产物，换句话说，就像海里荡起的波浪。"真空"这个名字起得并不好，因为这一环境中并非空无一物。恰恰相反，量子真空中包含了过去存在过、现在存在着

---

⊖ Karmic history 在这里翻译为业力的历史。karmic 是梵文音译，意译为"业"，意为决定来世命运的所作所为，源于《21 世纪大英汉词典》。——译者注

和未来将要存在的所有的潜能，弥漫在整个宇宙间，无处不在，并深入任何物质的"内部"。

量子真空的另一个名字是"零点场"，这个名字至少在比喻意义上能帮助我们更好地描绘它。"零点场"是背景能量场，宇宙、你和我都被"书写"在背景能量之中，而"书写"采用的形式是动态能量模式，每一个模式都拥有自身的界定特征，以一种已经存在的事物形式凸显出来。"我"，作为我最主要的存在，就是一种动态能量的演化模式，被"书写"在量子真空之中，如海里的一道波浪。正如大海里的波浪不停地形成和重构，作为动态能量模式的"我"永不静止、时刻变化，就像漩涡一般不断地改变形状。"我"，就是一个持续变化、不断改变的流动过程，在量子真空的背景中粉墨登场。

一切存在的事物和存在的人，无论有无意识，基础和源头都是量子真空。量子真空是驱动宇宙演化的力量，是产生一切物质的基础物质，是一切运动背后的"第一推动力"，是一切物质产生的"原因"，是"方向感"，是物质背后的"目的"，是我们生命的根本目的。许多当代物理学家都提出了有力论点，指出量子真空是有意识的，甚至是"根本意识"。毫无疑问，它是一切意识的源头。毕竟量子真空是万物产生的源头，而意识也是"万物"之一。

如果量子真空有意识的话，我们就可以认为它是有意志的；那么所有已经存在的事物，所有独特的刺激和震荡，就像反映每个人类意志的脑电波——那些神经学家从脑电图中观测到的 α 波、β 波、θ 波和 γ 波一样。我们可以把量子真空看作"物理学里的上帝"，而我们则是"上帝脑海中的思想"。这就是埃克哈特·托利（Eckhart Tolle）在《当下的力量》（*The Power of Now*）一书中阐述的真理：

"你的存在，是为了践行整个宇宙的'神性意志'，这便是你存在的重要性。"

这尖锐地批判了还原论神话，否定了我们只是"宇宙中没有目的和方向的偶然随机组合"的原子，或者"大脑中无意识的神经脉冲和化学反应"。恰恰相反，作为量子真空所产生的激发，我们是"存在之场"共同创世的代理人，是"物理学里的上帝"在现行世界行为的代理人，是"物理学里的上帝"向未知未来道路前进的代理人。

## 我为什么在这里

犹太教卡巴拉阐述了造物的起源和我们作为造物结果存在的目的。教义中说，在我们的世界出现之前，就已经有一个充满了神性光辉的完美世界存在了。但那个世界承载的神性光辉过于强大，使得它无法保持自身的完整。于是完美世界随之崩塌，而神性光辉的碎片（"神性火花"）则散落到了我们的世界。这个故事告诉我们，人类的使命就是集齐这些碎片，重建原来的圣器。为了完成使命，我们彼此之间必须建立联系，从而将"神性火花"融合成一个充满爱和意义的整体。

量子物理学的故事与之十分相似。学说认为，在当前的宇宙真空之前，还存在一个量子真空。最初的量子真空转化为了一个无法承载自身的奇点，因此引发了宇宙大爆炸，产生了我们的宇宙真空，以及之后所有的创造物。这些创造物身上，也都带有着"原初之光"的碎片。物理学家告诉我们，这些碎片正在向更复杂、更完整、更有意义的方向演化。物理学家戴维·玻姆认为，这种对宇宙方位的先天感知，"书写"在物理学的目的论法则和宇宙动力学之中。

在量子实验室中，物理学家设置实验仪器的方法决定了他能否获得一系列的波或者粒子流。海森堡不确定性原理告诉我们，我们提出的问题决定了我们能获得的答案。这条定理同样适用于日常生活。任何一个人、任何一种关系或任何一种条件潜藏着的无限可能性，将因为我们的思维、决定、"试验"或者行动而坍缩到固定的一种现实上。我们创造了"意义"，因此我们创造了"存在"。这让我们成为宇宙演化的合伙人。我们的存在就是为了让现实发生，我们通过生活、工作和领导，创造了这个世界。我们自然要担负起责任，就像《薄伽梵歌》（*The Bhagavad Gita*）⊖中所唱诵的那样：

> 无论高贵者做什么
> 平庸者也都做什么
> 人们之所以仿效他的行为
> 是因为他树立了行为的准则……
>
> 因为假如我在业中
> 不是不疲倦地劳作
> 人们就会完全循着我的道走
>
> 假如我休止不为
> 诸界则会崩塌毁坏
> 我就成了混乱的制造者
> 众生也会遭到灭顶之灾

---

⊖ 中国社会科学出版社 1989 年版，译者张保胜。本书译者有改动。

## 我能做什么

霍华德·鲁尼克（Howard Lutnik）是坎托－菲茨杰拉德（Cantor-Fitzgerald）公司的总裁和主席，这家公司是一家全球金融服务公司，主营债券交易。在 9·11 恐怖袭击之前，坎托－菲茨杰拉德公司在美国有 688 名员工，都在双子塔工作，当两座大厦倒塌之后，他们全部遇难。被灰尘掩埋的鲁尼克从一片废墟中走了出来，却始终无法走出这件事带给他的阴影。在 CNN 电视台录制的 9·11事件十周年节目中，他对皮尔斯·摩根（Piers Morgan）说："我觉得我失去了一切，一切都完了。我本来打算举家搬到科罗拉多，平静地度过我的退休时光。赚钱对我来说再也不重要了，钱这东西也没有任何意义了，它不是我生活的目的。"仅仅一件事就改变了鲁尼克一生的想法。

他说："对于那 688 个家庭，我想了很多。我想：'他们会怎么样呢？谁来照顾他们呢？'"坎托－菲茨杰拉德公司的财务被这场灾难毁于一旦，他们甚至没有钱给欧洲的员工付工资。但是鲁尼克给公司伦敦总部打了一通电话，请总部的员工们无偿全天候工作一个月以重建公司。如果员工们同意，他承诺他将会把未来公司全部利润的 25% 用于支持美国遇难员工的家人。他说："这件事对我意义重大，我重建公司不只是为了钱，更是为了别的什么。"

后来，坎托－菲茨杰拉德公司重建成功，并且事业蒸蒸日上。霍华德·鲁尼克构想了一个新的商业范式，他称之为"博爱资本主义"。这种资本主义赚钱是为了某个更崇高的目的，为了让所赚的钱能够在更广阔的世界里有所作为。2011 年，当鲁尼克与皮尔斯·摩根讨论依旧威胁着世界经济的金融危机时，他认为富有的商人应该把他们的钱从床垫底下拿出来，用来创造更多的就业机会。他说："这才是商业的真正意义。商业不是为了赚钱，而是为了创造就业。"鲁尼克已经找到了他个人的意义和更普遍的商业的意义，那就是服务他人。我不清楚他有没有读过《薄伽梵歌》，但是他跟神灵克里希那（Krishna）说过同样的话：

真正的本质在于服务[一]

那些不去服务他人的人

在这世上没有立足之地……

要不断地努力，为了世界的福祉

通过无私的奉献

可以实现人生最高的目标

做你的工作吧

心中常记他人的福祉

就像是一个基本的亚原子粒子突然出现在威尔逊云室的蒸汽中，留下了它的轨迹，然后消失在蒸汽之中，我们每一个人都因量子真空的激发而诞生，离开了我们在这个世界上的轨迹，最终再一次回归至真空。这就是我们轮廓清晰的生命之旅。正如詹姆斯·乔伊斯（James Joyce）在《一个青年艺术家的画像》（*Portrait of the Artist as a Young Man*）中写道：生活中，我们必须要远离家乡和年少时的朋

---

[一] Eswaren, *op. cit.*, 4: 31; 3: 19 – 20.

友，去了解"心灵是什么，它是什么感觉"。我们每个人都要去"千千万万次感受现实经验，到'灵魂'的铁匠铺中，锻造'我们'的种族未被创造的意识"。

在生命的旅途中，我们一定要学到智慧。我们一定要了解人生的复杂性、微妙差异和不可避免的矛盾，还有人生的悲剧和失去，学着怜悯这一切，尤其是怜悯我们自己。我们要学着不要对他人或对自己期待太高，超出了其能力；同时我们也要学会谅解别人（和自己）的无能为力。我们要学会忍受生命中的疑问，学会耐心、刚毅和能屈能伸，既要慷慨又要谦逊。总而言之，我们要找到我们的使命，找到唐璜（Don Juan）所说的"位置"，即我们力量的中心。

诗人、剧作家阿奇博尔德·麦克利什（Archibald McLeish）把潜在的量子领导者的位置定义为"剧中的主角"：

> 谁才是剧中的主角？
>
> 他站在哪里，在哪个
>
> 石头上，王座上，意志上，
>
> 圣言上，基座上，权力上
>
> 将世界重归和平
>
> 将巅峰保持永恒
>
> 把我们变成人
>
> 把我们变得完整？[一]

量子领导者的思维方式和实践将在接下来的章节中一一呈现。

---

[一] 阿奇博尔德·麦克利什，《第五幕》（*Act Five*）。

第 2 章

# 你得把自己转换到更高的层次

如今，对于身体机能与生命系统之间的关联，我们已经掌握了很多科学和心理学方面的知识。大部分知识是广泛适用的，其中有一些知识只适用于生命系统，而另外一些则只适用于人类，与人类所特有的智力、复杂本质和特定心理状态相关。**人类自我有三个层次：心智、情感、心灵。**在深层的自我之上，我们接触的才是意义和价值的问题。这里必须再次强调，我在本书中所提到的"心灵"一词，与宗教并无必然联系。不论是否信奉宗教，甚至于无神论者，每一个人都拥有心灵、价值观和愿景。

对于人类来说，心智通常意味着我们的显性思考、解决问题的能力、遵守规则的能力和达成目标的能力。然而，当我们选择解决哪一个问题、判断一个目标是否值得达成及是否愿意遵守规则时，其实是我们的情感和精神维度在做决定，是我们的渴望、志向、想象力，是我们的愿景和最深层次的价值观在起作用。渴望、志向、想象力都明显与我们身处的文化及情感状态息息相关，例如我们的社会价值观、同侪压力、人际关系、童年经历等。但是，最新的深层心理学研究证据表明，我们对于意义的探索、我们的愿景和最深层的价值观，即我们心灵的一面，是这一切的基础。

因为组织由人所构成，所以每一个组织也拥有自己的心智、情感、心灵维度。组织的心智维度，即组织外在的思考过程、组织形式、组织规则、组织内的优先级设定及组织设定目标的逻辑等。一些建立在牛顿科学体系之上的组织单方面地强调规则与效率，这导致了组织心智的丧失。这些组织时常考虑的问题是"完成某事最好的方法（即最便宜、最有效率的方法）是什么"，而不是"这件事具有完成的价值吗？"或者"我们做某事的意义是什么？""对于我们的雇员、我们的客户甚至是更大的社群来说，这意味着什么？""如果我们放弃这件事而去做另一件事会更好吗？"这些问题不仅仅是心智维度上的问题。一个组织的首要任务是什么？追求什么目标？这些问题如关乎人类时一样，是我们情感与心灵维度的问题，这些问题由组织最基本的愿景决定。

对于人类和组织团体来说，只有在自我三个层次上做出根本性的转变，真正的改变才能发生。而且，这样的转变应当在个人、文化及组织架构上均有所体现。在自身单一层次做出改变是缺乏效率的。然而事实上，大多数的改变都只将重心放在某个单一的层次上。有些改变针对心智，有些改变针对情感，只有很少的改变能够触及心灵。有一些变化注重人的态度与行为，有一些则着重改变企业文化，还有一些重新划分了组织架构。但这样进行改变的结果是，不论人或者组织团体都会失去自身的平衡，在某些方面可能超前，在其他方面却相对落后。对于整个系统来说，要实现变化并求得发展，整个进程必须平衡进行，转变必须在各个层面同时进行。

人类自身不是由分别标着"心智""情感""心灵"的一堆小盒子组成的，也没有任何一个组织是由"产品开发""市场营销""财务"等一系列割裂的小部分组成的。上述的人和组织都属于牛顿式科学体系，都是基于共同的前提——世界是由小原子构成的。弗洛伊德将这个模型应用到了心理学当中。而弗雷德里克·泰勒（Frederick Taylor）将它运用到了管理学当中。在两个领域当中，他们都认为改变或变革可以单独发生，在整个系统内部各个不同的部分独立运行。

如今我们拥有更深刻的理解。所有 21 世纪新出现的科学，不论是物理还是生物，都具有整体性——整体大于部分之总和。人们知道世界并非由割裂独立的部分组成，而是一个复杂的且相互纠缠的<sup>⊖</sup>整体。任意部分发生变化都明显会影响整体。量子物理学向我们展示了宇宙实际上是由动态能量模式构成的。自组织的波形就像很多的漩涡，每一个漩涡的边界都互相交织。如果使用量子显微镜进行观察，我们可以看到总体的变化就像海浪互相交织一般。从混沌理论当中，我们认识到了著名的"蝴蝶效应"——世界上的物质系统是如此相互关联，有时在北京的一只蝴蝶扇动翅膀就足以引发堪萨斯城的龙卷风。整体性也已经进入我们的日常生活。造成全球环境危机的因素是复杂又互相联系的，而我们对于这件事的理解，便是整体性的表现。人类心理学和管理模式的最新研究也将整体性纳入其中。一些新生代的经济学家已经意识到了这一点。尽管整个世界的运行模式很明显是相互分离的，但这并非不可逾越的鸿沟。在各个地区之间，并不存在坚不可摧的边界。所有人的心智、情感和心灵都是互相交织、互相支持、互相巩固的。这样的情况也发生在我

———————

⊖ 纠缠宇宙，量子力学的常用表达。——译者注

们组织中那些似乎理所应当的分工部门。

西方文化倾向于把事物分成小部分放进小盒子当中。这可以追溯到古希腊时期的原子论。但随之产生的现象扭曲了西方文化趋势，使得西方人将灵魂剥离躯体，将精神剥离于有形。早期希腊及基督教都向人们灌输这种二元论。17 世纪，法国哲学家勒内·笛卡尔（Rene Descartes）曾给出一个现代版的扭曲说法："我知道我有一个心灵，我知道我有一个躯体，我知道它们是完全分离的，我就是我的心灵，但我也拥有我的躯体。"艾萨克·牛顿以分离为基础发展新的物理法则。在新的通用物理法则之中，他将心智和心理的因素全部排除在外。这样的物理法则使得机械论文化兴起，直至今日，机械论依然深刻影响着大部分人的思维，促使我们在人类及人类组织中运用牛顿式的机械分类。

弗洛伊德寻找支配心理的"规则与动力学"，并坚信这些规则与人类幼年期的经历完全决定了人类行为。亚当·斯密寻找规范市场经济的法则与原则，他坚信利用这些，我们可以预测并且控制市场行为。在管理学理论当中，英国工程师弗雷德里克·泰勒坚信每个组织都有潜在的法则与原则，而组织成员按照这些法则与原则来行事，发掘公司的潜在法则，可以利用这部分法则来预测并控制市场行为、雇员行为和生产行为。用今日的计算机术语来说，就是一切都已经被**程序化**了。

铁律、预测、控制、程序，这些古板的词汇成了牛顿物理学说和机械论文化的代名词，也是牛顿式管理思维的关键词。然而它们究竟能够多么准确地反映当今世界或者迎合公司的需要呢？我们要如何预测与控制呢？我们要如何才能使混乱的状态程序化呢？经理们声称的"智力资本"在哪里？那些能够保证"智力资本"行为（从而保证创造力和生产力）的铁律又在哪里呢？我们如何量化或者衡量人类的特质与动机？我们如何确认员工的特别潜能，又如何衡量企业所称的"最宝贵的资本"或者"比较优势"呢？

人类的确有一些机械特质。我们肌肉的运作方式就与机器十分相似。而工业革命的科技最初代替了人的肌肉功能。我们的心智也有一些机械特质，确实也是程序化的。我们日常理智思考、遵守规则、解决问题、以目标为导向的思维模式，都与一台普通的个人计算机十分相似。而计算机能够代替我们心智的部分，大多数都是这些机械运作的部分。相比起来，企业世界并不需要雇很多"思考机器"，因为使用芯片更便宜、高效，而且更加可靠。然而，当今的公司需要培育的是"智力资本"，那些机器无法复制的特质——这些与人息息相关的特质是无法被程序化的。

计算机没有情感。它们感受不到痛苦与沮丧，听到笑话不会笑，也不会写诗，更没有精神需要，也没有远见。一个公司的计算机系统不会质疑自己。它们没有办法跳出框架来思考问题。它们不能从失败中反思，也不能从中得到解决问题的新方法。而这些区别，是人与世界的连接点，是人与创造力的连接点。计算机并没有自我。对于人类来说，思考是不能和情感与心灵相分离的。我们的创造力和独创性依赖于复杂自我的多个方面。我们构造愿景的能力、梦想的能力、赋予项目意义的能力也是同样的。

同样，正如想象力与我们的灵智不可分割一样，我们处理模糊的、不确定的和复杂事物的能力都与情感和灵智的结合息息相关。我们的奋斗、我们对于完美的追求、我们的付出和我们对于奉献服务的需求，都与我们的灵智有关。同样，如果一个组织想要释放所有人的创造和生产潜力，就必须为这些人类品质腾出发展的空间，对其加以培育。

讽刺的是，这些情感和灵智的特质正是很多企业转型项目所力求发展的。至少，他们努力**利用**具有这种素质的员工。大多数企业的领导人都想拥有这样的劳动力或者管理团队：可以站在领导的角度思考，有创造性，能在复杂问题中成长壮大，承担责任，并将其所有给予公司。这就是为什么领导者们痴迷于在"变革代理人"上花大价钱，咨询管理变革的专家。大多数"变革代理人"本身是机械化的，对深层次变革的意义毫无头绪，对变革所需的东西毫无所知。他们中大多数人不知道从哪里着手，因此便满足于引入"改变的词汇"，并用图表表明"愿景""价值观"和"领导力"，从而得出"裁员"或"重组"的框架。他们就"创意"和"拥抱多样性"展开为期两天的研讨会。然而"换汤不换药"，他们仍然是依靠**现有的**文化或结构进行工作。牛顿式组织当下的结构体系培养不出灵智，更不用说促进灵智创造能力了。牛顿式组织没有内在的能力进行根本性的转变。

## 管理和领导力的新挑战

大多数思考管理和领导力所面临挑战的人都知道有些地方卡壳了。顾问和专家们相继推出一个又一个噱头，本质一样，只是名头不同而已，这一过程的参与者都在不知不觉中维护了从旧的物理科学和方法论中得出的人类行为机理的假设。因此，人们不断尝试将动机和个性作为预测工具进行分析和测量，并且人们通常认为存在一个可衡量的标准（因此也是一项可实行的技术）以助我们成为一个更加有效的管理者、更好的教练和更加有创造力的个体。CEO 不如少花点钱，因为即使开了两天或两周的转型研讨会，其实也不会有什么转变。

　　一些关心个人或领导力发展的培训管理人员和顾问，对于美国心理学家亚伯拉罕·马斯洛（Abraham Maslow）著名的"需求层次"理论（见图 2 - 1）非常熟悉，并运用它解读人类心理。这是关于人类特质好用且广泛的模型之一，总结了人类的动机，它出现在教科书或变革管理课程讲义里。人类的需求以金字塔的形状存在，它们分为最基本的生存、安全（稳定）、归属（社交）的基本需求，以及自尊（自我）和自我实现的"成长需求"。通过自我价值的实现，马斯洛表达了对于内涵、意义的需求，这种深层需求使得个体感到生活和工作有意义，属于自我的心灵层面。多年来企业界的心理视野范围，一直以自身方式慢慢地沿着马斯洛的金字塔向上攀登。

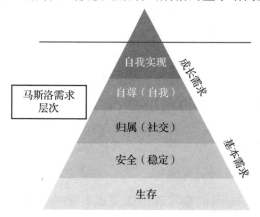

图 2 - 1　马斯洛的"需求层次"理论

工会（大部分是牛顿式组织）是第一个承认、重视员工的生存和安全的基本需求并为之奋斗的组织，这些需求包括安全措施、合理的薪水、休息时间等。这些对于任何活的有机体或其他什么来说，都是基本的需求，这仅仅考虑了组织中一点点的人类维度。工会改革是必要的，但还不够。这只是在为以后的人际关系运动及其后续变革方案强调"更高需求"或"成长需求"的重要性：在工作中有个人层面的需求，有自尊的需求，有在工作中发展更好的人际关系的需求，以及对工作现场梳理的需求，等等。

工会的改革改善了一部分员工的承受力，部分员工甚至开始享受工作，但这些变化不足以带来深层次的变革。在工作中，有时人们可以互相微笑着，将自己的孩子送到老板提供的托儿所，可以向顾问发泄自己的失意。但是，组织仍然是充满压力的地方：孤独感盛行，恐惧感依然牵制着下属和老板之间的关系，风险依然没有得到足够的回报。从组织长期成功的角度来看，重要的东西没有任何改变。思维仍然停滞，试验仍然是试探性的，僵化的组织结构仍然阻碍着人的潜力，整个组织依旧拒绝变革。

直到近日，马斯洛需求层次的最高一层——自我实现，才触及商业圈，只有少数公司开始认识到商业活动中更多心灵方面的需求，意识到公司内的主动性和创造性，意识到公司的最终生存必然与核心内涵、愿景和价值观紧紧捆绑在一起。这些人需要一个新的、更复杂的心理模型，将员工的心理、情感和精神智慧相连接。他们需要一个全新的愿景来变革组织的优先级排序、组织结构和组织领导力。

马斯洛的需求层次理论还是不错的，它至少认识到人类有多样的需求,对于意义的需求也是其中之一。但该模型上下颠倒,划分层次性太强。它不能满足新的企业心理学的需要。马斯洛将生存和安全的基本需求(即物质范畴)作为这一金字塔的基础,强调这是维持生命的必要条件。他将自我实现(意义)放在塔尖处,也就是充实、完美人生的终极目标——如果你能实现它,那很好,但实际上那只是锦上添花的东西罢了。其他需求都排在了中间。这个需求的排列反映了西方企业文化(短期股东价值)的底线,也反映了西方文化本身的唯物主义偏见。同时它还将需求原子化入"等级箱"中,给我们一种错误印象:可以将物质、个人、社会和精神的需求进行排序和分割。人类的需求比马斯洛的划分更全面。因此,同样的,组织可以充分开发利用人们的所有潜力,根植改变和复杂因素苗壮成长。

在我最近执笔的一本关于心灵智力(灵智)和心灵资本的书里,我表达了我们需要反转马斯洛的金字塔的观点。**对于意义的需求是首要的**。有无数的例子,记载了人们牺牲安逸、陪伴、食物甚至是生命本身来追求意义、更高境界的道德或更高远的理想。在企业界,如果员工认为自己从事的工作对全体更有益,或者通过工作可以追寻他们渴望的目标,那么他们愿意以更少的收入工作更长的时间。这样的例子不胜枚举。同样,通过大规模减薪进入慈善机构和非政府组织的企业高管也是如此。第二次世界大战中幸存下来的战俘和集中营囚徒都是被根深蒂固的信仰和价值观驱使的人。当人们以小组形式打造整辆汽车时,每个工人都能理解工作的目的和预见组装成功的成就感。汽车工厂的生产力水平会大大提高。

不过我们也要意识到,人们对意义的需求不能与那些看起来没那么重要的需求，比如安全感、物质满足、陪伴和自尊心，分离开来。人类每一个层次的自我都在相互影响。自我是一个动态系统，而我们的需求也以动态系统的方式相互影响，在组织中也一样。我们既不能把公司对利润的需求与满足员工自尊心相分离，也不能将公司的逐利需求与公司的深层愿景分开。公司里发生的很多错误就是因为我们未能从一个基本的、全面的、系统的角度来看待公司的功能。这就是量子系统动力学所急于给大家阐释的信息。

在本书中，我将用在图 2 – 2 中所展示的这套同心圆结构来替代马斯洛的需求金字塔。我将心灵需求（比如视野、价值和意义）放在中心的位置，一方面以此来强调这一类需求对其他需求的影响，同时也希望表现出不同的需求、自身不同的层次、不同的目标和追求甚至于公司内部结构间动态的相互作用。在书中我还强调，所有

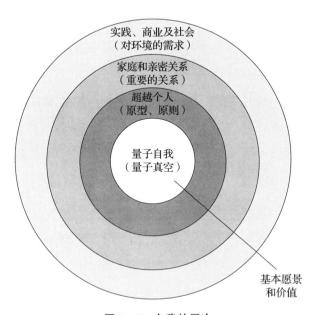

图 2 – 2　自我的层次

基础性的改变都是**心灵**变革，这里的心灵指的是在最宽泛的精神层面上产生于反思、意义和价值的东西，这对个人乃至组织而言都是适用的。无论是设计小玩意还是企业的组织架构，抑或是制定长远的战略及目标，所用到的创造性思维都源于心灵层面。

在公司的语境下，精神层次指的是公司的基本愿景和它的核心价值观。一家公司的愿景并非指公司的"下一个五年计划"或者"如何实现目标的计划"。愿景所指向的更为基础。公司的愿景是全方位的，通常是指在**无意识状态**下所体现的一种认同感，包含员工的愿望、在外界世界中感知到的自己，也包括更深入、能激励人心的核心价值和长期战略。举个例子，我曾经在壳牌公司和经理们共事，我问他们："你们觉得壳牌公司是一家石油公司还是一家能源企业？"他们对于这个问题的答案可以让我们很好地解读一家公司的愿景。两个答案迥然不同，每个答案都指向一套对公司长远目标、计划、研究、发展战略的不同解读，以及壳牌在更宽泛的经济中不同的定位。更重要的是，它会给壳牌公司的员工带来一种不一样的认同感和使命感，对员工的忠诚度和工作的投入程度带来很大的差异。如果壳牌或者其他公司想要实现真正的转变，他们必须从心灵层面开始，必须深入并改变核心思想（他们存在的状态），同时，还要保持可持续发展的领导力及配套的基础设施，确保在必要的时候实现愿景。**公司，就如同个体一般，必须随时准备触及自己的心灵核心。**这是能够改变现存的假设、领导模式和公司架构的唯一层次。

本书接下来的部分主要讲述领导者和他们的公司如何实现这些转变。这是关于人类各种各样的思考中可以触发深层次的变革、深层次的创造力的层面。我们将一起探索人类大脑的复杂组织和潜能

（及其伴随的自我），并思考如何将自然的最佳组织设计出来，作为模型来重新思考和重建人类组织。

> **人类大脑的组织、潜力和思维过程是组织创造性思维最有力的模式。**

## 创造性思维和量子思维

**创造性思维**来源于自我的心灵层次，它产生于大脑的动态活动。大脑的动态活动与量子物理学和复杂科学中所描述的过程和系统非常相似。一些脑科学家甚至认为，大脑中有一个真实的量子层，通过"复杂"的活动，使意识和创造性思维成为可能。这一猜测的真实性尚有待证明，但是人类的创造性思维和量子思维过程中的创造性的确非常类似，所以也称创造性思维为**量子思维**。我也经常把自我的心灵层次称为**量子自我**。这使我们能够找到一种语言，或者一组图像和隐喻，甚至是一个组织模型，从而在现有的语言、图像和组织模型中培养创造性思维和创造性的领导力，从而找到量子组织、复杂系统和量子大脑。

量子物理学本质上描述的是一种不确定的、在模糊和不确定性意义上发展的现实层面，这种模糊和不确定性也被称为"混沌边缘"。量子自我的本质是从源头来描述自我，从思想和身体划分推进到心理、情感和心灵层面（即量子层面）。量子自我不是一个现成的自我，也不是一个角色或面具。量子思维的本质在于它是一种高于范畴、结构且易被接受的思维方式，或者说一种思维。**正是因为有**

了量子思维，我们可以创造出范畴，改变我们的思维结构和思维模式。这对一个组织的创造性思维和领导能力至关重要，是实现真正的变革的关键。它彻底转变了我们对范式的认识。量子思维让大脑的创造力、组织的变革能力和领导能力之间联系起来，是 21 世纪的一项重大科学发现。

企业产品开发依赖于各种纵横交错的影响因素，这个交错的网络把纯科学和精细艺术与科技（应用科学）及设计（应用艺术）连接起来。量子思维推动了纯科学和精细艺术的发展，在技术中促进范式的转换，产生新的产品。

## 转换范式的必要性

多商业人士都熟悉"范式"（paradigm）这个词，但我相信没有几个真正能理解。范式（和范式的转换）是另一个被多用、误用和滥用的概念，俨然成为"表达变化词汇系列"的官话、套话。有些人认为这意味着心智模式或思维套路，有些人用它仅仅是出于这是一种新思想、一种习惯、一种风格，甚至是一系列的传统或偏见。一个范式不仅包括这些东西，甚至包括更多。

美国哲学家托马斯·库恩（Thomas Kuhn）在《科学革命的结构》（*The Structure of Scientific Revolutions*）一书中首先对范式下了定义：范式是感性、概念、情感和精神框架的整合，囊括我们根深蒂固的、无意识中的假设和价值。这是在大多数情况下我们认为理所当然的东西。范式就像我们佩戴的眼镜将我们的视野聚焦在我们认为的全部现实上。范式决定了我们的预期，为我们提出的问题设立框架，并框范我们做事情的方法。范式对我们的影响是如此之深，甚至决定了我们能看到或能理解的东西。比如，生活在中世纪的人们去海边的时候，他们看不到（理解不到）地平线的曲率。地球是圆的对我们来说显而易见，但他们知道的是地球是平的。中世纪的人们没有理解地球的范畴，所以更看不到，他们也不会问"我们为什么不会掉下来"，这样的问题只能是拥有地球是圆的范式的人所提出的。

> 范式是：
> 我们无意识的却深植于大脑的假设和价值观；
> 我们认为理所当然的东西。
> 范式决定我们的预期，为我们的提问设定框架，框范我们
> 做事的方式。

我们会不由自主地形成范式。事实上，我们也需要范式。范式深植大脑，以便我们形成必要的概念和范畴来领悟我们的经验。哲学家和神经学家曾经认为**硬连接**是我们的本能——我们与生俱来就有的神经连接，它从我们出生起就为我们的经验建立框架，并伴随我们的一生。与这种观点相伴着一种观念：随着我们年龄的增长，我们的有限学习能力有天花板，过了一定的年龄（约 18 岁）我们的学习能力就开始降低。但在今天，我们知道这不是真的。

今天，神经科学告诉我们，大脑是"弹性的"，随着与不断增长的经验进行交流，大脑在不断变化并重构自身。当我们刚刚来到这个世界时，我们还是个婴儿，我们的大脑连接非常有限。我们与生俱来的神经连接足够来调节呼吸、体温和心跳，但几乎其他所有都是潜在的未知。我们将吃什么食物、遇到什么气候条件、感染什么

样的病菌、要说什么语言、形成什么样的概念，这些在出生那一刻都是不确定的。因此，婴儿大脑在边缘达到了均衡⊖。在学习和发展经验中，在最初的神经活动中，混乱不稳的因素使得大脑形成了更多的连接。

在这方面人类已经进行了一些实验，例如研究人类婴儿的语言学习能力。实验记录了婴儿在出生后第一个月所发出的声音。心理学家发现，世界任何地方的婴儿，都能发出人类**所有**语言中总共的八百个音素（声音模式）。婴儿的大脑拥有了整个人类语言声谱。然而，在出生的第一年，婴儿会选出那些他们所属文化的语言音素。他们不再使用神经通路来识别和使用声音，即丧失了识别和使用那些所处文化不使用的语言音素的能力。

婴儿和孩子们必须快速地建立新的神经连接来重构他们的大脑，他们必须构建自己的世界。成年人或许能够依靠头 18 年的经验生活下去，也许一辈子梦游就可以。这是很有诱惑力的，因为形成新的神经连接需要能量，甚至会使人精疲力竭。当我们创造性地思考时，大脑会比身体的其他部分耗费更多的能量。但我们不会一直是梦游者。只要有一个动机、一个机遇或一个危机，我们在任何年龄都可以形成新的神经连接。实验表明，人在 90 多岁时，仍然有能力重构大脑。这意味着我们终身都拥有能力改变我们大脑中的范式。

托马斯·库恩在描述科学家如何工作时写到范式。我们通常认为科学"在边缘"时是具有革命性的，但库恩指出，最通常情况下科学是非常保守的。大多数科学家在一个范式内工作，进行"有限

---

⊖ 这里的均衡概念套用的是系统动力学均衡的观点。——译者注

博弈", 他们做实验来验证范式。只有出现异常、不符合旧范式的现象凸显时, "具有革命性的科学" 才会出现。具有革命性的科学进行的是 "无限博弈", 其改变范式。它提供了一个新的视野, 大胆地宣布旧的看待事物的方式不再奏效。但是这样的革命是痛苦的, 因此会受到抵制。一个范式转换的必然伤害, 就是我们看待事物的整体方式的改变, 以及我们对现实本身的认识的转变。

我们需要一个行之有效的范式来了解我们在世界上的存在方式。但危险就在于, 我们可能会把自己困在范式之中。我们习惯于自己看待事物固有的方式, 认为这就是它的方式。新思维变得不可能。我们成了只有单一视角、单一视野的人。我们需要范式, 但也可能被囚禁在范式中, 这种冲突被称为 "范式悖论"。守着旧范式的科学不可能再改变, 商业也是如此。正如爱因斯坦说的, "你不能用导致问题的思维再去解决这个问题"。要想改变游戏规则, 我们必须跳出我们熟悉的游戏。同样, 我们不能在现有结构中改变组织结构, 必须 "炸掉房间", 而这对那些在现有房间中长大的人来说是困难的, 他们已经把整个职业生涯都投入到学习如何使用范式上。库恩认为, 直到所有旧范式下的所有实践者全部去世, 新的科学范式才会形成。这可能有点悲观, 但要改变我们的范式, 必须要重构我们的大脑。像科学家一样, 我们通常是在灾难 (突变⊖) 来临时, 或是当旧的结构失败时, 才被激发做出努力。我认为我们在商业、政治、经济和教育上必须做出改变。

---

⊖ Catastrophe 在量子力学中指突变, 也是普通意义上的灾难, 这里作者运用了双关的修辞手法。——译者注

像科学家一样，商界领袖也有他们的范式。他们很大程度上并没有意识到，他们根深蒂固地拥有一套假设和价值观：他们看待事物的方式，自然而然想问的问题，还有他们认为合理的风险。占据主导的西方商业范式脱胎于整个西方传统，并在更大范围的文化中受到广泛认同，是语言、概念和牛顿式机械科学范畴重点关注的对象，包括一系列基本的假设，如力、因果关系、可预测性、控制及其他人们认为理所当然的东西。因此，商界领袖们使用他们那一套语言来做出分析，勾画未来图景。这套语言涉及市场力量、市场预测、因果链条（"如果我们不这样做，××会如何反应"）及"尽可能最佳"的行动和解决方案。牛顿式商业范式的核心特征是权力与控制。效率是其核心价值之一。

如果我们想改变结构和组织的领导力，我们要在这个基本范式的层次做出转变。我们必须改变思维背后的思维。想要启动真正变化的领导者必须首先要意识到他们将跳出原来的范式行动。他们必须理解现有范式的起源和性质，其对管理的影响和它的局限性。领导者必须能够**感觉**到其他范式，或者感受到两种范式边缘之上创造性的兴奋感。他们必须学会从根本上提出新问题，使自己置于想法和视角类别都不相同的环境中，必须从根本的角度看清自身、世界、人类关系和他们的公司。

如果领导者能做到这一点，那么他们就可以改变"房间"，而不是"把房间里的旧家具东搬西挪"，换汤不换药。改变"房间"意味着看到一种全新的组织形式的可能性，并将其付诸实践。我将这种全新的组织形式称为**量子组织**。而构建这种新的组织意味着要用一种新的思维方式去思考，竭尽大脑的能力去思考。这意味着领导者要擅长三类思维方式。

第 3 章

# 思维的三重境界：
# 如何重启你的大脑

　　大脑是人体最复杂的器官——或许也是已知世界中最复杂的结构体。大脑通过某种方式制造或传递神秘的意识，以及我们对自我、他人和世界的感知。它生成并构造我们的思想，让我们拥有情感，还以某种方式调节我们的精神生活，影响我们的意义感与价值观。大脑赋予我们触觉、视觉、嗅觉和语言能力，控制着我们的心跳、出汗频率、呼吸节奏及其他不可计数的身体机能。大脑向外延伸的神经纤维可以达到身体的每一个区域。可以说，大脑是我们内在生命和外在世界的桥梁。大脑能够做到这些，是因为它具有灵活性、适应性和自组织能力，并能不断自我重构。

　　人脑能够进行三种独特的思维。第一种是理性、逻辑、守则的思维，能够创造概念、范畴和牛顿原子范式的心智模式。第二种是联想思维，其来源和不完全理性的经历有关，比如我们的情绪、感觉、身体记忆，还有我们经验中的一些元素形成的联想，以及我们检测或认知的一些模式。联想思维并不受限于规则，而是遵循习惯。第三种是我们的创造性和反思思维。它能打破旧有规则、创立新规、识别并质疑一些假设和公认的心智模式。创造性思维非常像量子范式中的一些系统和结构。这三种思维方式，以及相关的大脑结构和运作模式，为公司的运营提供了一个可以仿照的有效模型，尤其是在变革与不确定性中如何寻求可以不断成长和发展的公司架构、工作程序和公司治理的意义。

大脑是自然界最复杂且多元化的组织。事实上，所有的人为组织都仿照这个自然模板。人为组织是基于领导者利用全部自然资源潜能，并在发挥了自身最佳能力下，所达到的实际效果的近似。如果领导者能更深刻地理解这一潜能，提高他们对大脑的活动、结构和功能的认识，他们就能更好地重构他们所领导的公司的"大脑"。

## 潜力无限的大脑

正如已经提及的，科学家们一度认为我们的大脑是硬连接的（天生设定好的）。他们认为，我们生来拥有固定数量的神经元，它们以特定的方式连接在一起；随着年龄的增长，整个神经网络也在缓慢地衰退。18岁被认为大概是人类心智的顶峰，之后就要一直走下坡路了！而现在神经学家们了解得更多。的确，我们生来拥有固定数量的神经元，并随着生命的进程而不断地减少。一个老人拥有的神经元远远比不上一个婴儿。但我们也在不断生成新的神经**连接**，或者说，起码我们有能力做到。

是神经元之间的连接而非它们本身的数量，创造了思维。我们遇到的脑力挑战越是复杂多变，需要的神经连接的排列就越丰富。人类婴儿在离开母亲子宫的时候，生来就掌握了维系生命的基本必需功能——天生的神经连接能够调节呼吸、心跳、体温等。但在婴儿阶段，人类还没有能力识别面孔和物品，形成各种概念，或者发出连贯的声音。随着时间的推移，各种经历会强化婴儿的大脑，上述能力也会逐渐形成。通过体验世界，大脑会生成新的神经连接。对世界的体验越是丰富多变，形成的神经连接就会越错综复杂。这就是为什么我们可以通过频繁提供多样的刺激来促进婴儿的智力发育甚至身体协调，比如明亮鲜艳的物品、不同的声音和语调、各种嗅觉和味觉体验、背部按摩和情感上的温暖关爱。

婴儿要创造自己的世界，必须在脑中生成新的神经连接。早期的连接能够让我们识别味道、气味、面孔和语音。随着神经连接逐渐成熟，新的神经连接能让我们拥有语言能力和形成概念的能力；这些连接将帮助我们存储所有经历和体验的记忆，使我们能够阅读、写作和进行一般学习。一个儿童的大脑能够生成多少神经连接并没有上限。但在现代文化中，到了大概 16 岁或 18 岁（如果孩子继续接受高等教育，那么可以延迟到 20 多岁），我们大多数人就已经有了足够的神经连接以顺利度过余生。我们已经形成了关于世界及其运转方式的全面图景；我们已经形成了（或者说是构建了）一些预设方案，可以按其行事；我们已经形成了自己的心智模式和习惯、情感模式，以及应对各类人和事的方案。简言之，我们构造了一种简单可行的生活方式。

在初步构建大脑的过程中，新的神经连接的生成需要消耗大量的能量，但成长中的孩子受到需求和好奇心的共同激励，总是有着强劲的动力。而且，儿童也有着大量的精力。而作为成年人，我们就显得动力不足。毕竟，在处理生活中的各种问题时，我们可以依靠长期积累的全部习惯和预设来进行应对。只要我们最初的范式合理，足够应对生活中的基本挑战，何必要费力去做出改变呢？尽管我们有着终生无限的能力来生成新的神经连接，从而改变并增强我们的大脑，但当生活中的经历和挑战变得更加稳定、可预测和可掌控时，几乎没有人会主动运用这一能力了。在面对新的经历时，如果重构大脑并挑战全部旧有的习惯和预设，需要消耗的能量比第一次要多得多。重构意味着在生成新连接的同时，还要努力解构（摧毁）所有旧的连接。我们会本能地抗拒。只要没有出现破坏现状的巨大挑战，我们就拒绝消耗本可以节省的能量。但如果事情变得极端糟糕，我们原有的心智和情感习惯及内心深植的预设不再能应对一些新的挑战或经历时，我们就不得不重构大脑，或者屈服于失败。

今天的世界并不稳定、可测和可控。很多人都感到，不论在私下里还是在工作中，我们的生活都在不断失控。大学的教科书在我们毕业之前就已经过时了。我们两三年前运用的科技在我们还没来得及完全掌握和适应之前就彻底革新了。人际关系、工作保障、职业资格，亟待解决的问题无论种类和数量都如此变化无常。迅猛的变革和随之产生的不确定性，意味着大多数人不能再依靠自己 18 岁所知的东西安然度过一生。企业也无法仅仅依靠创业之初的习惯、预设、技能和思维工具来保持发展。重构大脑，无论对个人还是企业而言都不再是可选项，而是**必由之路**。转变思路的思维方式已经成为生存的需要。终身学习势在必行。

## 混乱，美好的混乱

当菲尔·卡罗尔（Phil Carroll）还是壳牌美国公司的 CEO 时，

他曾对同事建议道："世界是混乱的，如果我们想继续停留在企业阶梯的顶端，就必须要投身于混乱之中，并学会在混乱中工作。"

人类大脑处于自然智慧阶梯的顶端（至少目前已知是这样），为此大脑必须学会在混乱中工作。大脑中没有任何已经规划好的有序的结构。这也是大脑令人难解的原因之一。它的连接结构有点像中世纪城邦里曲折的巷道，如同一个堆砌在另一个之上、层层叠叠的考古学历史，而且也许在某种意义上还都住着人。大脑的建筑结构——它的神经连接的结构——承载着地球上生命进化的全部历程，至少是动物王国进化的历程。而我们的责任就是要对大脑的这一特质加以利用。

在我们神经系统中最简单的一层，对应着中世纪城邦的史前部分，我们发现了类似单细胞动物（如阿米巴虫或者草履虫）的部分。这些动物没有神经系统，所有的感官协调和运动反射机能都存在于单个细胞内。我们体内的白细胞在血液中清理垃圾和吞噬病菌的过程中，其行为方式恰如池塘里的阿米巴虫。简单的多细胞动物，比如水母，依然没有中枢神经系统，但它们的细胞之间有着神经纤维网络，能让身体做出协调反应。在人体中，内脏的神经细胞形成一个相似的网络，协调肠道蠕动和肌肉收缩来推动食物前进。

随着哺乳动物的进化，前脑逐渐发育成型——开始是低等哺乳动物原始的前脑，主要控制动物的本能和情绪；随后拥有精密计算能力的大脑两半球成型了，继而出现的"小小的灰色脑细胞"被大多数人认定为人类思维机能的象征。然而酗酒、劳累、使用镇静剂或者对上层前脑造成损伤会导致大脑的退化，从而使人出现一些低等动物原始的、更出自本能的、缺乏计算和理性的行为。

所以，尽管神经系统在进化中逐渐中心化并且愈发复杂，但即便是人类，依然保留着这些更原始的神经网，这些神经网不仅存在于扩张的大脑中，而且遍布于整个人体。早前的进化阶段让位于更新的进化阶段，但并不会被完全取代。阿米巴虫、水母、蚯蚓和蚂蚁的经历都嵌入到了我们的神经组织之中。同样，老鼠、狼、熊和猫的心智和情感过程也嵌入了我们更为高等的官能之中。我们的任何思考和任何想象潜在中都运用到了整个进化史。正如我在第 1 章中论述的，我们的意识甚至涵盖了整个宇宙的历史——那些法则、作用力和宇宙演化的潜能。

因此，常规商业世界中的"思维"模式，并不完全是真正意义上的思维。思维不仅仅是大脑运作的过程，这一点已经被行为经济学领域的最新科学视作常识。思维并不是说我们在完全冷静、理智和超然的情况下将事情做到最好、最有效率。思维也绝不是做事简单、直截了当。我们不仅用"头脑"思考——还要运用我们的情感、身体和心灵（我们的视野、憧憬和渴望，我们对意义和价值的感知）思考。我们的思维要用到所有复杂多样及混乱的神经网，它们遍布且交织于我们的各个器官中。日常用语中就体现了这一点，比如我们会说，"他靠'直觉（肠子）'思考"或"她用'心'思考"。又如，很多领导者会说"对情况有'感觉'"，有时描绘得就好像是"触觉"一般。

由于商界（如同更广泛的西方文化一样）对思维的理解很狭隘，企业的组织结构向鼓励思维、鼓励有效行动和成功的方向演进的程度也就很有限。考虑到情感、身体和精神的投入，不出意料，大脑的思维结构和过程事实上更多变。如今，神经学家发现了存在于我们更高智能中的三类思维模式，每一种都在大脑中有不同的神经结构和处理方式。让我们深入地来了解，看它们对商业思维的潜能有何要说。

## 串行思维：大脑的"智力"

我们思维的简化模型，是一种直接的、逻辑的、理性的、慎重的和冷静的模型，这并没有错。然而这只是一种狭隘的思维模型，仅仅是故事的一部分而已。它是从形式逻辑和算法（如"假设 $x$，则有 $y$"或是"$2 + 2 = 4$"）中推导出来的。人类很擅长这类思维，并且自亚里士多德起，它就成为西方世界鼓励并训练的主要思维模式。从 17 世纪的牛顿科学革命及伴随的笛卡尔理性主义哲学开始，这种情形更甚。孩子们接受的教育就是最大化地开发这种思维，领导者要学会在他们的战略和决策制定中重视这种思维，几乎西方文化中的一切都由之主导。

认知心理学和认知神经科学的最新研究显示，一些人将这种有逻辑的理性思维称为"系统 2 思维"，也有人称之为"左脑思维"；而美国著名心理学家丹尼尔·卡尼曼（Daniel Kahneman），在他极具影响力的著作《思考，快与慢》（*Fast and Slow Thinking*）中，称之为"缓慢思维"。这也就是我们的"智商思维"。现在，每当提及这种思维方式，人们至少会把它与另一种方式区分开来——我们处理、吸收、运用情感体验时使用的思维方式。我称前者为"串行思维"，因为产生这种思维方式的神经元结构十分特别。

大脑有三种可识别的神经处理进程。其中与串行思维相关的进程，是由神经元以**神经束**的形态活动导致的。在神经束结构中，神经元一个接一个地连成一串，就像一条电话线一样。每一个神经元的首端连接着临近神经元的末梢，电化学信号就在这条神经元串联起来的神经链上传送，传递着某一个特定的想法或者一连串的想法。每个神经元都可以在兴奋和抑制间转变，一条神经链中只要有一个神经元损坏或转为抑制，那么整条神经链都会终止工作——就像圣诞树上串联的小灯。计算机也是按照串行方式连接运行的。

神经束是按照一个固定程序来获知信息（串联起来）的，而这一固定程序的规则秉承形式逻辑的规则。所以，获取信息的过程是逐步逐级的，并且受制于规则。比如，我们教孩子死记硬背乘法表，就是在鼓励他们在脑内建立神经连接，进行串行处理。由此产生的思维能有效解决问题、完成任务。这种思维方式是目标导向的、工具式的、"怎么办"式的思维方式。运用这种思维，我们可以掌握语法规则或比赛规则。这是一种有逻辑的理性思维——"如果我这么做了，就能知道接下来会产生什么必然的结果"。

日常商务思维充斥着大量的串行思维。任何企业做分析的时候，都是先将条件分解成最简单的逻辑部分，然后预测可能出现的因果关系。传统的战略规划是制定策略，然后逐步论证，最后通过实施。"目标管理方法"则是先设定明确的目标和对象，然后为了实现该目标而策划一系列有逻辑的行动链条。串行计算机下棋的原理就是如此，通过分析每走一步所有可能的结果，一步一步地计算出最佳方案。

就像牛顿原子科学所采用的思维方式一样，神经束产生的结构与思维方式都是线性的、确定的。B 总是以同样的方式出现在 A 后面。这种思维方式不能接受任何的细微差别或者模棱两可。所有事物必须清楚明白、合乎逻辑。它是严格的是或否、非此即彼的思维方式，并且只能考虑一种未来选项。在给定的规则下（在程序或模型中），串行思维方式非常有效；但如果有人更改了目标定位，这种思维方式就会发生故障。就像让电脑进行一项程序之外的任务，这时屏幕上就会弹出一个对话框："系统无法运行。"正如詹姆斯·卡斯（James Carse）的比喻，串行思维是"有限的"，它在边界内、在"箱子"里运行。如果我们要探索其他的可能性，或者处理意料之外的事，串行思维就没有用了。很多商业领导者就陷入了这种思维方式，在面对今天的不确定性和迅速变革时，他们的工作总是毫无效率可言。

企业中的许多结构都体现着串行思维。例如，八小时轮班工作制、记录员工考勤的打卡机制度、职位描述、着装规定和整个官僚体制，包括责任规定、行为守则、假日安排、咖啡时间和疾病补助——以上这些全都被规定好了，普遍适用于所有人，存在于各种既定类别之中。串行思维隐藏在工厂蓝图、流水线或者工程师的维修手册之中。正如我所说，它隐藏在战略规划或目标管理的分析过程之中。组织结构化也采用了串行思维，并根据不同的功能划分了不同的部门。所有的串行思维都基于这样一个假设：企业的世界（包括企业中的人员、基本要素、市场、客户、竞争对手）可以通过规则、策略和五年计划被成功操控，因为这些东西本身可以通过自身的行为被预测到，正如牛顿学派描绘的宇宙始终遵从着不变的自然法则。

串行思维的优点是，只要是在规则或假设模型之内运行，该系统就能做到周到、精确、严密而又可靠。而串行思维的主要缺点是，只能在给定的模型和范式中运行，必须遵从"游戏规则"。同样，组织内的串行结构的优点是精确、可靠、可操纵（可控制）和通用，缺点是死板和"封闭"。

## 联想思维：大脑的"心脏"

我们能够进行的第二种思维是联想思维，或者说是"平行思维"。联想思维能够帮助我们在事物间建立认知关联，比如饥饿和可以缓解饥饿的食物，比如对慰藉的需求和他人给予我们的爱，比如红色和兴奋或危险的感觉。联想思维还让我们能识别不同模式，比如面容、气味或者曾经经历过的相似的事情，还能帮助我们学会身体的技能，如骑自行车或者驾驶汽车。我们的联想思维几乎都是在无意识状态下进行的，而且我们所有的心理体验都被摒弃或搁置在"阴暗面"里，是我们内心神秘又不理智的一面。

大脑中用来进行联想思维的神经结构就是神经网络。每一个这样的神经网络都包含成百上千的神经元，其中每个神经元都可能和其他一千多个神经元相连接。神经元之间的连接是随机又凌乱的，或者说是平行的——也就是说，每个神经元在传递信号的同时，也在接收来自其他神经元传递的信号。大脑中的神经网络可以和遍布大脑与身体中的其他更远的神经网络相连接。因此，联想思维根植于我们的情感和亲身体验。**这是一种用心和身体"思考"的思维方式。**

在认知心理学和认知神经科学的最新术语里，大脑的联想思维被称为"系统 1 思维""右脑思维"，或者用丹尼尔·卡尼曼的话来说就是"快速思维"。我们的情商就来源于这种思维。联想思维来源于预感或"直觉"，是针对外界情况产生的一种"感觉"。联想思维既不理性也无逻辑可言——它太迅速、太情绪化。不过它能丰富和加深我们的心理体验。在我们的体内，联想思维是诗人，是写出比喻和类比的作者，它会提示我们"这个就像那个"。现在公认的是，我们思维的很大一部分都是联想的、无意识的、非理性的、情绪化的，而且以自我为中心。在行为经济学的新科学领域中，联想思维导致了人们对理性人模型的可靠性、对市场行为的预测，甚至对所有人类行为的预测都万分谨慎。人作为"理性的动物"（亚里士多德语），被认为是造物主的奇迹。事实上，只有少数顶层的理性能够逃脱激情与本能的规则，将我们的行为和思想分离开来。

　　不同于串行思维的神经束是自身的心智模式和范式的囚徒，神经网络在与经验的对话过程中能够学习和重构自身。每次分析一个行为模式或事件序列时，神经网络连接的模式识别能力也在逐渐增强，直到变为自发识别。如果模式改变了，我用以感知这种模式的能力也会慢慢改变，直到大脑重构自身以识别这个新的模式。

　　举个例子，我学开车的时候，一开始手和脚做出的每个动作都是经过深思熟虑的，我对汽车的控制是基于理性计算的。而随着一次次的实践，手、脚和大脑之间的协调被越来越强地记入大脑的神经网络（它们彼此之间的连接越来越强）。到最后，我开车的时候再也不用"思考"驾驶这件事了，除非有一些不寻常或者意料之外的事情发生。我甚至都无法对车技进行有意识的或者起码是容易的思考。我儿子 12 岁的时候问我："妈妈，你用哪只脚踩离合踏板呀？"

我都没法回答。我不得不坐在方向盘后，看着我的左脚踩下离合器。我的脚知道怎么踩离合，但是我的脑子却不知道！

所有的联想学习都是试错式的学习。一只老鼠学习走迷宫，不是通过寻找规律，而是不断进行**实践**。如果尝试失败了，就不会有神经连接被记下来；但是如果它成功了，那么大脑会强化这种连接。这样的学习很大程度上基于经验，却也受制于习惯——我发挥某项技能成功的次数越多，运用某种策略解决问题的次数越多，就越倾向于下次也用同样的办法。联想学习也是一种隐性的或者说是依靠直觉的学习——我学习技能，解决问题，但是无法清楚地描述我学习过程中所遵循的规律，甚至常常无法描述我是如何做到的。神经网络没有连接我们的语言功能区，也无关于我们阐释概念的能力。语言功能和概念阐释的能力都是"左脑"能力；而联想思维更多的是"右脑"技能，被简单地嵌在体验之中。我们感受着技能，运用着技能，但我们无法"思考"或者谈论它们。我们开发技能，因为它们能带来满足感、有效性并获得回报，也可能是因为它们能帮助我们避免痛苦或失败。

组织机构掌握的大量知识都是隐性知识，这些知识没有人可以表达或者描述，却是组织赖以生存的命脉。这样的隐性知识存在于领导者和员工们的技巧与经验之中。《快公司》（*Fast Company*）首期刊登了一篇关于施乐公司的文章，提供了一个很有说服力的例子：施乐公司的管理层希望减少雇员浪费的时间，所以他们邀请了一位工时与动作研究专家来跟踪调查哪些时间的浪费能被发现和消除。该专家聚焦于咖啡机上——他总结说，公司的工程师们花了太多不必要的时间边喝咖啡边闲聊。他建议缩短喝咖啡的休息时间。不过幸好，在工时与动作研究专家观察员工习惯的同时，施乐又聘请了一名人类学家与他一同工作。

人类学家请那些爱喝咖啡的工程师们展示他们的修理手册。一开始，他们拿出来的都是原装、干净的册子，写的都是安装和维修机器的官方步骤。但是渐渐地，工程师们开始信任这位人类学家，他们给他看了"真正的"修理手册，就是他们外出工作中实际使用的手册。这些手册中到处都是折角，充满了潦草写下的捷径和非正统步骤。这些都是他们在外出工作中通过试错习得的。这些捷径和非正统步骤不仅节省了时间和金钱，也给工程师们带来了一种超越体系的满足感所产生的欢乐。而工程师们在喝咖啡时聊的话题，正是这些捷径和非正统步骤。

施乐公司调查的最后结果是，他们开始尝试利用工程师们的隐性技能。不仅喝咖啡的休息时间并未缩短，公司也另外尝试使用电脑收集工作中员工学到的技能，并整理成数据库。如果有哪个员工发现了捷径，比起手册中的官方程序能节省时间和金钱，公司就会郑重邀请他将诀窍添加到数据库中。通过这种方式，随着员工重构他们个人的大脑，公司的"大脑"也获得了重构。

近年来，神经网络计算机（也称并行处理计算机）不断完善，已能完美模仿人类联想思维的技能。这些计算机被用于识别笔迹、读取邮政编码、区分味道与气味，"观察"和勾画面容图像。与串行处理计算机不同，神经网络计算机可以学习，还可以根据经验调试程序。

联想思维的优点是，它根植于经验，并能与之对话，并且能够在过程中通过试错的方法习得知识。它能从新的、未曾尝试过的条件中"感受"到办法。它总是不断重构大脑。这种思维方式还能处理细微差别或模棱两可的情况——就算我们改动给定模式的80%，大脑的联想处理系统仍能识别出剩下的内容。一台神经网络计算机能识别用数以百万种不同的笔迹所书写的邮政编码。联想思维的缺陷就在于，它非常"迅速"，直奔结论，因而常常不准确。它也受限于习惯。我们可以重学一门新技能或学习用新的方法解决问题，但这需要消耗时间和大量的精力。而且，由于联想思维是一种隐性思维，我们很难和别人分享。我们无法写出一条公式或一本说明书来告诉别人如何相应地开展工作。我们每一个人都只能以自己的方式学会技能。地球上没有两个相似的大脑，也没有两个大脑拥有相同的神经连接。

## 量子思维：大脑的"灵魂"

大脑能够进行的第三种思维是自省性的、创造性的、有洞察力的直觉性思维。运用这种思维，我们挑战或者质疑我们的假设，或者改变我们的心智模式和我们的范式。正是这种思维在重构大脑，创造新想法，创造新的模式，让我们习得新的语言。这种思维方式根植于我们内心深处对意义和价值的深刻理解，并受其激励。它是我们的心灵思维，或者说是视野思维——我们的灵商。我称之为"量子思维"，因为其功能和进程与量子系统行为的特点很像。而且，这种思维很有可能产生于覆盖整个大脑的量子场。不论它是不是字面意义上的量子，认知科学的新领域"量子认知学"已经证实，人类的思维过程如反思、联系上下文、创造性地使用模糊语言和制定决策，确实与量子力学的数学形式相一致，这一点毫无疑问。

前面说的串行思维、系统 2 思维，即缓慢思维，主要由大脑左半球的活动支持；联想思维、系统 1 思维，即快速思维，主要由大脑右半球的活动支持，还有部分产生于较低等的脑部结构，例如位于大脑边缘系统的情绪中枢。我的看法是，量子思维是全脑思维，综合并同步整个大脑所控制的心理活动和身体语言。当一个量子领导者采用量子思维来解决问题、制定行动策略时，他用的就是所谓的"全智能"。

计算机能够同时模仿串行思维和联想思维。计算机能处理涉及串行思维的问题，并比人脑更快、更准确。就神经网络计算机或者说是并行计算机而言，它可以重复一些人脑的联想思维，而且随着科技的进步，计算机定能做得更好。但是，目前人们制造的计算机，甚至是设想中的计算机，还远不能处理创造性的、富有洞察力的问题，而这些正是人类擅长的。计算机在假设、习惯或者心智模式下运行，受制于边界、规则或者程序。它们只能进行有限博弈。而我们的量子思维能够改变目标位置。它挑战假设、价值观和心智模式，创造程序，制订并打破规则。量子思维操控边界，不停地重新设定边界。它进行的是无限博弈。

串行思维根据逻辑规则以线性的方式连接各个独立的"零件"来处理经验数据。在量子物理学的术语里，它是"粒子态"的。联想思维将经验视作一个整体来处理，但是会忽略各个单独的部分，忽略逻辑和理性。它是"波形"的。量子思维是整体的，既是粒子（左脑），也是波（右脑），还能同时整合、分析全部经验数据。量子思维整合了大脑串行和联想系统的思维能力，统一了任一时刻大脑里碰撞的数百万个知觉数据和信息，并将其整合进统一的经验场之内。

有关量子思维的物理基础，最合理的猜测是，它是由 40 赫兹（每秒 40 个周期）的振荡场引起的。这一振荡场覆盖了从前脑到后脑的整个脑部，同步来自大脑每一个部位的神经活动。这个 40 赫兹的场也被称为大脑的 γ 波活动。大脑活跃的时候，这个场也活跃，甚至在深度睡眠中也是如此。而当人们进行深层冥想时，它就处于一个最为连贯和高效统一的状态。之后在第 13 章里我会谈到，冥想是量子思维和量子系统动力学/量子战略动力学的"工具"。

只要想想一个简单的知觉经验，我们就能理解这个 40 赫兹振荡场（量子场？）的统一效应。当看到桌子上的一个平底玻璃杯时，我大脑的一部分会对它的高度做出反应，一部分对其形状做出反应，一部分对其椭圆形的边缘轮廓做出反应，还有一部分会对它表面反射的光线做出反应，等等。但是，所有这些在大脑中不同部位对玻璃杯做出反应的神经元都以同一频率振荡，这一点使得我可以从整体上来看待（或理解）这个玻璃杯，包括认识到它在桌子上和在房间里的物理情境，认识到它对于我的意义：这个东西能装水来帮我解渴。同样，当我坐在桌前，我大脑中数十亿个不同的神经元也受到了不计其数的知觉数据的轰炸——视觉数据、触觉数据、感温数据、听觉数据，以及源于我的思维过程和想象的内部数据。大脑里并没有一个中央控制机制接收和引导这些数据——不存在单个的"神经元 CEO"来进行管理，甚至也不存在神经元的"执行委员会"。相反，我整个的知觉场和所有的意义感——我在房间里且清楚自己为何在此的感觉——通过刺激各种各样神经元的同步振荡进行自组织。

商业团队或公司层面也需要创造性思维——重构团队和公司的大脑——这意味着我们必须具备发散而灵活的基本架构，从而形成一个类似的同步自组织。如何实现这一点，正是我所说的量子系统动力学（Quantum Systems Dynamics，QSD）的主旨。在组织中，我们将这一类的同步活动称作沟通。创造性地使用 IT 系统能够在交流中发挥至关重要的作用，比如第 12 章将探讨的对话过程，或是建立起强大且至关重要的公司文化，促进形成共同的愿景和价值观（详见第 10 章）。这种组织同步性和自组织的成果可以借鉴日本的实践来说明。企业以公司之歌或团体操的方式开始一天的工作；而学校经常以晨会或者进行正念冥想练习来开始一天的教学。

量子思维能够质疑自身和周围环境。当发生意料外的情况，比如说出现了危机或者机遇，我们囿于规则的串行思维及囿于习惯的联想思维都应付不来，这时量子思维就能发挥作用了。举个例子，如果我们正在伦敦一家公司的培训课程上，一头巨型印度象突然缓慢闯进房间，还撞坏了大门，以下是大脑中将会发生的一系列事件：我们的第一反应是震惊，不知道到底发生了什么，也不确定自己到底看到了什么。简单来说，我们并不具有"大象闯入公司培训班"的思维（知觉）范畴，没有处理类似事件的神经连接。我们的大脑压根儿没办法处理这件事。

大脑对于大象的第一个反应是拼命地尝试用现存的思维范畴来处理这些数据。当这一过程失败后，大脑便暂停运行。它经历的思维过程像是："等一下，从这儿开始走不通。"随后，大脑开始用量子思维过程来重构自身。首先，它会创造一些新的知觉范畴用来分析大象，并将其置于房间的环境中。随后它开始创造一些新的意义范畴来理解为什么大象会出现在这儿：这头大象可能是从伦敦动物园逃出来后，又走到了公司的培训室；也可能是竞争对手想要破坏我们的培训课程；还可能是讲师安排的，为了给参加培训的学员提神，同时也为了说明量子思维的有效性。

大脑尝试这一切的可能性明显是同时进行的，就像量子触角伸向未来（视角转换）一样，直到找到一个有意义的叙述——一种新的心智模型，一套新的神经连接。由此重构自身后，大脑愉快地接受了大象在场的事实，尽管参加培训的人并非如此！

所有的创造性思维都如上述一样。它要能够意识到我们现存的思维范畴并不管用、不足以解决问题，要能够中断这些思维范畴，而后创造新的范畴，其中一些还包含着新的意义。正因为我们能够进行此类思维，我们才真正成为人。这种思维起源于我们的自我憩息的最深处。但是，运用此类思维，我们得走出惯常思维或惯常范式。它要求我们拥有更进一步的洞察力，能看到自己思考背后的思维。

## 量子思维：超思维

现代物理学有一个数学理论，叫作超时空。该理论的主旨是，空间不只具有三维或仅有四维，而是 N 维，每一个维度都能给上一个维度提供新的视角。在加来道雄 1994 年的杰作《超越时空》（*Hyperspace*）中，他用一群游弋在鱼缸里的金鱼作为例子。从金鱼的视角来看，它们意识不到自己生活在鱼缸里，也意识不到这个鱼缸里充满了一种被称作"水"的液体媒介。这就是它们所处的世界，而它们也安之若素。

但在加来道雄举的例子中,其中一条金鱼突然高高跃起,跳出了鱼缸的水面。"啊!"它叫道,"看,我从那儿出来了。"从这个更高的视角,它看到了鱼缸、其他鱼还有水,意识到自己来自一个由鱼缸和水组成的世界。但此时,它也认识到了在鱼缸之外有一个更大的世界,除了水,还有别的媒介。用商业语言及"量子语言"来说,它重组或者说重新定义了自己的处境。加来道雄将金鱼获得更高视角的过程称为"超思维"。

超思维是最卓越的量子思维,也是建立量子系统动力学的关键技能。我们已经看到,不管是串行思维还是联想思维,都将我们困在"鱼缸之中"。串行思维囿于规则,而联想思维囿于习惯,这两种思维都将我们局限在单一模型或者单一视角之中。这使得我们无法跳出环境审视假设。正如爱因斯坦所说,我们不能用制造问题时的思维来解决问题。量子思维的关键在于,它能够将我们带到任何一种特定的模型或视角的边缘。它能够展现出我们思考背后的思维,从而使我们得以超越。就量子物理学本身而言,任何一个特定的情境都潜藏着无限的可能性,量子世界存在着无限数量的可行视角。通过培养量子思维,商界领导者能够学会处在各种模式的边缘(包括看待环境、问题、机遇的方法),从而在应对瞬息万变的现实情况时,随时都能有新的视角来制定战略和决策。这是商界可以从科学与科学方法中学到的真正有价值的经验。

通过研究过去统治商业思维的牛顿式科学范式与提供新方向的量子科学范式之间的一些戏剧性对比,我们能更好地了解量子思维到底是什么,以及它能够给商业带来什么。

# 第 4 章
# 应用于领导力的
# 量子思维八大特质

人类正面临着一次超前的量子跃迁，包含着深远的社会剧变和创造性的重组。在没有清楚地认识到这一切的情况下，我们就已经参与到这一场从根本上来说是全新文明的创造中来了。这个新文明有着它自己独特的前景，也有一套独特的关于时间、空间、逻辑、因果的处理方式，还有关于未来政治的准则。

——阿尔温·托夫勒（Alvin Toffler）、海蒂·托夫勒（Heidi Toffler），《创造一个新的文明》（*Creating a New Civilization*）

几乎所有关于量子力学方面的演讲都会涉及"量子跃迁"这个词。它不仅仅是字面意义上微观粒子状态的大跳跃，也是从一种意义上的现实跳跃到另一种意义上的现实跳跃。对于人类社会而言，这种跃迁就相当于从一种范式、世界观或者意义框架跳跃到另一种。从商业和科学的角度来说，它意味着从一个我们能理解且掌握的世界跳跃到另一个乍看之下什么都说不通的世界。这种跳跃要求我们重新思考最基础的范畴和策略，改变我们最珍视的潜意识中根深蒂固的认知。这一次面向未知的飞跃是范式的转化、转变。

20 世纪的新科技成就了这样的跳跃，但也不可避免地伴随着阵痛与困惑。

伟大的丹麦物理学家尼尔斯·玻尔（Niels Bohr）是这门新科学（量子力学）的创立者之一。他是构想出量子理论基础的五六名科学家中的一员。同时，玻尔也是一个颇受欢迎的公众演说家，他经常受邀向普罗大众解释这门新科学。玻尔通常会用一个颇具表现力的故事——以解释理论中最晦涩的地方，来开始他的讲座。

在玻尔的故事中，有一个年轻的犹太学生，曾参加过一位著名拉比<sup>⊖</sup>的三次讲座。这三次演讲如此激动人心与精彩，以致这个学生迫不及待地和他的朋友们进行分享。他说第一个讲座非常好，他全部都能理解。相比之下第二个讲座更好，非常精致且深刻，然而他并没有理解这个讲座，但是拉比本人完全理解。第三个讲座是最好的，它实在是太好了，甚至连拉比本人都完全不理解。

玻尔告诉他的观众们，他本人就好像是故事中的拉比。他和他的同事们这样描述这门全新的科学：它的内涵非常精妙深奥且意义深刻，是一门崭新的科学。这门科学的语言和概念是如此新颖，以至于科学家们也不能完全理解他们究竟做了什么。目前他们所接受的教育和训练中没有一丝一毫能让他们为这样一门打破所有规则的物理学做好准备。他们所学的是绝对的空间和时间、因果关系的铁律，以及其构成的确定的和可预测的（还有可控的）世界，而量子世界是一切常识都被打破了的世界。

---

⊖ 拉比（Rabbi），译为"老师""先生"，指接受过正规犹太教育、系统学习过《塔纳赫》《塔木德》等犹太教经典、负责执行教规等的人。——译者注

量子空间与时间几乎没有意义，量子事件是不可控的。它们不因为某些确定原因而发生，量子科学以掷骰子似的随机性、不确定性法则取代了自然的可预测性法则。玻尔说这门新科学是诡异的。而爱因斯坦说："这是一个极度聪明的偏执狂幻想出来的系统，把完全不相干的一些想法杂糅在一起。"爱因斯坦到去世都在试图推翻量子力学理论。

在20世纪，人们构想出了四个全新的科学门类——相对论、量子力学、混沌理论和复杂性理论——它们各不相同。每个科学门类都很好地描述了不同层次的现实。相对论是从时空和速度角度来进行分析的；量子力学原本是用来描述微观粒子的运动规律的；而混沌理论和复杂性理论则用来阐释日常生活中的物理系统，诸如天气、水流运动还有人的心跳等。目前，所有这些科学拥有共同的范式，遵循同样的方式来改变游戏规则。21世纪，人们在对大脑的理解上取得了巨大的进步，但是并没有形成一门严格意义上的新科学。大部分神经学家们只是在努力地把数据套入旧有的范式中。认知学家们是个例外，他们正在努力填充量子认知的全新法则。

在传统科学中，如牛顿范式下，自然被看作是简单、守规则且最终可控的。整个科学界就是在管理和组织这种简单性。在新的科学领域，如量子范式下，自然是复杂的、混沌的、不确定的。量子科学的目的就是学着去与这种非确定性共存，从复杂性中得到最大的潜能。而试图进行控制会适得其反。两者的对比见表4–1。

表 4 –1　牛顿范式和量子范式的对比

| 牛顿范式 | 量子范式 |
| --- | --- |
| 简单 | 复杂 |
| 守规则 | 混沌 |
| 最终可控 | 不确定 |

在所有的新科学当中，量子力学被广泛地认为是最基础的学科。它向我们原有的思考方式提出最大的挑战，同时也带来了很多实际的用处，改变着我们的生活——超流体、超导体、激光、硅芯片乃至现在的量子计算机。我们的个人电脑、智能手机，甚至我孙子的Wii，都用到了量子技术。理解量子力学的思维是理解我们全新范式的关键，这种范式正在大规模地在我们的文化中形成。在这一章，我试图展示量子思维如何帮助我们在商业中展示这种全新的范式。我想把牛顿体系中的八大特质及它们对商业思维的影响，以及量子力学中的八大特质及它们在领导力新思维上的应用做一个对照。

## 原子论 vs 整体论

旧范式的科学，正像之前的希腊哲学，是原子化的。它引导我们关注各个单独的作用部分，因而有一种碎片化的倾向。新范式的科学是整体的，它更强调的是部分之间的关联，所以更倾向于整体化。

古希腊人认为，物质可被分割的最小单位是原子。宇宙被古希腊人看作是由四大元素组成的——水、火、土、气。牛顿物理学保留了原子的概念，尽管从 17 世纪起，科学家们就开始意识到其实还有其他的组成种类，然而直到今天我们才认识到有 92 种稳定的原子组成了现有的自然物质。

原子被设想为坚不可摧的东西。一个原子不能进入到另一个原子里面。每一个原子都占据着自己的空间与时间，不可再分割成其他单位。牛顿认为，在强调冲击与碰撞的宇宙模型下，原子因为作用力和反作用力而联结在一起。如果原子主动避免碰撞，那么它们肯定会相互排斥——我们把这个称作一种受控情形，或者说是一种"妥协"。

图 4 - 1 的桌面模型牛顿摆很好地演示了原子宇宙中类似的情形——五个由线牵起来悬在空中的钢珠，当任何一个钢珠碰了另外一个，它会马上把一个可以预测的力量传给另一个。这个系统作为一个整体是为了把力量传递到最后一个球上以平衡这些碰撞，所以最后一个球可以自由移动。

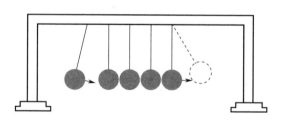

图 4 - 1　牛顿摆

## 原子论范式的深远影响

原子模型成了整个现代西方范式的基础。政治哲学家们，如托马斯·霍布斯（Thomas Hobbes）和约翰·洛克（John Locke）等，把原子模型运用到了他们的社会秩序理论当中。个体被看作是社会中的基本原子，而机构和社会的法律法则就是把个体联结在一起并控制他们的力量。在洛克的自由主义中，个人需求与个人权利成了关注的重点。社会是各个部分的加总而已。用英国前首相玛格丽特·撒切尔（Margaret Thatcher）的话来说就是："社会这东西根本就不存在，只有单独的个人和他们的家庭而已。"

弗洛伊德用牛顿的原子论来作为他现代心理学悲剧观的基础。弗洛伊德的"客体关系理论"认为，我们每个人都是孤立的，自我与自我之间的分界是坚不可摧的。你对于我来说只是一个客体，而我对于你来说也只是一个客体。我们永远不能从真正意义上互相了解并联系起来。我在脑子里建立了一个你的图景，"一个投射"，我只与投射关联，而不是与真正的你关联。实现爱和亲密关系是不可能的。弗洛伊德曾这样写道："命令你去如同爱自己一般地爱你的邻居，这是最不可能的命令了。"

西方医学、西方教育还有西方管理都遵循着原子模型。医生被教导着去把人的身体看作许多分散部分的组合，每一个部分都有专门的医生。从来没有谁被教导过把身体看作一个有机整体。如脑脊髓炎、疲劳、抑郁等一类似乎削弱整个系统的疾病，则被描述为"怪病"。我们并非真的知道它们产生的原因是什么，也不知道怎样的治疗才是最合适的。

西方教育把知识分成许多独立的学科，然后我们会成为某一学科的专家。一般来说，小学之后的教育很少有跨学科的了。这种教育方式很大程度上影响着我们培养出来的领导者。很多鼓舞人心的领导者，都是那些早早就从传统教育中辍学的人们，或者是那些一直没有行走在主流的教育道路上的人们。

亚当·斯密在他著名的扣针工厂例子中，第一次把分工原则引进到了管理中去。如果一个工人只专注于做扣针的头部，而另一个工人专注于做针体部分，那么每天就可以生产出比原来更多的扣针，而原来每个工人是单独地生产整个扣针的。牛顿式组织是由不同领域的专家、不同的部门构成的，并且鼓励每个原子单元间互相竞争。这个系统由官僚规则维系在一起，构建层级结构，自上而下实现最大控制。为了提高某些部门的效率而做出的"转型"通常都是零碎的，很少强调团队合作。几乎没有人把组织看作是一个"小队伍组合在一起的大团队"。

20世纪伟大的量子物理学家戴维·玻姆曾把原子论描述为"碎片化的病毒"。他说："碎片化不仅在社会中广为流传，而且在个体中影响深刻，并且导致了一种很普遍的头脑困惑，从而产生了数不清的问题，严重地影响了我们认知的清晰度，以至于我们不能够解决大部分随之产生的问题。所有的碎片都是独立的存在，这种想法本身就是一种非常明显的幻觉，这种幻觉不仅不能解决任何问题，反而会带来数之不尽的困惑与冲突。"

## 量子物理学的整体观

在量子物理学里，世界不包含任何一种独立的、固定的东西。在现实最基本的水平上，物理系统包含动态能量形式的信息。玻姆认为，整个宇宙由相互作用、互相叠加的动态能量模式组成，在一个"连续的整体性模式"中纵横交错地互相"干扰"。一方面，每个量子"位"类似粒子，可以在空间和时间中固定、测量、定位；另一方面，量子类似波，如同深层潜能的振动，原则上可以触及整个宇宙。每一个量子位的未来的可能性，甚至未来的实体，都与其他的量子位息息相关。没有任何一个量子位可以被抽离出来，并单独观察而不丢失或失真。

量子之间大量而又模糊不清的关系被解释为"语境论"。要发现、测量和利用一个实体量子，必须在定义其关系的大背景下进行。改变了背景，实体量子本身就不同了。它实现了另一方面的无限潜能。它**变成了**一个不同的"东西"，一个更广泛的东西。

牛顿式的原子组织把自身从环境中孤立开来，并且把部门和成员在机械系统中孤立开来。这样的组织试图控制员工，也控制环境。

而作为整体的"量子组织"则对其所在的环境更为敏感，无论是内部环境还是外部环境。值得注意的是 17 世纪著名诗人约翰·多恩（John Donne）所说的话："组织就像一座小岛。"量子组织将寻求建立自己的基础架构，这使它们自身更加完整和不可分割，使它们在相互之间及与外界之间都拥有更多的对话。

例如，在摩托罗拉，设想 20 年的变革过程旨在涵盖从清洁工、话务员、秘书到公司 CEO 的每一个员工，包括全公司每个人的对话过程都是这个过程不可或缺的一部分。摩托罗拉大学"文化与技术"部致力于监测摩托罗拉的产品（如移动电话）对新兴的社会的影响。

在玛莎百货公司（M&S），全球购物旅行是通过跨部门、跨专业的团队完成的。店内商品陈列由专门的部门负责，特色商品在每个商店都有发售。这种整体性战略是对顾客跨部门合作愿望的一种回应。玛莎百货公司有一个专门的团队，在发展中国家监测当地的政治、社会和经济敏感事件。公司还与当地一些小型供应商保持密切合作，以确保那些习惯于每年完成100万美元订单的供应商在订单量突然激增到300万美元后又恢复正常水平时不会歇业。"我们不想做损人利己的业务。"玛莎百货公司前总经理安德鲁·斯通解释道。

"当我们的搭档及每个部门都蓬勃发展时，我们才会蓬勃发展。如果制造让顾客满意的商品令我们的供应商从中受益，那么这将是双赢的局面。我们对竞争甘之如饴。他们会把客户带到我们的购物中心，并将受益于我们创造的'流量'！"今天，在中国的贵州，像海尔和联想这样的大型科技公司正在整合它们的资源来建立一个更大的资源库，每个人都可以从中受益。

这样的关联因素会不可避免地影响到最终的结果，并将影响战略。竞争对手也可能成为公司的客户和供应商。雇员和基层经理是公司的智力资本。现代著名剧作家亚瑟·米勒（Arthur Miller）说："鱼是在水中，但水也在鱼里面。"鱼和水，就像雇员、领导和企业文化，必须保持健康。他们处在一种共生的平衡中。

量子组织将试图打造一种能够与环境融合的结构，并能与环境合作创建新的现实。合作和一体化的精神与控制和残酷的竞争截然不同。新理论和旧理论的区别见表4-2。

表4-2　新理论与旧理论的区别

| 旧理论 | 新理论 |
| --- | --- |
| 原子论 | 整体论 |
| 强调各部分独立工作 | 强调各部分之间的关系 |
| 碎片 | 整体 |

## 决定论 vs 非决定论

旧范式科学是确定的，有铁律管辖着粒子和更大实体的运动。它注重确定性和可预见性。新范式科学是不确定的。预测和可控是不可能的，它甚至是破坏性的。量子和混沌系统则在不确定性和模糊性上繁荣发展。鉴于当今的商业环境由混沌、不确定性和快速变化主导，公司的结构也必须能够在这样的环境中茁壮成长。

西方精神总是寻求事件的起因和解释，把经验安放在一个可行的框架里面。在古代和中世纪时代，很多事情都被解释为神的奇思和愤怒、神对世人的罪的惩戒，或者是天体的运动。这些都超脱了人类的控制。牛顿学说介绍了一种新的因果关系。牛顿认为，在物质世界发生的一切都是注定要发生的。整个宇宙受三个简单的运动定律和万有引力定律主宰。宇宙就像是一开始就被上紧发条的机器，在剩下的时间中自动运行。

如果物体 A 与物体 B 的初始位置、被施加的力完全相同，那么两者的运动轨迹也应重合。如果我们知道这些物理事实，我们可以轻松预测其结果。所以，知识意味着掌控。

在这样一个时代，当人类在不可预知的自然灾难面前感到无助的时候，牛顿式确定性理论的罗网网住了大部分人的想象力。这是新的灵丹妙药，是对所有神秘的最终解释。这是人们信赖技术、征服技术、理性对待工具，以及会问"做××的最佳方式是什么"的原因。

弗洛伊德把自己看作心理学领域的牛顿，将决定论引入他新的

"科学心理学"。在他的"水力模型"的自我中，我们被划分成三个隔间——本我、自我和超我。本我是我的基础，是驱动性欲和野心的内在驱动力；超我是父母和社会期望的驱动力；可怜的自我，有意识的自我，被夹在两者之间，无助地接受来自双方的压力。我们的感情和行为，在整个生命中，完全由这些相互矛盾的力量和人生前五年的经历决定。

弗洛伊德的决定论应用于法律层面，基于此提出了"有罪受害者"概念，即由于童年阴影、恶劣的生活环境或校园暴力被迫走上犯罪道路的罪犯。行为心理学将人类比作巴甫洛夫的狗，行为就是固定的对于刺激的回应。近年来，人工智能（AI）告诉我们，我们本质上就是行走的计算机，"程序编码"决定了我们的最终命运——成功或失败。遗传科学表明，行为模式（包括上瘾倾向、犯罪倾向和性倾向）都由基因决定。

牛顿探索宇宙的规律，弗洛伊德寻求心理活动的规律，弗雷德里克·泰勒的科学管理方法寻找每个组织中固有的规律。找到这些规律，了解组织的运行原理，领导者就可以尝试去控制这个组织。牛顿式组织中的大多数高级管理人员将控制置于一切之上——对于下属的控制，对于产品的控制，对于市场和客户欲望的控制。广告活动的目的是操纵客户的选择，而不是被动回应。他们提前计划，以求在问题发生之前寻找解决之道。我在一个管理者的办公室看到一张明信片，上面写着"控制意外"。

有一个试图联结现实世界和机器世界的控制论定理指出了过度控制的局限性，名为冯·弗尔斯特（Von Foerster）定理。它指出：

系统部分之间的连接越严格，对整个系统的影响越小。连接越严格，元素与整个系统越"疏远"。

一个系统部件被控制得越紧，它们对系统的贡献也就越少，它们越不像是整体的一部分。而新的科学有助于我们理解为什么会这样。新的量子组织将更加强调自组织的重要性。

## 量子非决定论

量子物理学本质上是不确定的。量子事件的发生只是因为它们要发生，没有原因、莫名其妙，任何一个事件的发生都不可能被预测。我们永远无法知道给定的放射性原子什么时候会衰变，也不知道兴奋的亚原子粒子将以哪条路径从 A 运动到 B。量子位可以在任何地方浮现，同样也会神秘地再次消失。更重要的是，这种非决定论对整个具有创造性的量子系统至关重要。

正是因为实体、坐标、量子个体的运动，整个量子系统才会"一一落实、水到渠成"，它的所有组成要素相互关联，为了它们自己，也为整个系统的更大的利益（最终的稳定性和创造性）而工作。因为它们是不确定的，除非它们处在一种关系中，否则量子本身是**没有完全固定的实体**的。这就给予了量子系统最大的灵活性去定义它们自身。量子们共同创建了与环境的对话。自然中所有的复杂系统处在混沌的边缘时都是最有创造性的——当量子被精妙地放在稳定和不稳定的状态中。

玛莎百货公司的安德鲁·斯通说，理解量子动力学和复杂系统改变了他的管理方式。我在他主持董事会时目睹过一个惊人的实例。

当时玛莎百货公司正在制定一个全球性的采购策略，以便满足其不断增长的国际零售销售需求。斯通认为这个策略必须被记录下来，于是他起草了一个模糊的大纲。当他把这个策略介绍给他的 12 个同事的时候，同事们都说："安德鲁，这真是一个绝妙的主意，但这个策略尚未实行。我们应该怎么做呢？"斯通举起双手答复说："不要问我。你们知道，我常常有太多的想法，但从不知道如何把它们付诸实践。而你们却能很好地去实践它们！"在一阵尴尬的哄笑过后，房间陷入了静止般的沉默，然后整个房间充满了令人兴奋的关于建议、计划和方案的自由讨论。每个人都有一个想法。斯通的方法的模糊性释放了那些与他共事的同事的创造力。当一个计划出现，它将属于一个作为整体的小组，而不是作为强加给他们的政策。这种方法挑战了一句古老的格言中的简单真理："企业是领导者领导的企业。"但在量子组织中，每一个员工都是潜在的领导者。

## "模糊性"对于公司的重要性

"不确定性"和"模糊性"在亚洲经理们的处事风格中举足轻重。我曾经与一些日本和韩国的商人共事一年多，商讨设立研究机构的事宜。他们常常告诉我他们的日程并发表自己的看法，但是当我与他们约定见面时间并处理了一些繁文缛节后，他们总是在最后时刻给我打电话，说："我们改变了计划。"

当我以典型的西方风格问他们："那么，你们准备什么时候来？下一步的计划是什么？"他们回答："我们不知道。"这种"模糊性"持续了几个月，而他们保持着最大限度的灵活性。他们会很突然地做出决定。我受够了他们的"不确定性"和"模糊性"。直到情况对他们自己最有利时，他们才会做出决定。东西方公司之间这种冗长的、令人沮丧的合同谈判过程屡见不鲜。能够处理和利用"模糊性"的一方通常具有竞争优势。

引导混沌和最大化创造力需要学会在"模糊性"中成长并学习。量子领导力暗示着将控制让位于对情况更加敏感的感觉和直觉，以及不确定性中的创新潜力。量子组织的基础和策略需要迎合"模糊性"和"不确定性"（见表 4 - 3）。这反过来需要量子领导者发现关于信任的新的依靠——对领导者自身品格和直觉的信任，对下属品格、直觉和领导能力的信任，以及对组织动态系统的信任。我们需要信任"自组织"的潜力，这是大自然对混乱最具创造性的回应。我们接下来再看这一点。

表 4 - 3　旧范式与新范式的区别一

| 旧范式 | 新范式 |
| --- | --- |
| 决定性的 | 非决定性的 |
| 重视可预测性 | 喜欢模糊性和不确定性 |
| 控制 | 信任 |

## 还原论 vs 涌现性和自组织

在牛顿式的自然科学中，还原和分析是关键。任何系统和物体都被还原为它的组成成分，被孤立和分析，以便清楚它的性能和主要功能。整体被认为是部分的加总，所以我们需要先了解各部分，以便更好地分析整体。这是一种亲身实践——掌握整个系统、将其拆解、了解如何控制各个部分，从而获得控制整体的力量。

劳动分工是还原论的哲学。将工作分解成各部分，才能更有效率地完成工作。将组织分成几个有竞争的部门是还原的过程。各部门声称，如果只专注于自己的领域，每一个部门都可以达到效率最大化。但是，这会不可避免地导致牛顿式的碎片化和对于整体控制的实际损失。

牛顿科学的"部分"是，不管它们是什么，不管我们在哪里发现它们或者它们如何组合。把 A 与 B 相加只得到 A + B。A 无论在割草机、汽车还是宇宙飞船上，都是一样的装置、一样的功能。不管环境怎样，牛顿式组织会一直持续；不论身处什么样的环境，每一个"部分"都以自己的方式运行，每一位员工都有自己的岗位职责。这种组织被分解，每个部分都与环境孤立，从而最大化其控制限度。除非在真空下，五年规划怎么可能不受干扰？当然，有些控制是必要的，但是到底需要多少呢？

在新的科学范式中，涌现性和自组织是关键。量子整体大于各组成部分之和。量子系统有额外的性能和潜力，不是各部分的简单叠加。无论整体还是部分都与环境有关。一个量子位是环境或者关系中的一个存在，在另一个环境或关系中完全是另一回事。因为，每一个量子位既有个体（粒子的）性质，又有系统（波动的）性质。系统性质只有在系统中、在一定环境下才会表现出来。它们在一定环境下**涌现**。因此，不清楚大环境时，我们不能判断量子的性质、属性或潜能。在领先的量子组织中，领导者会在一个更大的蓬勃发展的环境中设定自身的使命。

## 环境对于公司的重要性

现有的系统理论在很大程度上谈论的是在更宽泛的环境中理解

事物。但是，尽管如此，因为这个理论是基于原子的，所以它依旧是十分机械化的。系统理论所描述的部分不是处在大环境中的部分，它们不会通过不同的关系在**内部**发生改变，它们仍旧是不变的黑匣子。这就是量子思维和量子环境对人类系统的要求，我们需要应用量子系统动力学（见第 9 章）。

如果我们试图准确描述量子并把它从环境中孤立出来，这其实是一种退化。（专业的量子术语是说它的波动功能消失。很多复杂的可能性退化成一种简单的现实。）因此，这是在尝试控制物质不确定性系统时摧毁了不确定性。严格的控制是以潜力的牺牲为代价。完整的潜力通过系统展开、出现而释放。没有任何控制可以预见并实现涌现的可能性。它们自然地发生了，在与更大系统环境的作用中发生了。

同样，复杂系统的繁杂属性在混沌的边缘出现。这种系统自我管理，没有一种技术（控制）能够将它们整合。它们有一种无法分析的、整体性的动力。科学怪人的神话（The Frankenstein myth）是关于将人类身体各部分整合的故事。很多牛顿式组织创造了官僚的"科学怪人"，强调从上到下的控制、严格的结构、强制的计划或解决方案，沉溺于效率之中。就像雪莱（Shelley）夫人小说中的科学怪人一样，这种组织也有自己脱离控制的方法。

今天，管理思想向思维网状、基于知识的组织方向转变。知识（与单纯的信息相对应）经常与环境相关。知识应用的环境越广，它就越有意义，优势也就越多。我们越来越意识到，组织或者组织的部分不能与其环境分离。它们是鱼和水的关系。就像量子和混沌物理系统，创造性组织的未来只能出现在自由的对话中（即非严格控制），在与更宽泛的经济、政治、社会和生态环境的互相作用中。这需要一种信任，相信复杂系统的涌现性。相信在这个基础之上，涌现性可以展开，相信组织可以在此基础上充分挖掘各部分潜能，整体超过各部分的简单加总（见表4-4）。我接下来会结合对话结构谈论这一点。

表4-4 旧范式与新范式的区别二

| 旧范式 | 新范式 |
| --- | --- |
| 还原论 | 涌现 |
| 孤立和控制 | 语境论和自组织 |
| 部分完全决定整体 | 整体大于部分的简单加总 |
| 控制 | 信任 |
| 自上而下 | 自下而上 |
| 管理 | 领导力 |
| 反应 | 想象和实验 |

## "非此即彼" vs "兼容并包"

旧的范式科学是一种"非此即彼"的科学。按照亚里士多德的逻辑，一个观点要么是对的，要么是错的。牛顿的科学理论基于亚里士多德的理论，认为物质要么是波，要么是粒子。粒子无时无刻无处不在。牛顿的物理系统是线性的。物质遵循从A到B的直线关系。我们在中学学习几何时了解到"两点之间线段最短"。

"非此即彼"的逻辑和线性关系是整个西方范式科学的一部分。科学史学家认为现代科学首先在一神论的西方国家出现并非巧合。我们的文化中只有一个真理、一个上帝、一种方法。我们敬佩这样

一种领导者，他们"思路清晰""重点清楚"且"目标明确"。我们
欣赏这样的学生或者运动员，他们对自己的职业生涯"一心一意"。
在教育、政治、军事和商业中，我们寻求一种最佳的处事方式。我
们辩论、发动战争，甚至为了它拼命。弗雷德里克·泰勒的科学管
理理论认为，对于任何一家公司总有一种最好的策略，讨论、头脑
风暴和策略会议的目的是发现最好的策略并且坚决追寻它。

很明显，对于最佳方式的决断性和确定性常常是一种优势。在
我们的目标驱动、问题导向的文化中，这似乎是唯一的优势。但是
我们都知道，过于一根筋和过于确定往往是有缺陷的。我们通常将
"狭隘的理想主义"和"管中窥豹"的人们比作只顾眼前利益的人。
常识告诉我们，有时小心一点、敞开心扉或者有些不确定性是更合
适的，但是西方文化、科学、管理很少支持这些品质。

在我们的牛顿式组织中，无论在政治中还是在企业中，个体
（粒子）和集体（波）之间有着持续的看似无法解决的矛盾。我们
如何在培养个体创造性品质的同时发展组内合作和团队意识呢？西
方的自由个人主义是原子式的。它强调个人的重要性，怀疑集体。
18 世纪法国哲学家让－雅克·卢梭（Jean-Jacques Rousseau）和之后
的卡尔·马克思（Karl Marx）一样，发现了集体的优势。两个人都
怀疑个人，想要限制个人的权利。亚洲国家通常不强调个人的创造
力，但是他们的团队协作能力、为共同目标献身的精神、发掘集体
能量的智慧经常使西方人汗颜。这是亚洲工业的竞争优势。量子组
织或者量子社会需要创造更加协同、有创造性的平衡，这个平衡建
立在个人的需求和权利上，也建立在整体的需求、价值和愿景上。

## 量子系统的双重特性

20 世纪的新科学与传统科学"非此即彼"的旧范式截然不同。量子实体既像粒子又像波，既在这里也在那里，既在现在也在未来。它们既是在这一时间、这一空间内运动的源头，也是在任何其他时间、其他空间同时出现潜在波的指向波，与其他系统里的成员相联系。在粒子态特性方面，量子有确实性，即存在性和即时性；但波形特性展现了量子孕育的所有潜能。

在量子系统里，我们发现，关联创造了更多的可能。一个全量子 C 比它的两部分之和 A + B 要大。每一个量子"个体"都有**潜在组团**的潜力。一个量子组织会努力利用这个机会。它建立基础架构来规避个体与团体的二分法式冲突，在这种基础结构上个体既可以作为个体自身，也可以作为有创造性的团体的一员寻求发展。这样的领导结构并不完全是自上而下的，至少是自下而上学习式的，并且能察觉到团队中的涌现性及自组织的各种可能。

在量子领域，一个著名的理论实验可以阐释量子自然属性的双重特性。这个理论实验就是"薛定谔的猫"。这是新科学发展的一个标志。薛定谔的猫被放在一个不透明盒子里，盒子里还有一个残忍的装置——一个放射源，可以释放食物或毒药（见图 4 - 2）。

依据常识判断，如果装置放出食物，那么猫不会死；如果放出毒药，那么猫会死。但是，放射源是量子装置，而薛定谔的猫是量子猫，能够同时存在于不同的地方。所以，装置既会放出食物也会放出毒药，而猫既活着也死了。（直到我们打开盒子，这一部分我会稍后再作阐述。）

盒子未打开时，薛定谔的猫既活着也死了。如果我们打开盒子查看，这只猫不是死了就还活着，但不可能既死了又活着。

毒药

**图 4-2　薛定谔的猫**

"量子猫"的故事是一个阐释量子系统进化的精妙比喻。当一个量子位想从 A 点运动到 B 点，它不会只遵循一条路径。相反，它有无限种可能的路径，这些路径被称为虚拟过渡。每个路径代表了一个从可能的 A 点到 B 点的最优路径，一个"对未来的试探"。实际上，在量子现实中，B 本身并未被精确定义。B 只是未来可能性中的一部分。有无限种可能的路径从 A 点起始，到达一个不确定的模糊的 B 点，而未来则被定义为两者的互相干预。这使得整个量子系统在探寻不确定的未来时具有创造性。最终，B 点会出现，而在无数条可能路径中有一条路径会脱颖而出，成为"正确路径"。

量子系统中众多从 A 点到 B 点的路径使我想到了壳牌公司的

"情景规划"。情景规划是一种战略，这种战略使领导层在给定的情况下想象许多关于未来的可能性，并根据每一种可能性制定对应的最优战略。如此，我们认为壳牌公司对每种结局都能较好地应对。这种战略的优势在 20 世纪 70 年代石油危机时得到完美体现。在该公司众多对未来的设想中，其中一个是阿拉伯国家将停止输出石油。壳牌公司是唯一一家拥有相关应急方案以应对这种"不可能"的情况的石油公司。它因此而获利，而其他石油公司损失惨重。

当一个组织决定了一个从 A 点到 B 点的"可能最优路径"，它会将其资源和能量全部投入这个也许不是最优，甚至是错误的战略中。当它以严格定义的 B 点为目标，那么它的最优结果是到达 B 点。量子系统精确的创造性就在于它能在目的和手段上同时利用不确定性。从而能让组织拥有创造的灵活性，并依靠外部不确定性更好地发展。

量子系统和混沌系统都是非线性的。量子系统通过量子跃迁发展进化，通过试探二者的潜能从一个确定的状态跳跃到一种未知状态。混沌系统会因一个微小的输出而被强烈干扰。在线性系统中，较大的结果改变需要较大的输入改变，微小的输入改变对最后的结果没有什么影响。著名的"蝴蝶效应"告诉我们微小变化对非线性的混沌系统的影响巨大：在北京，一只蝴蝶轻轻扇动翅膀就可能会引起堪萨斯城的龙卷风。量子科学和混沌系统的共同启示是没有任何一个输入改变或者扰动应该被忽视，系统中的每一部分都是至关重要的。生产工程师发现一个微小部分的极细微缺陷竟会干扰到整个生产流程，这使他们感到惊恐。很多公司的咨询人员惊讶地发现很多看门人、接待人员，更不用说秘书，其专业技能都被忽视了，而原因仅仅是因为人们觉得这样的专业技能不值一提。

## 儿童的游戏

量子系统对未来的试探和混沌系统的非线性，使我想起了人类的想象力和儿童的游戏。我们并不把自己的想象力拘泥于一种情景中。有时我们会同时想象三四种结果或者行为。这也是想象是创造过程的一部分的原因。当儿童在玩耍时，他们并没有一个特定的目标，也不会受他们所在的现实的限制。他们从不同角度尝试不同的事情，所以也比成年人更有创造力。作为成年人，我们失去了玩耍的能力。我们对迷茫感到恐惧，并为自己设定确定的真实目标和现实可行的处理办法。在学校里，我们教育孩子们集中注意力，把选择的范围缩小并将注意力集中在现实的学习目标上（通常是考试）。在社会组织中，我们希望雇员和经理将精力**集中在工作**上。我们希望主管在会议上陈述计划、报告和愿景宣言。

我曾参加过一个国际会议，解决玛莎百货公司女性时尚部门的问题。安德鲁·斯通和其他五位部门主管参加了会议。在会议开始时，一位部门主管说没有人带正式报告来。他对安德鲁说："我们知道你不喜欢那些。我们会提出一些新点子，表达我们对于新生产线的一些激动人心的想法。"在两个小时内，四位男主管和一位女主管讲了他们所想象的未来可能情形。他们沿着桌子传递文胸模型，骄傲地展示新衬衫，并傻乎乎地试戴帽子。他们就像从宝箱里找玩具的小孩子一样享受着这一过程，明显享受到了讨论的乐趣。女性时尚部是玛莎百货公司当时盈利最多的部门。这种游戏式创造激发了市场对玛莎百货的兴趣。

肢体语言、穿衣方式、声音、个人品位、暗喻都是意义不明而有趣的交流手段。它们在我们与人交流中兼具传递信息和促进事情发展的作用。但是，电子邮件、传真和生硬的正式报告限制了我们交流的丰富性。当人们在会议上西装革履、表情僵硬时，他们就失去了这些交流方式的丰富性。一个集权的领导也失去了这种游戏式的创造潜力，但其实他们本身是可以带领团队实现的。对于量子组织来说，"跳进去吧，看看会发生什么"，这一点也不为过。

## 海森堡不确定性原理

玛莎百货公司男装部的执行董事召开了一个高级会议来讨论全球道德规范。如果我们对此感到迷惑，这的确是一件好事。如果我们知道召开会议是为了做什么，那我们就完蛋了。我们需要在会议室内增加一点不确定性。这个 50 多岁、受过极少教育的男人，可能并没有想过新科学。但是，他的领导方式与量子科学的思维方式不谋而合。

机械论的科学是关于认知的。它的认知方式依靠从系统中分离出元素，并且对元素进行聚焦式研究。它的重要成就是骄傲地承诺能够回答所有关于自然的知识。在 19 世纪末，英国皇家科学院的主席开尔文（Kelvin）男爵，建议他最好的学生不要选择物理作为研究事业。他说："我们已经解决了物理的全部难题。没有什么可以探索的了。"就像旧科学一样，古老的管理文化依赖于对焦点、确定性和可控性的探索。根据文化中流行的所谓智慧，它建立在理性之上。一个领导者多知道一种可能性，他就越可能应对紧急情况，越好的结果就越可能出现。信奉机械论的经理人喜欢答案，喜欢他们可以管理的事情。(管理 manage 的拉丁词根是 manus,即"手"。)

新科学的重要原则是,让我们认识到一个事实:我们不可能知道一件事情的所有情形。这是极其重要的。的确,全知全能是不可能的。根据海森堡不确定性原理,那些创造结构、制定策略或者做出决策的人都是一边摸索一边开展这些工作的,而好的事情也是这样发生的!

在量子科学中,不断变化的实体都有一个"共轭变量"。一个粒子在空间移动会产生位置和动量变量,会有变量 $x$ 和 $y$、$z$ 和 $z'$ 等。但海森堡不确定性原理告诉我们,我们一次只能了解一对"共轭变量"的其中一个。举例来说,如果我们去测量一个粒子的位置,它的动量会变得无法观测。相对的,如果我们选择测量动量,位置则无法被测量。我们永远无法同时知道位置和动量。这在科学界和商界中都有重要启示。

## 我们提出的问题

海森堡不确定性原理的第一点含义便是在任何情况下,我们所提出的问题都决定了我们最终得到的答案。同时,使我们注定得不到一些特定的答案。每当通过提问、测量、聚焦等方式介入量子系统时,我们仅选取了该系统的一个方面进行研究,排除了其他的因素与可能性。我们只关注自己追寻的事物。

比方说,尽管光具有波粒二象性,但我们没法同时观察到上述两种性质——这与薛定谔的猫如出一辙。在薛定谔的猫假想实验中,我们每次打开盒子看到的不是活猫就是死猫;而当人们测量光时,发现光有时呈波状,有时又呈粒子状。如果科学家的研究课题是光的粒子性，也就是说该实验只检测通过隔板上某条裂缝的一道光束，那么检测器上便会出现成串的光粒子。

另一方面，如果科学家想要观察光波，那么他们就会在实验中允许光穿过隔板上的两条裂缝，最终以波状干涉图案投射在检测屏上。这便是最著名的量子科学实验——双缝干涉实验（见图 4 - 3）。

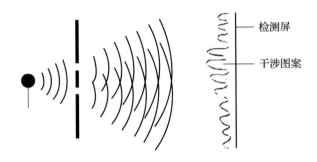

**图 4 - 3　双缝干涉实验**

当一串光子自由穿过两条裂缝并投射在检测屏上时，我们会看到一道光波。

同理，一位企业招聘专员或许会问应聘者一系列"粒子"的问题，如年龄、工作经历、婚姻状况、教育背景等。这些问题的答案为这位招聘专员提供了很多可以记录在案的资料，但在应聘者结束面试离开考场之后，专员对应聘者仍然了解甚少。反之，如果这位专员采用"波形"策略，多花一些时间在应聘者身上，与其聊天，了解其个人喜好，甚至与其共进午餐，那么尽管这次会面并没有涉及太多事，但这位专员却了解了应聘者本人。

欧洲一家咨询公司的高层表示，他的团队恐正被海森堡不确定性原理所困扰。他指的是，咨询公司痴迷于追逐基本利益，这种态度影响了公司引导顾客做决策的过程。他说："作为投资顾问，我们深知客户为了咨询服务花费不菲，所以通常我们会假设自己应追求的最终结果是帮助客户省一大笔钱。但当我们认为客户想要的是一种根本上的文化转型而非可以计量的短期收益时，我们会采取截然不同的策略，引导客户做出全然不同的决定。"投资顾问所做的假设决定了他们能帮助客户达成的结果——不同的假设导致了不同结果的产生。

我们每次按照量子系统行事时都会改变这个系统。我们的问题，我们的假设，我们的偏见，我们的信仰——简言之，我们的范式——决定了我们如何采取行动，以及会带来怎样的变化。

---

**海森堡不确定性原理：我们无法同时研究粒子的位置和动量，每次只能二者取其一。**

- 当我们关注事物的局部时，我们将局部从整体中剥离出来，同时选择性地放弃了其他可能性。
- 我们每次介入量子系统都会给该系统带去改变。

---

### 更为松散的结构

海森堡不确定性原理的第二点启示在于，它向我们传递了一条关于结构的信息，这条信息阐述了松紧适度的结构和合理运行的系统。在实验室里，科学家的实验设计提供了科研活动所需的结构。而这种结构对实验的最终结果起到了决定性的作用——这一点在双缝干涉实验中已经得到了印证，而检测粒子结构的实验（单缝观察）结果最终呈现为粒子流。商业领域也有类似的情况，有时甚至会导致灾难性的后果。

有一次，我在前文谈到的那家欧洲咨询公司参加了一个为期两天的会议，与会的还有一群高级运营经理，会议期间关于公司结构的议题不断被提及。最初，整个团队都认为结构对于咨询服务的开展及咨询公司自身都至关重要。一位成员问道："如果没有结构，我们又会变成什么样呢？"他提到的"结构"指的是一套标准化的与客户打交道的方法、一种可辨识的办事风格、一个培训公司新员工的固定计划等。另一位团队成员提出了类似的看法，认为顾问的主要工作是进入客户公司并帮其实行新的系统与程序。也就是说，提供一个公式帮助客户公司改善现状。这个公式是该顾问通过研究所得——先将客户公司的问题分解成不同的组成部分，再起草一个项目目标。整个过程是：先分析，再设定目标，接着实施计划。简言之，加入客户公司并且大胆去做。

一位经理在讨论中回忆道："这个模式可能会造成严重的错误。公司的 CEO 可能会犯错。我记得有一回我们接手了一家公司的项目。尽管项目的成果高于预期，但这家公司没能获取预期的经济收益。整个项目的预设目标过于零散。"

项目目标便是一种结构。根据海森堡不确定性原理，任何结构都会导致特定结果的产生，同时排除了其他可能出现的结果。在两天的会议期间，咨询团队的成员都开始质疑自己最初对结构的依赖。在一场时长三个小时、主题为公司身份的研讨中，与会者并未提及结构，大家一致认为公司真正的身份在于员工们思维方式和员工自身的能量。咨询公司的成员们改变了想法，他们意识到，公司的成功依赖于公司和客户之间存在的一种合作创新的精神，而不是所谓的"结构"。在对话中倾听客户意见，了解他们的价值取向，以及切身体会他们正在面对的险情，这些都与结构无关。相反，在过于紧密的结构下，上述咨询模式根本无法实行。

一位商业顾问最多只能发挥"服务型"领导力。我会在本书结尾处详细讨论这个问题，但在此处有必要提一下这个概念，即领袖应该从组织内部入手发挥领导力，应凭倾听、直觉、勇气及非凡的远见和价值取向来发挥领导力。只有高度包容不确定性、模糊性，以及一种允许事态自行发展、最终转危为安的松散结构，上述领导模式才能发挥作用。海森堡不确定性原理及其内在含义总结了这一切。有时候领袖必须做出决定，推行结构并运用策略。在这么做的同时兼顾成本，意味着具体方式的调整与时机选择的不同。正如玛莎百货公司董事所言："我们需要一些不确定性来促进思考。"

## 现实性 vs 潜在性

过去的范式科学关注"此时此刻"，即那些可见、可触碰、可测量的事物。其焦点是现状。新科学已经发现，物理系统的有趣或有价值之处在于那些尚未被发掘、超乎我们理解、仍未完全展开的事物。

在我们这种文化背景下，新科学的潜在性恐怕最难被人们所理解。毕竟事实高于一切，我们也倾向于紧贴实际。一鸟在手胜过双鸟在林。如果你是位信奉牛顿学说的科学家，那么你一定会坚持"眼见为实"。你信任装在试管里的化学物质，因为它们可以被研究，也可用笛卡尔坐标系加以描述。同理，如果你是一名牛顿式领导者，你必然看重每个季度的收益，你相信确凿的数据才是对股东最好的交代。你看重结果。当你看到桌上堆满了文件而桌前的员工们正在不停地动手工作，或者当你了解了员工们的具体工作时间，你才肯相信他们正忙得焦头烂额。

无论是最近的脑科学研究，还是我们的个人经验都表明，当大脑处于闲暇状态时，创造性的思维最容易迸发。当我们将注意力集中在某一项任务上时，大脑将其主要能量都投入到了这项任务的解决过程之中。尽管这有助于实现眼前的目标，但这个过程破坏了我们注意力的统一性。我们产生联想的能力变弱了。全神贯注的大脑没法从更加广阔的视角看待问题。只有当大脑结束了某项任务时，我们才能展开联想，具备更广的视角。当我们放松、睡觉或在从办公桌前起身穿过走廊来到咖啡机处的过程中，我们才突然看到了全局，一个每个部分都各司其职的整体。很多人都有在睡梦中解决现实问题的经历，这是因为睡觉时大脑重新连接了各个组成部分。深度睡眠能充分开发人类知觉的潜力。在工作时，我们要求自己必须忙起来，但我们并没有发挥人脑潜在的创造力。

在量子科学中，我们发现任何旨在掌控和测量一个系统的尝试都将这个系统包含的多种潜能简化为了一种现实。海森堡不确定性原理告诉我们，人类对量子系统的认知是片面的。事实并不总等于真相。我们对量子系统的理解有赖于我们看待事实的方式，取决于我们为了获得新的理解而提出的问题。一鸟在手固然很好，但这么做破坏了鸟群的整体性。有时候这种整体背后蕴藏着信息，隐藏着价值之美。

## 隐喻的重要性

隐喻有时是理解艰深晦涩概念的最佳方式。詹姆斯·卡斯

（James Carse）在《有限与无限的游戏》（*Finite and Infinte Games*）一书中运用精妙的隐喻阐释企业需要理解的两个概念：现实性与潜在性。现实性就是此时此刻目之所及的一切，卡斯称之为"有限博弈"。他认为："有限博弈是为了赢得最终胜利，参与者是在边界之内博弈。"有限博弈的参与者包括两类：一是希望获得短期收益的领导者；二是以有形资产为价值衡量标准，或者将研究经费用于发展已知科技的公司。比如，壳牌公司将自己定位为"石油公司"，或者某医疗机构投入大笔资金研究干预性药物。总的来说，有限博弈就是在有限的场地内进行博弈。

潜在性指的是呈现在我们面前的无限可能，包括我们甚至还未关注到的、不太符合常理的非传统因素。卡斯称之为"无限博弈"。他认为："无限博弈的参与者都带着将博弈持续下去的目的（如为了可持续性）。参与者于边界博弈。"无限博弈的玩家也包括两类：一是追求长期利好而非短期收益的领导者；二是以无形资产（比如软件设施、团队创造力、远见与洞察力，以及雇员与客户的忠诚度等）为价值衡量标准，或者将大部分研究基金用于探索未知领域的公司。

如果公司顾问将客户的发展需求与生存需求相结合，或者医疗机构减少在干预性药物上无休止的投资，转而关注如何通过保障身体健康提高人们的生活质量，它们也是在进行无限博弈。总的来说，无限博弈的特点是无边界性和可持续性。

## 主体与客体的分割 vs 参与性的世界

传统范式科学将世间万物分为两类：主体与客体。而科学家是独立于环境之外的，科学家在世界外面。如今，新范式下的科学认为世界是参与型的。主体（比如说科学家）在世界里面，两者之间的互动推动世界发展。

西方文明具有二元性的特点，将世界分为主体和客体、意识和存在、精神和物质。牛顿科学中的宇宙是具有物质性的，建立在冰冷、原始的物质上。这一学派的科学家超脱于世界之外，观察、审视、衡量、检验这个世界。他们以局外人的角度研究自然，并对其进行利用、操纵与控制。今天的环境危机很大程度就归咎于这种态度。

牛顿式组织将世界分为组织本身及其环境，或者说公司及其市场。它们力求控制环境、利用市场。自然资源只是具有利用价值的资源罢了。顾客就在那儿，应该充分利用。即使顾客对货物有越来越多的不满情绪，他们的商品预期已定型，公司还是可以通过正确的营销手段和巧妙控制货品供应来操纵顾客的品味。这些公司将管理者和劳动力清清楚楚地分开，明确在两者中间谁是决策制定者、谁是那些被动服从指令或者通过自己的官方代理人对指令进行回应的人。一家全球电子元件制造企业的高级经理告诉我："商业就是管理者去管理，而工会做出反应。"这与牛顿学说中互相撞击的台球体现的是一个道理。就像我曾对他说过的那样，他们根本没时间坐下来相互沟通，因为上帝禁止如此。在美国某通信公司中，雇员是"极重要的资源"；在一家瑞典金融服务公司里，雇员是"智力资本"。这些迂腐古板的用语使得机械化的行为与学习结构更为根深蒂固。

## 私人生活 vs 公共生活

在西方社会中，私人生活与公共生活泾渭分明，因为西方文明早就对意识和存在进行了明确界定与区分。在牛顿式组织中，这种明确的界限体现在雇员的工作表现和私人生活没有任何重叠之处。公司雇员（包括经理）只将与工作直接挂钩的能力带到职场。这些相关能力能够帮助雇员高效完成任务，恪守劳务合同所指明的雇员义务条款：与公司的目标、价值观和关注点保持一致。在他们眼中，公司里的上级、下属和同事都将目标铭记于心。除此之外的另一半世界就是私人生活，包括私人关系、随之而来的喜怒哀乐、照料孩子的需要、对外界事物的热情和兴趣，以及个人癖好、痛苦和价值，这些与公司毫不相关。如今，处于牛顿学派最前沿的公司针对雇员的私人生活领域提供了咨询服务。如果雇员有这方面的需要，他们可以进行（私下的）咨询与讨论，从而减少个人事务对其工作效率的不良影响。

壳牌公司的一名高级经理告诉我："当我周末在家陪伴家人时，我们会去乡间散步、聊聊天、见见朋友。我爱我的孩子，也热爱自然。但我每周一去上班时，我必须将这一切都留在办公室大门外。我的工作职责只有赚钱。"事实上，这名男性经理在人力资源部门工作。在他看来，最大的工作难题是孤独，他没法全身心投入到工作中去。

欧洲一家咨询公司的管理团队成员这样描述他在一个为期三周的家庭假期结束后上班的心情："我意识到，我们原本的重心放错了，这很要命。我们只关注工作的质量，却忽视了生活的质量。我现在意识到，如果你更注重生活质量，工作质量也会随之提升。"牛顿式组织对此不以为然，因为它们认为雇员的生活质量纯属私人生活范畴。

在现代范式科学中，观察者无法将自己与观察对象完全剥离开。两者是一个完整系统中互相定义的组成部分。量子科学家提出的问题和所设计的实验装置在推动实验进程上起到了积极、共创性的作用。这个道理也体现在双缝干涉实验中。"粒子问题"让人们发现了粒子，"波问题"引导人们发现了波。与其说现实是一成不变的客观存在，我更倾向于将其描述成一出没有终幕的戏剧，而人类是其中的演员。

## 量子力学中主体与客体的统一性

牛顿学派认为公司和公司领导者仅仅简单地影响所处环境，或者对环境做出反应。这种说法是错误的，并且会导致严重的后果。正如冯斯·琼潘纳斯（Fons Trompenaars）在《驾驭文化浪潮》（*Riding the Waves of Calture*）中所说："公司组织不仅仅像随波逐流的船一样，对所处环境做出反应。它们主动筛选、解读、选择和创造周围的环境。"CEO们不仅仅对其雇员、客户、所在社区、市场和生态环境做出简单回应。这些都是一个生态系统的组成部分，部分之间互相作用、互相影响、互相界定。同样，公司顾问并不仅仅是发现和解决公司内部问题的外部专家。任何所谓"客观公正"的观察从根本上就不客观，外部专家的到来影响其所观测到的现象，也影响其所观察的结果。研究组织行为的学生发现，这关系到管理人员与雇员做的调查问卷。问卷中的问题本身就指向一种回答。不同的问题会产生不同的答案，所以能显示出雇员们不同的兴趣、利益、关切和态度。这是个参与性的世界，没有什么是"明明白白摆在那里"的。世界并未创造我们，而是我们造就了世界。这是基于新量子世界观的重要观点。

21 世纪所有的新科学都表明，世界上没有那么多西方传统中的二元主义。如今众所周知，心灵与身体之间没有根本差异，身体状况影响意识状态和思维能力，同时心理状态也会影响身体状况。基因编码决定性格，而其成长的物质环境和社会环境也能对基因产生影响。意识与物质的表现形式不一样，但二者都是现实的能量体现。我坚信，公共生活与私人生活、工作的自我与享受生活的自我之间再也没有明显的差异。这种差异是由机械主义的结构和态度所造成的假象，会随着旧观念的消失逐渐瓦解。

我与摩托罗拉公司零件部门一名任职多年的秘书进行过谈话。这个部门的运行方式古板、严苛。她的老板还在固守着行业老规矩。"即使我的孩子病了，"她抱怨道，"我的老板也不想知道。我必须遵守工作时间，按时完成任务，除此之外他不关心我家发生了什么。所以我不仅讨厌他，还憎恨这份工作，我从来不做分外的事。"后来这名秘书被调去这家公司的培训基地——摩托罗拉大学工作。她说："我的新老板截然不同。他总是在早晨向我微笑问好。他问起过我的丈夫和孩子们。当我的孩子生病的时候，他告诉我可以不去上班。我喜欢他，并且愿意为他干活。"现在她常常加班，完成职责之外的工作，而且自愿参加培训课程，希望能成为会议组织者。她全身心地投入工作，结果是她的工作和她自己都获益匪浅。

弗雷德里克·泰勒在他的"科学管理理论"中将雇员定义为"被动的生产单位"。但这是个参与性的世界,没有人是被动的。我们的所作所为、所思所想和生活态度都能在这个世界的相互联系中找到共通性。至少可以说,任何组织的每一个雇员都具有承担责任的潜力,所以他们能将创造力带入工作。现在,很多人被要求这么做。在壳牌公司,一名理事会成员如此评价道:"以前,你知道你会在这行干一辈子,并且最终能跻身高层,所以做好分内之事足矣。但是现在情况发生了变化,你如果想继续干下去,就必须在工作中创新。"这不仅仅要求工作效率高,而且工作得有意义。

## 真空与量子真空

旧范式科学认为宇宙是静止、冰冷沉默的地方。黑色的虚空充斥在可见物体之间。牛顿学派的科学家专注于物体、观察、操作和控制。他们认为一切都仅仅是关于物体的问题。牛顿式组织和公司领导者专注于实际行动,专注于制订目标和获得结果,专注于技术。

新范式科学认为宇宙是一个沸腾着的、有着巨大能量的池子,是传递信息的动态能量互相交织的模式。宇宙中不存在虚空。物体只是更深层根源的表现。量子科学家或复杂性科学家专注于研究隐藏的模式和未被发现的关联,专注于同步性和进化。他们充满探险精神,为事物可能的**变化**而兴奋不已。量子组织根植于愿景。他们的领导者专注于实际行动的同时也关注未来的可能性,把立足于未来当作管理现在的一种方式。

就像我刚刚提到的,量子科学告诉我们,宇宙中的所有事物都是信息形式的能量。我们可以观察到的事物,如石头、树、星星、建筑物、动物、我们自身，都是特殊的、可识别的具体化能量和信息的形态。这些事物里包含的物质来了又去，就像水分子流过漏斗的漩涡，但形态是持续的。在人体内，组成我们身体的水分子、脂肪和蛋白质每七年就会被完全替换。我们大脑内的神经连接每一秒都在改变。但多年之后我们仍然是一个不变的、可被识别的个体。我们的整体形态只有轻微的变动。

企业也是一种拥有动态能量和演化信息的持续形态。这就是为什么尽管公司中的雇员甚至高管有变动，企业依然能拥有个性和可识别的风格。安德鲁·斯通把玛莎百货公司的六万名员工描述为公司大脑中的单个粒子。在我们的另一次交流中，他谈到了公司的这个持续的特质，在特定时期选择不同风格和不同视野的领导者的本能。公司本身和它的持续形态比它的单个组成部分——CEO、董事会、员工、股东等——都更大且更重要。

## 潜在性的海洋

在物理中，当我们认识到所有存在的事物都仅仅是动态能量的一种形态时，问题就出现了：这些能量形态依存于什么？宇宙的信息留存于什么地方？答案就是量子真空。如新物理学中描述的，整个宇宙是由能量组成的。能量的基态，即静止的稳定的源能量，就是量子真空。东方哲学家也许会将其描述为"无尽是世界的基础"。在西方，要理解量子真空比较困难，因为我们把"真空"理解为虚空，什么都没有。但量子真空只是物体和质量的虚无。我们无法看见或触摸、测量它，但它自身的内部不是真正的空无一物。相反，量子真空中充满了潜伏在宇宙中的能量。量子真空中充满了一切，现在是，未来也会一直如此。这种"充实的虚空"的概念在东方思想中是很常见的。正如印度的《伊莎奥义书》（*Isha Upanishads*）中的诗所描述：

> 啊，我的兄弟，这是一个没有尽头的世界
>
> 这有一个神，不可言其名
>
> 只有他知道谁到达了那个不可知之地
>
> 不可言说不可听信
>
> 彼处之物无形无体
>
> 我也无法告诉你其为何物
>
> 卡比尔说：它无法用言语表达
>
> 它无法用文字书写
>
> 就像一个蠢人尝到了甜头——这该如何解释？

量子真空对 20 世纪物理学来说，就好比印度梵天或中国的"道"一样，它是一个和佛教的"空"相似的概念。就像西方心理学家卡尔·荣格（Carl Jung）把"我"看作是自我的来源，在物理学中，量子真空是原子基态，也是世界和人类的存在之源。宇宙中存在的事物——我们自身、我们的思想、我们的决定、石头、树和所有实际存在的事物，无论有无生命——都是"激发"，或者说是量子真空池里的波浪。在拉丁语源中"存在"的意思是"站出来"，这就是存在的事物所做的事。他们从量子真空中站出来。这一静止的能量池为宇宙的演变提供了终极愿景。它是我们所知道的所有愿景和价值的来源。

从字面意义上来讲，人类组织是依存于量子真空的自组织的系

统。这些组织同样也是"存在"的事物。就像每个独立存在的事物都是对整个宇宙无限潜能的激发或有限的表达一样，每个人类组织都根植于滋养了全部创造物的愿景之池，并是其一个有限的表达。一个公司的愿景驱动着公司。它体现在其领导者的风格、做生意的风格，以及激发出成文或不成文的经营守则的价值观上。

## 重要的价值观

从一家小型家庭公司发展而来的玛莎百货公司，其价值观仍旧根植于传统的犹太教精神的基本价值。今天，玛莎百货公司的全球性领导者，这些十分现代和世俗的、非犹太教的人，会在私下谈话中说到满足顾客的需求以达到自我满足、售出让顾客满意的产品。在 1981 年出版的《日本的管理艺术》（*The Art of Japanese Management*）一书中，理查德·帕斯卡尔（Richard Pascale）和安东尼·艾索斯（Anthony Athos）指出日本的企业，如松下电器，把公平、和谐、合作、礼貌、谦逊和感激列入公司的核心价值。这些都是佛教传统中的核心精神价值。

旧范式下的牛顿式组织在技术、产品和结构中寻找自身。它们的核心价值是利益、效率、成功，也许还有卓越（也是为利益而服务）。它们寻求顾客的忠诚，必要时还追求顾客的"满意"。用詹姆斯·卡斯的话来说，它们在玩一个"有限博弈"，一个为胜利而设定的博弈。新范式下的组织（其中一些是历史悠久的企业）会从更深的愿景中汲取能量，专注于更长远的价值观。它们把自己视为更大的传统的一部分。像玛莎百货公司和松下电器这样的企业，并不回避利益、成功、效率等，但这些僵化的价值只是更深层次精神价值的副产品。

# 第 5 章
# 领导者的边界

不管是怎样的暴雨和咆哮

我都感谢它，

因为它冰冷，残酷，无情

却又带来平静。

变得自由如海，

完全臣服于海，

臣服于不确定，这唯一的确定。

——佩尔·拉格奎斯特（Pär Lagerkvist）

　　写这本书的时候，我在北康沃尔海岸的海滨酒吧待了一周。当我坐在酒吧的玻璃暖房中时，出现在我面前的是冬日里夹杂着暴风雨的海水撞击在岩石峭壁上的风景，白色的浪花飞溅，像雾一样弥漫入周围的空气。而在我身后的酒吧里，男士们在打台球，用他们手中的球杆击中一个又一个硬邦邦的小球。我感觉自己正坐在具有不确定性的、混乱的量子世界和牛顿物理学的决定论世界两者的边缘。

　　海水的湍流，暴风骤雨的不可预测性，太阳系行星间微妙的平衡，江河溪流中形成的漩涡，我们身体中血液的流动，还有人类心脏的跳动——这些都是混沌系统在边缘上取得平衡的例子。它们在稳定和不稳定、可预测和不可预测之间维持平衡，拥有自己的结构，但随时可能会自内部蜕变为新的结构。它们的确为某一个目的工作和服务，但并非目标固定或节奏锁定，而是随时准备好适应变化。它们有时候被称作"开放式动态系统""自组织系统"或者"耗散系统"。

几年前，在瑞典的沃尔沃汽车公司，工程师们重新设计了汽车的研发流程。原来的工程团队有紧密的结构和复杂的设计，并且由中央控制。每一个团队成员行使一个特定的职能，严格扮演自己的角色，整个团队形成一个规则明确的结构。各团队按层级组织起来生产所需的产品。然而之后，沃尔沃汽车公司开始尝试一个新的想法：工程师们在松散的集体小组中一起工作，其他专家也参与进来；小组内再进行分工；同时鼓励工程师个人在工作小组之间或者小组内部进行调动。不仅是椅子，甚至连工程师的桌子都安上了转轮。当时负责变革管理的公司副总裁安妮·尼尔森·埃勒（Anne Nihlsson Ehle）说道："在成立小组之前，我们不知道结果会是什么样的。这种工作方式令我们甚至他们自己都感到吃惊，但是非常有效！"尼尔森·埃勒受到量子物理学的启发。她十分自豪地宣布，在这次实践中，沃尔沃汽车公司做到了"在边缘上思考"。新的流程上马后，无论是企业的创造力、生产率还是盈利能力，都有所提高。

在玛莎百货公司，时任总经理的安德鲁·斯通希望各部门经理不要在部门会议上发表正式的报告。"只需拿出你的想法和热情，让我们看看会发生什么。"游戏精神成为这些会议的主导。结果，重要的事情都得以解决，决策被执行，生产线激增。零售市场是处于混沌状态的，受到很多因素的影响：时尚潮流、经济波动、不确定的竞争、社会政治的不稳定、不同年龄群购买力的变化、人口结构的变化、跨文化影响、品位和更广泛文化变迁的联系等。在混沌的边缘上，玛莎百货公司蓬勃发展了一个多世纪，它在选择领导者和适宜的领导方式上真是天赋异禀。

在混沌理论中，边缘不是悬崖绝壁，不是一个像桌沿和崖边一样可以"坠落"的地方。"在边缘上"（at the edge）不同于"邻近边缘"（on the edge）或"超出边缘"（over the edge）。在边缘上，风险和兴奋在不同的意义上并存。在混沌理论中，边缘是秩序和混沌的边界，是由稳态和非稳态相交产生自组织的点。

我们都见过大自然是如何在边缘上取得平衡的，但从来没有意识到这种动态效果就在我们眼前。举个简单的例子，站在桥上看江河或溪流的流动。在上游，水是平滑的，流畅、均匀、无波动，水面如同镜面一般几乎没有波澜。而就在我们之下，水流遇到一些树枝或石块，它的表面被划开来，水流形成了一系列的小漩涡。这些漩涡围绕着障碍物起舞，不断变换着大小和形状，但始终保持一种独特而连贯的形态。然后，漩涡过后，水流完全变成了白色的湍流。

上游的水面是平滑的，处于一种有序状态，其结构包含着特定信息。不管在大自然里，还是在计算机系统当中，信息就是我们能够获得的结构。有序结构中包含特定数量的信息；简单的结构比复杂的结构包含的信息要少。比如说，人类的指纹就比简单的线条画包含更多的信息，丛林全息图就比黑白照片包含更多的信息。但不管简单的还是复杂的结构，只要有序，其包含的信息就是固定的、可靠的、可及的，但终归还是有限的。秩序意味着可靠性、可测性和可控性，但同时也意味着有限性。

水流分裂成湍流，涌现混沌状态，同样包含着信息，但这种信息对我们来说毫无用处。它们要么结构太复杂，要么简单得就像没有结构一样，是一种我们无法获取的信息。完全混沌的系统就是完全失控的系统。

河流在遇到石块或树枝的地方形成漩涡，在秩序与混沌、可控与失控之间取得微妙的平衡。在这里，水分子自组织成一个新的一致的形态。漩涡是自然界自组织开放式动态系统最简单的例子。这种系统建立新的秩序，生成新的信息，既不可控也未失控，而是在两者之间取得微妙的平衡，兼具适应性和创造性。河流的漩涡不断变化着大小和形状。在环绕着石块和树枝起舞时，它们的内部结构正在与所处的环境进行对话，但始终保留着可识别的漩涡形态。

我们被这种自组织系统包围着。我们自己就是这样的自组织系统！我们每个人本质上都是动态能量的一种自组织形态。事实上，根据最先进的物理学量子场论，一切存在的事物都是量子真空中的一个漩涡——宇宙的基础能量形态。我们想当然地认为自己是稳定可靠的，当我们用实体的双手捶打自己的胳膊或大腿时，感到的抗力只是一个短暂的现象、一种肉体的错觉而已。七年前组成我身体的任何一个分子如今都不在我身体里了，每分每秒分子都通过我的身体系统来来去去。我吸进去的空气分子数秒之后又被呼了出来，我喝进去的水分子大部分都在几小时内排出去了，食物中的分子则需一两天排出。我吸收的一部分物质变成了肌肉、脂肪、蛋白质分子或脑细胞，这些物质成了我身体的一部分，因此会逗留更长时间。但经过七年的循环，每一个分子都已经被更换。

七年或更久的时间里，我身上不变的就是自组织形态。几年不见我的远房亲戚能够认出我来，不是凭借在我体内循环的分子，而是凭借这种自组织形态。就像围绕礁石起舞的漩涡不停变换着边界，我的形态随着年岁不断进化演变。我既是又不是那个曾经被托莱多伯祖母抱在膝头的五岁孩童，我既像又不像童年照或结婚照里的我。对公司和其他人类组织来说道理是一样的。它们是已经持续多年的形态；而其中成功的、可持续的形态，是已经经历过演变进化的。

所有的生物系统，从最简单的细菌到复杂的人类和组织，都是动态能量的自组织形态，在混沌的边缘取得平衡。它们的确切名称是复杂自适应系统，具体到实际的目的上，它们都是生命量子系统。这就是生命能够创造性地适应不断变化的环境的奥秘。它证明了传统范式中所有平衡系统都趋向稳定的信条是错误的。

## 稳定的谬论

即使最有远见的公司也会发现自己被所谓的"稳定的重要性"的信条束缚住了，就算这种稳定不是必然的，也至少是它们所希望的。这是一种长存不灭的牛顿式假说。在经济、政治和商业领域，我们仍然与守规则的范式共存：独立运行的部分在规律的引导下会自发地达到均衡状态。这是自由放任资本主义的指导性假设，来源于亚当·斯密的牛顿式经济学。如果系统偏离稳态，那么抑制所有的正反馈的制衡机制就会被建立起来——就像中央加热系统的控制机制，其恒温器的开关是维持室温所必需的。

在美国一家全球通信公司的领导力重建项目中，一位设计师对我讲了一个多小时的新物理学、混沌理论和量子理论，以及公司可以从这些理论中学到的重要知识。然而，当他向我展示领导力发展的新课程计划时，其核心焦点竟然是稳定的极端重要性。"所有的系统趋于稳定"赫然印在纸上！新的领导力项目，和其他事物一样，被设计成了对这种价值观的拥护。图 5 - 1 中所示的是业务照常（Business As Usual）范例：

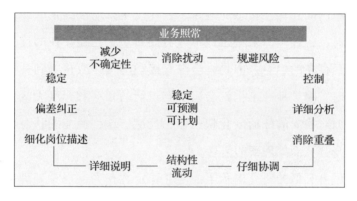

图 5 - 1　业务照常范例

业务照常范例用机械的方式看待事物，无论对于商业事务还是牛顿科学，都是为了减少不确定性、消除扰动从而规避风险，将流动性结构化。它会抑制正反馈，杜绝一切内部或者外部的可能改变现状的影响因素。

当我询问新科学背景下商业利益和保持稳定的目标如何并存时，全球通信公司的经理列举了人体免疫系统是如何稳定对抗疾病的例子。但免疫系统恰恰不是这么做的。入侵我们身体的外部病毒和细菌总是不断变异，并试图超越免疫系统的防御机制的。免疫系统领先敌人的唯一途径就是在不稳定的边缘取得平衡，时刻准备好向所需的方向演变进化。不稳定加强了免疫系统的灵活性、适应性，我们大部分的生物功能都是如此，包括创新思维和大部分学习能力。

加利福尼亚生物学家沃尔特·弗里曼（Walter Freeman）对混沌在嗅觉上发挥的作用进行了开创性的研究。事实上，弗里曼研究的是兔子的嗅觉系统，但嗅觉系统的结构在所有哺乳类动物中都高度保持一致。嗅球的神经末梢和大脑的嗅觉中枢，就在稳定和不稳定之间取得微妙的平衡。

当我们闻到一种熟悉的气味、一种让嗅球连接到它的识别系统的气味时，各种神经末梢迅速形成有序状态，已经存在的连接就能处理已经存在的信息。但是，当没有接触到气味或接触到一种陌生的气味时，嗅觉神经末梢就会以所有可能的频率和幅度无规律地运动，从而对输入的任何变化快速做出反应。这种混沌的状态使嗅球重构自身，从而处理新的信息。

已经有类似的研究揭示了混沌非稳定性在人类视觉处理中发挥的作用，这也让科学家们推测混沌状态在人类的学习、集中精力和决策制定等行为中起到了关键作用。正是因为神经连接（突触）处的神经末梢可以在大范围的频率和波幅中传递信号，找到通向最稳定形态的道路，大脑才可以在和经验的对话中构建和重构自身。

所以，婴儿的大脑是在边缘状态取得平衡的。在其初始的神经信号传递中，这种混沌非稳定性让大脑适应其所处的物质、文化条件。正是这种混沌状态让大脑成为自然界最有效的"学习型组织"，而孩子们是最有效的实践者。

孩子是成功的开放式动态系统和有效的学习型组织，这是因为他们的大脑还没有构建完全。我们已经看到，在我们的文化中，年轻人大约需要 18 年才能形成足够的神经连接来处理常规的挑战，应对世界的复杂性。在那段时间里，每个孩子的心智成长在时刻准备着，根据需要，受好奇心驱使，通过玩耍、想象和犯错来学习和建立大脑连接，从而在边缘上取得平衡。在这段成长期，年轻的大脑耗费大量的能量，并需要足够的休息和睡眠来进行补偿。

年轻的企业也以大致相同的方式构建成长的"大脑"，结合丰富的视野、实验（特别是玩）、想象力、好奇心、混沌、错误和学习，形成企业的风格、习惯和基础架构。这些年轻的企业头脑灵活，偶尔有点不稳定。它们会犯错误，也能从错误中学会成功。有大量的文学作品都是关于"创造性错误"在行业领先企业家的职业生涯中扮演的角色的。例如，约翰·米可斯维特（John Micklethwait）和阿德里安·伍尔德里奇（Adrian Woolridge）在其 1996 年的著作《企业巫医》（*The Witch Doctors*）中指出："杰克·韦尔奇（Jack Welch）在 20 世纪 60 年代第一次被通用电气注意到，是因为他运营的塑料厂发生了爆炸；作为年轻的企业家，理查德·布兰森（Richard Branson）在警察局待了一晚，罪名是从法国向英国走私唱片；鲁伯特·默多克（Rupert Murdoch）在 20 世纪 90 年代初几次濒临破产；贝比·鲁斯（Babe Ruth）以本垒打闻名，但也创造过三振出局的记录。"还有众所周知的匈牙利裔金融家乔治·索罗斯（Geogre Soros），他利用股市的不确定性赚了几十个亿，也亏过几十个亿。

索罗斯将他的主要投资基金命名为"量子基金"，据他说，是因为海森堡不确定性原理让他看到了自由市场和开放的社会中固有的不稳定性——这里的社会指的是允许言论自由和持有异见，并认可各种观点应该百花齐放的社会，因为任何观点都有一定的瑕疵和局限性。牛顿科学有一个假设，即观察者和被观察者是独立的。牛顿式物理学家可以通过一个在空间和时间上处于有利位置的仪器来检测系统，并总是得到相同的结果。现实就在那里。亚当·斯密的牛顿式自由经济学对市场和客户、价格和供需有着相同的假设。

结果，索罗斯在 1997 年 1 月的《大西洋月刊》（*Atlantic Monthly*）中指出，经典的经济理论"已经成功创造了一个虚拟世界，在这里，市场参与者的偏好和参与者面临的机遇是相互独立的，在两者的平衡作用下价格趋向均衡"。

但量子力学和对人类行为更诚实的评价证明，事实并非如此。根据海森堡不确定性原理，观察者和被观察者有着密不可分的联系。如果量子科学家问粒子一个问题，粒子会通过实验给出答案。正如第 4 章所言，一个波形的问题会得到波形的回答。索罗斯把这个规律拓展到经济活动当中，他发现价格和偏好、价值和偏好、偏好和需求都有着密不可分的联系，这一不稳定的混合体在混沌的边缘取得了平衡。

他认为："在金融市场，价格不仅仅是供需关系的被动反映；价格还在塑造偏好和机遇上起着积极的作用。这种具有反射性的交互作用导致金融市场具有固有的不稳定性。"例如，如果多数投资者认为一只股票对其他投资者有吸引力，那么这只股票的价格就会攀升。这就是"正反馈"导致不稳定的一个实例。

围栏社会和自由市场在混沌的边缘取得平衡，由此，创造力和必要的中央调控可以相互制衡。而极权主义总是倾向于实行中央控制。绝对自由，缺乏制衡机制，会加剧混沌的风险；绝对控制，寻求强制而可靠的均衡，必然要牺牲自由，并且因为缺乏内部的创造性及不稳定而不可避免地导致系统崩溃——这正如自然界中的"封闭系统"。自然是一个不确定系统，有正、负反馈，负反馈并不总是制约着正反馈。正是这样巨大的混沌的波动推动了进化。这是"在边缘上领导"的悖论，达到平衡的固定的公式（牛顿物理学的主张）根本不存在。

在创新思维进程和企业基础架构设计中，我们面临着相同的矛盾。一个学习型、创造性的大脑使用的能量超过了身体其余部分的总和。跳出匣子，在边缘上思考的单位时间所用能量堪比一场橄榄球比赛所用的能量。如果一个人时刻处于创造的状态，他将会精疲力竭。因此，我们的大脑不仅使用能量，同时也保存能量。我们在童年时建立各种神经连接，意义就在于以后能够可靠地、至少半自动地使用。习惯真是一个美妙的东西！可靠的公司基础架构、层级制度、习惯和指令链条，可以让领导者的压力大大减轻。第二代和第三代企业领导者能够利用健全的管理技能更好地运作公司（至少曾经是这样的）。

曾经，从 18 岁左右开始，大部分成人的大脑运行将会变得缓慢——现在一些人也是如此。通过大脑的自动导航，人们依靠过去学习的经验，依靠训练、习惯和先例还有技能，但这种做法只在一种情况下管用，即我们现在工作和发展的环境与过去我们大脑建立连接时的环境相同。对今天的大多数成年人和大多数企业领导者来说，这种环境的稳定性已经成为过去了。

## 边缘上的文化

英国历史学家艾瑞克·霍布斯鲍姆（Eric Hobsbawn）在他的近

作《极端的年代》（*The Age of Empire*）中描述了毁灭性强大的 20 世纪的生活，指出过去 50 年发生的全球性变革超越了石器时代以来变革的总和。最明显的，交通和通信方式已经彻底被颠覆，还有社会和经济的预期和可能性。20 世纪 60 年代初，我在麻省理工学院念本科时，学校只有一台计算机主机，并且占用巨大的房间。只有最具科幻小说头脑的教授们才能幻想台式计算机和紧随其后的信息革命。IBM 的高管们一定想不到！如今，只有少数的顶级高管们对这场革命的结果感到满意，大多数市值几十亿美元的公司的 IT 系统被束之高阁或者没有被充分利用。作为事后补充，这些公司已经配置了计算机基础设施，但却屏蔽或几乎不使用自由流动的瞬时信息。

不只是交通和通信方式在过去半个世纪里发生了超越认知的变化。在新千年里，社会、宗教和家庭结构都将进行彻底的改造。犯罪率居高不下暴露出社会道德准则的脆弱性，以及道德信念、道德共识的缺乏；而企业整治丑闻则反映出领导力的普遍缺失。许多技术突破（例如基因工程技术），已经超出了我们可以明智使用它们的能力范围。

在关于自由放任市场经济内在不稳定性的评论中，乔治·索罗斯提到了价值观危机及其对普遍文化不稳定性的贡献。亚当·斯密和他同时代的人所接受的价值观是"社会是稳定的"，他们假设市场机制以外的道德原则将有助于保持这一机制的均衡。这个假设已经不适用了。现在，索罗斯说：

随着市场机制大行其道，以非市场价值为基准的行事准则变得越来越难以维系。广告、营销甚至包装的目的都是塑造人的偏好，而不仅仅是对偏好的回应……由于不确定质量如何，人们越来越依赖货币作为衡量价值的标准。越贵的就是越好的。曾经的交换媒介取代了基本的价值观……成功的狂热取代了原则和信念。社会已经失去支柱。

与此同时，在另一个层面上，国家的身份和寓意大为减弱。全球化破坏了国界的意义和用处，速度之快以至于政治家们跟不上时代的步伐。包含共同价值的新的全球文化尚未出现。空间和时间本身必须找到一些新的意义。

尼采（Nietzsche）宣布"上帝已死"距今正好一百年，最终，在今天，我们与现实面对面。尼采所指的不是宗教的死亡，而是我们整个文化框架的死亡、范式的终结。这十分可怕，但也充满了无限的机遇。一个范式的死亡通常预示着另一个的诞生，那些继承新范式的人，都会奇怪为什么人们会大惊小怪。但我们是处于边缘上的一代人，处于（或被撕扯于）旧的日渐消亡的范式和新的等待降生的范式的模糊轮廓之间的一代人。我们童年所形成的神经连接不能帮我们度过跌宕起伏的成人期。我们这一代必须构建并重构大脑连接，必须创造新的范畴、新的概念、新的模式、新的组织结构和新的领导方式。那些在日常生活中仍旧借鉴童年体验的人，会发现随着年龄的增长，补充新的规律会变得越来越难。正如尼采所说，我们再也不能依靠已有的价值观生活，我们必须创造新的价值观。

领先的公司会发现它们的工作需要不再像从前第二、三、四代管理者所经历的那样。当所有的系统都不稳定时，管理现有的系统是远远不够的。在边缘上领导需要镇定、直觉、冒险和天马行空的想象力，以及孩子、艺术家和创业者才有的创造性错误。

尼采在《查拉图斯特拉如是说》（*Thus Spoke Zarathustra*）一书中宣告"上帝已死"。书的开篇，村民们聚集在村子的广场上观看走钢丝表演。故事里，表演者必须走过拉在"确定性之塔"中间的绳子。但他失败了，摔下来死了。查拉图斯特拉<sup>○</sup>摇摇头悲伤地说："他还没有准备好。"现在，一个世纪以后，"还没准备好"成了每个人都会用的说辞。

在我和他人合伙经营的一些培训讲座中，我们会为大家提供一个名为"概念的咖啡馆"的课程。这是一场晚宴，每名参加者必须朗诵一些名言或诗句，并暗中反映他们的个人生活和工作。我们经常使用爱尔兰诗人阿瑟·威廉·埃德加·奥肖内西（Arthur William Edgar O' Shaughnessy）的诗句，诗名为《音乐创作者》（*The Music Markers*）<sup>○</sup>。奥肖内西的诗描述了诗人和其他艺术家创造性的工作，以及那些在任何文化中都生活和工作在边缘上的人。今天，它似乎适用于我们中的大多数人：

> 我们是音乐的创作者，
>
> 我们是做梦的梦想家……
>
> 然而动摇这个世界的，
>
> 似乎永远是我们。
>
> 在逝去的年代里，
>
> 在地球掩埋的历史里，

---

○ 此处原作者笔误为尼采，实际上书是以查拉图斯特拉为第一人称。——译者注

○ 另一个名字为《颂歌》（*Ode*）。——译者注

> 我们在叹息中修建了尼尼微，
>
> 在欢乐中建起了巴别，
>
> 又在预言中推倒了它们，
>
> 为了陈旧的，也是新世界的财富。
>
> 每一个时代都是一个梦想，
>
> 不是行将死亡，就是即将诞生。

## 在边缘地带生存

本书很多内容都是关于范式及其对商业思维和企业架构的影响。奥肖内西的诗是关于旧范式的死亡和新范式诞生的。前几页书中，我侧重于揭示商业和管理理论中运用牛顿思维的程度，以及我们如何能转向量子思维提供的新视角。基于简单的层面，我似乎在为读者展现我的"确定性之塔"，并从一端走到另一端。我还有一些更复杂的想法，但让我们暂时专注于这两座塔，在牛顿式管理和量子领导力之间选择。从细节上看它们是什么样的？

我们前面看到，牛顿范式描述的世界简单并遵从法则，在确定性的框架内，可以由我们掌控。相反，量子范式描述了一个复杂和混沌的世界，一个不确定的世界。任何以人为的控制企图解析复杂性或调节不确定性的行为都会被遏止，甚至毁灭。这是一个包含一切丰富、有趣、有创造性事物的天然自组织系统。

在表 5-1 中，我展示了两种范式在管理学和领导力上截然不同的特征。左侧栏列举了牛顿式科学管理最显著的特征，并总结成一套管理学理论。这是我们非常熟悉的领域：简单明了的"泰勒科学管理"理论，在任何 MBA 课本中都能找到。

表 5-1　范式

| 牛顿式科学管理 | 量子管理 |
| --- | --- |
| 确定性 | 不确定性 |
| 可预测性 | 快速变化，不可预测 |
| 层级制 | 非层级制 |
| 基于功能模块的个体劳动分工 | 多功能的整体（集成） |
| 权力集中于上层或核心层 | 权力分散化 |
| 员工为被动的生产单元 | 员工是创造性的合伙人 |
| 只有一个最佳方案的单一视角 | 从 A 到 B 之间有多条路径的多元视角 |
| 竞争 | 合作 |
| 不灵活，注重管控 | 灵活响应，放权 |
| 重效益 | 关系管理和价值驱动 |
| 自上而下（被动） | 自下而上（"实验"） |

泰勒管理理论强调确定性和可预测性的价值。公司注重内部规则和管控，蓝图和五年计划都不可动摇。这是目标导向型、结果导向型的"目标管理理论"。公司等级分明，权力自上而下或自中心向外缘辐射。（这一点十分明显，就像之前提过一位厂长的话："商业就是管理者去管理，而工会做出反应。"）如同牛顿物理学将原子视作受宇宙作用力推动的被动物质单元一样，泰勒管理理论将员工视作听命于企业目标和管控的被动生产单元。员工是公司的资源——"人力资源"，和煤炭、铁或硅芯片等资源别无二致。员工是最容易控制的，只需将他们划分在不同的劳动环节，然后命令他们最大化产出即可。铭记亚当·斯密的扣针工厂吧。指挥链和控制规则毫无弹性可言。组织受规则束缚，官僚作风极盛。牛顿认为宇宙中存在

绝对时空观，即"上帝视角"；泰勒认为管理思维存在单一视角，即任何企业都适用的最佳方案。我们可以讨论或者进行头脑风暴，但最终是为了找出一套最佳方案。达尔文生物学拓展了牛顿思维，强调"物竞天择，适者生存"的重要性；泰勒强调企业和企业之间、企业团队和部门之间竞争的必然和益处。竞争让我们全力以赴，竞争淘汰弱者。

和牛顿式运作机制一样，泰勒式公司的主要价值观就是效率，即投入最小化和产出最大化。甚至在最近几年，在泰勒理论指导下出现了公司裁员和公司转型的终极实践。最终，就像台球桌上的台球，泰勒式公司纷纷"有了反应"。环境的变化、市场的变化和竞争的变化让它们纷纷反弹。它们对变化做出反应，而不是自己创造变化。

表 5 – 1 的右侧栏大不相同。因为这是我自己创建的，所以大家都不熟悉，我也欢迎更多的质疑和建议。我尝试着用量子的概念去演绎泰勒理论，创建了一个说明量子领导力重点的表格。我将量子物理学的核心观点与领导力各个方面一一匹配，意在提炼出一个新领导力范式的核心观点。内容来源于我过去几年的工作，包括我和一些公司的交流。我注意到，很多公司需要的，或是公司可能从中受益的，抑或是公司领导本身一直想表达清楚的特质，大多数都与量子特性相关。其中有很多特质大家都很熟悉，因为它们都是"新管理"的流行词汇，虽然很多和我共事过的企业员工都表示这些流行词常常只是挂在嘴边，很少被实际执行或深入考虑。

基于不确定性原理和非决定论，量子范式领导力自然会强调不确定性而非确定性，将不确定性视作机遇而非陷阱。"我们需要不确定性赋予我们思考的空间。"正如玛莎百货公司的经理所言。同样，量子领导者将充分考虑现代商业的迅猛变革和不可预测，但不大会甚至不会将其视作困难，而是视为机遇。量子领导者不仅仅学着在迅猛变革和不可预测中煎熬或幸存，而且学着从中汲取养分。为了实现目标，他们将在组织内部弱化等级制度，发展权力和决策互动中心，创建更加灵敏、更加宽松的组织架构。沃尔沃汽车制造团队就是这样的一个例子。中国海尔集团的显著特征也在于此，我会在第 8 章详细讨论。

量子物理学认为我们活在一个参与式的宇宙中，生命体都是共同创造的局内人。我们帮助现实发生。观察者也是局内人，是被观察的现实的一部分。我们无人能避免在其中参与创造，"责无旁贷"。在量子组织中，雇员不再是被动的生产单元。他们甚至不是企业投资的"智力资本"或"人力资本"。雇员就是公司。哪怕最谦逊的员工都有自己的个性、与同事的相处之道，有自己的想法和才能，一旦被激发，都将为公司建设增加力量。已经有一些关于这方面的认识，称为"赋能"。但是我也见过一些犬儒主义者，他们总是觉得这样意味着要承担更多的工作和责任，以及更少的奖励和认可。真正的赋能意味着重新设计公司内部架构，让人们相互之间及和公司之间如整体一般互动。

泰勒理论确信对公司来说有一条从 A 到 B 的最优路径，量子领导力却重视不同观点的表达和思考。量子系统有多条路径从 A 到 B，有时甚至会惊喜地到达 D、E 或者 F。量子领导力弱化目标导向，更追求过程导向，更关注想法、过程或团队的融合会产生什么，而不是关心最初制定的预期明确的蓝图。这有点接近沃尔沃经理描述的：

"在成立小组之前，我们不知道结果会是什么样的。这种工作方式令我们甚至他们自己都感到吃惊，但是非常有效！"

牛顿（泰勒）式公司将自己划分成相互竞争的部门，将市场切分为相互竞争的公司；而量子组织受物理宇宙的整体性、交互性和共同创造的本质的启发，看到了合作会带来的收益。把 C 分成 A 和 B，我们所拥有的就只是 A 和 B；把 A 和 B 放进一个合作的整体，我们就会得到一个超出总和的 C。正如我引用过的一位摩托罗拉经理的话："在摩托罗拉我们学到，我们的竞争者同时是我们的供应者和顾客。"竞争只有一方能赢，只有合作才会双赢。

管理学的圈子里越来越多地谈论意义和服务，以及价值驱动型公司。西方公司往往通过开展全面质量管理（TQM）来激励员工提高效率。可靠的服务迄今为止仍被视作赢得市场忠诚度的又一竞争武器。在愿景声明中，价值可能会被误解。量子物理学在这一语境下，伴随着观察者的参与，必然会在更深层的意义上提出对于意义和价值的质疑。

根据量子论的观点，公司的社区、客户和环境位于公司之内，正如公司被它们所包围一样。（鱼在水中，水在鱼中。）公司对于社区和客户的服务同社区和客户对于公司的服务（忠诚度、经济支持、劳动力供给）之间没有明显的界线。当摩托罗拉和玛莎百货公司为当地的教育项目和教育预算出力的时候，它们不仅服务了社区，也服务了它们未来的雇员和顾客。摩托罗拉向中国大量销售移动电话的同时，也创造了将大有作为（更加开放）的环境。摩托罗拉销售的是交流沟通，而不仅仅是手机。量子领导者不只是朝九晚五的指挥者和控制者，也是自己历史的创造者，个人特点的演绎者，自己内心深处愿景和价值的实现者。

基于类似语境和整体原因，一个量子组织认识到，仅仅对环境或事件做出反应是不够的。自上而下的管制不仅不够，甚至是毁灭性的。自下而上的实验、灵活的内部架构和承担风险的奖励计划，对于企业创造性地适应不断变化的环境，以及创造性地共同创造环境都至关重要。

## 不是非此即彼，而是兼容并包

量子物理学并未取代牛顿物理学，没有证明牛顿物理学是错误的，甚至没有削弱它的价值。相反，量子物理学吸纳了牛顿物理学的真理。如果我们想建造一座桥梁，或者想把人送上月球，我们仍需要应用牛顿公式进行计算。只是，通过更新的量子视角，我们知道牛顿物理学仅在很小范围内有效。对宏观系统，我们需要相对论；对微观系统，我们需要量子论。有朝一日，毋庸置疑，将有一种物理学理论从更高的角度融合量子论和相对论。科学的发展永无止境。

同样，表 5 - 1 的左侧栏也没有错。有时，我们也需要强调确定性、制订明确的目标、控制现况、调整结构和所谓的泰勒式管理。大脑的逻辑分析半球，也就是左脑，在处理某些问题时很有用。但是在完全不同的情境下，大脑有时也更依靠右脑的直觉，就像表 5 - 1 的右侧栏。有些情况下，运用想象力，不过分约束自己、限制目标和严谨地控制所有事物，会更有用。任何公司想要长期运营都要关注盈亏（效率），但过分纠结于盈亏却会限制企业发展、规模扩大、风险承担、尝试和前景。

我们已经看到，大脑如此富有创造力全是因为我们的串行思维和并行思维被整合成第三种思维方式，在有序和混沌之间达到了平衡。大脑的构造使得它可以和谐地使用左右脑，左右脑在胼胝体处连接，40 赫兹的"量子"场贯穿大脑。如果左右两半脑之间的对话被切断，就像严重的癫痫症一样，我们的意识会被分开，两个半脑都不再有效率。同样，所谓标准的、保守的科学会限制自己的研究范式，之后能做的只有认可这一范式。推动知识进步的是那些处在范式边缘的革命性的科学。量子思维可以发现各类范式的优势和局限，也可以创造全新的范式。

我在表 5 – 1 中展示科学管理和量子管理的真正意图，不是提供两座确定性之塔且比较孰高孰低，而是为了解释"在边缘上领导"是什么样的：知道不同的范式，了解特定环境下特定范式的价值并做出选择，必要时可以创造出新的范式。兼容并包，而非非此即彼。

玛莎百货公司的高层有两类截然不同的领导者，一些观察者将他们不同的风格比作牛顿学说和量子学说。前主席理查德·格林柏里（Richard Greenbury）爵士是更加传统的指挥控制、完成任务式的领导者。我们也知道，作为四位联合总经理之一，安德鲁·斯通是一名量子领导者。两个人的领导风格发生碰撞、存在摩擦，但还是互相尊重。外人将玛莎百货公司的成功归功于两种截然不同领导风格的合作。安德鲁·斯通手下有 13 名主管，其中 3 位位列董事会。他们经常不赞同他的领导风格和决策。斯通每周都会邀请这三位批评者来他的办公室开一场"骂街会"。他们冲对方大喊大叫，粗鲁地表达自己的不满，然后高效地合作。

个体总是不尽相同。有些人的性格更适合不确定性和模棱两可。

有些人相比他人对混沌有更高的忍受力。有些人更有创造力，喜欢跳出匣子思考和行动；其他人也许会因此感到恐慌。有些人，简单来说，更喜欢表5-1中的左侧栏中的内容，也就是牛顿式管理；其他人喜欢右侧栏中的内容，即量子领导力。"在边缘上领导"，意味着可以凌驾于这两种类型之上，整合各自的优势来运营公司。

The Quantum
Leader
A Revolution in Business
Thinking and Practice

# 第二部分
## 组织结构和领导力的三种模式

英国财经作家哈米什·麦克瑞（Hamish McRae）在他的《2020年的世界》一书中预言，接下来的 1/4 世纪，世界范围内以土地、资本和自然资源为代表的"旧增长动力"对国家及企业的经济成功变得没那么重要了。相反，他提出未来的成功将越来越多地决定于"定性特征"，例如质量、组织、动机和人们的自律。这些"定性特征"，我认为，将会改变人类自我/个体的工作观念，以及商业组织中雇员和领导者的个人品质。

自我概念包括我们的个人身份及个人边界：什么是自我的内在和外在？"我"到底有多少是真正的我？有多少我是可以为自己负责的，又有多少是无法控制的？我的基因、教养、教育和培养在多大程度上可以控制我？个体自我是如何与他人、团体或组织建立联系的？我们需要管理或控制这些关系吗？如果需要，又如何进行？什么会伤害或提升自我？又有什么可以激励自我？自我从哪里获得自我价值感和责任感及广义的意义与价值？我作为一个独立的自我，如何衡量他人的价值？我行动、选择及制定决策的权力和能力是否来自于自我本身的品质？我是否从外在寻求权威、智慧和纪律，例如父母、社会、政治机构或企业组织？

这些问题对于组织理论和组织实践至关重要。组织是人的组织，组织人类自身。组织理论基于文化对自我提问的回答；组织实践的成功与失败取决于这些回答在多大程度上贴近事实。如果我们认为人是以特定的方式被组织和被激励的，我们就会据此制定相关的法律、规则、预期和组织结构。如果事实和概念大相径庭，结构将会崩塌，并且/或许会伤害组织起来的人。就算在最乐观的情况下，不充分、不合适的结构也会限制或扭曲人们希望组织起来的人类品格。

本书的中心论点是，人类大脑的思维结构和思维过程是我们制定或设计的组织结构的自然蓝本。大脑中有三种结构，每一种结构都负责一种不同类型的思维。我们在第 3 章中可以看到，连续的、一对一的神经束内嵌了有逻辑的、理性的、目的导向的、解决问题的"怎么办"式思维。平行的神经网络结构内嵌了以情感为中心及以身体为中心的联想思维，帮助我们辨别模式、学习技能、形成习惯和情感联系、储存不能通过规则和说明进行交流的隐性知识。本质是量子变化的神经震荡将我们的串行思维和平行思维整合在一起，组成了第三种大脑结构，即认知过程。它们负责我们富有创造性、洞察力和自省的思维，负责提出新概念和新模式，挑战墨守成规的老旧观念和心智模式，帮助我们适应迅猛的变革和全新的环境。

我认为，每一种大脑思维结构都形成一种人类自我和潜力发展的独特模型。由此，这三种自我模型产生了三种关于人类组织、组织内控制和个体发展的不同模型。本书的这一部分将主要探索这些模型，包括它们的基础架构和领导模式。

我们知道，在神经科学里，人们已经很透彻地研究和理解了串行思维和平行思维结构。两种结构都成功地运用于计算机系统模型中。像神经束一样的一对一模式是串行处理的计算机模型。平行神经网络是并行处理或叫神经网络的计算机模型。广义上讲，这两个关于自我的相关模型及随之产生的组织模型都是人们所熟悉的。两者都被社会学家及组织理论家全面阐明过，只是很少作为自我和组织的相关模型，并从未与基本的大脑结构联系起来过。

其中一个我们所熟知的自我与组织模型是在西方占主导地位的模型。这个模型描述的个人主义的自我受规则（法则）限制、受契约约束，通常是官僚结构的。另一种熟知的自我与组织模型在东方占据主导地位，尤其是在儒家社会里。这个模型描述了一个血脉和亲族关系下的自我，完全或很大程度上将家庭、家族、村庄、工作社区等联系起来。这种自我由复杂且模糊的网状结构组成，并受限于习惯、习俗和传统。中国社会学家费孝通简洁地将这两种模型描述为"两种社会基本类型"。费孝通在其 1992 年的著作《乡土中国》一书中写道："一种社会是人们一起长大的自然产物，除了一起长大的互动之外没有别的什么目的了；一种是为了完成使命而结合的社会……前者是有机社会的例子，后者是机械社会的例子。"我发现这本书极为有用。它非常清楚地区别了东西方社会（和东西方组织）的不同，对我形成自己的观点至关重要——自我的社会模型是组织理论的基础。

费孝通的用词清楚地说明了西方模式是机械的、牛顿式的粒子态模型。确实如此，费孝通将西方人比作单根稻草，可以聚成有组织的一捆。东方模式是波形的、整体的，每个人与其他人模糊地交织在一起。费孝通将东方人比作掉入平静池塘的石头，向外散发着涟漪，各种各样的涟漪相互交叠和影响。社会学家通常将西方的原子模式与大都市的陌生人社会相联系，将东方模式与关系紧密的农业社区社会相联系。费孝通的儒家社会学的整体基础就是中国人本质上还是一个扎根于土地的农耕民族。即使是那些迁移到大城市的人们，仍保留着传统的家乡联系模式。

在组织研究中，我们通常把有号召力的创始人带领的新的小型公司比作网状的农业社会。人们互相认识，习俗、关系和联系比正式规则更重要，通过号召、合作、试错发展新观念和新产品。某种程度上，创始人的性格和愿景充斥并领导着整个网状社会。这类小公司的架构趋于随意和灵活。但是，这样的小公司如果发展成功，通常会在第二代和第三代的时候演化成西方式的大型陌生人官僚组织形式。在转型中，公司规模和组织水平有所提高，但小公司重视个人、激励、联系的特点通常会丢失。基础架构变得僵硬，不容易适应改变。人们需要一种新型的领导模式。

受这个时代新科学的启发，尤其是量子科学和大脑创造性思维结构的启发，我设想了第三种更高级的自我模型和组织模型。因为这些模型和量子物理体系及其过程的相似性，我称其为量子自我和量子组织。第三种模型兼容并包，同时具有粒子（个体）体系和波（网络）体系的特点，如同人类大脑独一无二的创造性思维和组织潜能。

## 第 6 章
# 西方的故事:
# 牛顿模式的左脑组织

　　牛顿将物质的最小单位原子比喻为台球。他在机械物理中指出,
每个原子(台球)在空间和时间上都是独立的。原子因作用力和反
作用力联结在一起,在空中做弹性运动,其运动轨迹遵循着确保宇
宙秩序和可预见性的运动铁律。每个原子都被限制在一个牢不可破
的边界中;任何原子都无法进入到其他原子的边界内。当两个原子
相遇,它们会碰撞,其中一个或两个原子会偏离原有的运动轨迹。
台球经常被用来喻指西方的自我,而台球比赛也被用来比喻西方的
组织。

## 关于原子小球和自我

　　原子论的出现远早于牛顿物理学,其历史可以追溯到古希腊时
期。自我的原子单元和基督教神学一样古老。基督教将灵魂描绘成
一个独立的实体,一缕上帝赐予人体内的灵性,不同于体内或周围
任何其他物质。灵魂早于肉体及个人自我出现,晚于两者消亡。它
与人类的本质相关,是最重要、最有价值的事物。牛顿提出,物质

中的原子遵循运动的普遍规律，彼此关联或与更大的物体相联系；同样，这些如同原子的灵魂受上帝和恶魔的普遍力量操控，被上帝和天使所爱，同时被魔鬼所诱惑。灵魂相互之间没有直接的关系。任何联系都以普世道德法则作为媒介。每个灵魂都是单独存在、独一无二的，只与上帝有直接关系。因此，得到救赎还是被罚入地狱仅仅由普世的道德准则决定。

正如我们在第 2 章所看到的，牛顿的原子论经由西格蒙德·弗洛伊德的"科学心理学"和约翰·洛克的自由个人主义影响着现代西方世界对于自我和社会的看法。弗洛伊德式的自我就像原子，既可怜又孤独，于自身来说是自我，于其他人来说只是一个客体。自我囚禁在严格的边界内，受下层（决定其行为）潜藏在本我中本能的和攻击性的黑暗力量所冲击，受上层超我中的道德准则和父母社会的期望所操纵。弗洛伊德式的自我本质上没有什么长处（弗洛伊德不信教）。自我仅仅是由本能和经历所决定的，单独的自我就只剩下自私和无情。社会的生存（社会约束）依赖于对超我的期许，以及实现这些期许的普世道德和社会法则的能力。

甚至在牛顿之前，社会哲学家托马斯·霍布斯就对应着机械论宇宙观形成了对自我的看法。按照霍布斯所说的自我，人生是"贫穷、肮脏、粗野和短暂"的。个人，即社会的基本单元，受贪欲和利益所驱使。当人们独处时，由于没有足够的社会控制，他们会把其他人和整个社会撕成碎片。霍布斯不提倡自由，因为自由意味着缺乏控制。为此，他设想了一个稳固的社会契约，通过严格的立法和执法来确保社会秩序。在牛顿之后，自由主义政治哲学家约翰·洛克则更友好地看待人性和自由的潜力。但洛克也认为原子式的个人是社会的基本单元，同时需要某种形式的社会控制通过立法来约束人类行为和人际关系。

在自由民主的社会，根据洛克的模型，我们把自我分为公私两部分，把社会分为公共领域和私人生活。通过讨论、反思直至立法，不久，个人（至少是大多数人）认同了哪些事情是可以被分享的，哪些是需要控制的，在公共领域和社会契约（即宪法、法律和准则）上达成共识。任何不属于公共领域应当关切的内容都被视作私人生活，每个人都应当是自己私人生活的唯一守护者。西方民主的公共领域在范围、大小和权力上各不相同，但一致认可公私的区别和保护个人不被过分干涉的权利。

个人权利的神圣性体现为西方社会对隐私和个人自我的重视。我真正的自我、我关心的真正的"我"是独特又私密的，只有当我在家里披散头发时才能显露出来。没人敢侵犯它的边界。事实上，这些边界，即使有人想侵犯也侵犯不了。"我们每个人都是孤独的，"英国小说家、学者 C. P. 斯诺（Charles Percy Snow）写道，"有时我们因为爱情和亲密接触短暂地逃离孤独，但每个人都会孤独地死去。"这种私人的自我需要控制，但这种控制其实是自我控制。

相比之下，公共自我包含我同意分享的部分，也包含我同意被法律所禁止的部分。或者，社会可能已经规定了我必须受法律所约束，但如果是这种情况，其他所有人也必须受同样的约束。公共自我是普遍的、大众化的，包含我的部分也包含其他人的部分，受到的约束遵循普遍的法则和原则，适用于社会全体成员。公共自我有明确的边界，即便是我最亲密的伴侣、邻居甚至国家，都不能侵犯。

西方组织，类似西方社会整体，根据稳定的边界和正式的规定来组织和约束任何类别的所有成员。无论是商业团体还是社会机构，任何这样的组织都有成员标准。不符合标准的人会被排除在外，但同样重要的是，符合标准的人也会将其中的一些人驱逐出组织外。任何西方式的组织都只要求成员将部分自我投入组织和规则中，甚至亲密如核心家庭那样的组织也是如此。"没人可以拥有我的灵魂。""我所属的唯一组织就是我自己。"

事实上，典型的西方组织会排除成员个人的、不可预测的、私密的东西来保护组织的身份、维护稳定，因为这些东西不能用一般规则来总结归纳。人们可以在同一个桥牌俱乐部相处 20 年，却不了解对方除打牌风格和策略之外的任何信息。信奉牛顿（泰勒主义）式管理的大公司并不想知道员工的个人问题和家庭责任。地方政府和卫生部门是处理不好意外事件的，因为这些事件不够普遍。我们大多数人觉得这样的官僚体系单调乏味，而且经常感觉到自己在组织系统内部被疏远。然而，大多数西方人在划分公私生活的规则和边界中找到了安全感，如果它们受到侵蚀，人们就会感到威胁。

我近年来工作过的一家通信公司和一家石油公司都发起了转型项目，试图提升工作中的个人参与度和个人表现，特别是管理层。在通信公司的一次研讨会上，一位高级经理评论："所有这些讨论，包括成为一种特定的人，融入公司'社区'，都让我觉得公司正试图入侵我的私人空间，接管我的身份。"在石油公司，另一个高级经理做出了类似的评论："对我来说，公司从来只是工作而已，但现在我觉得他们在试图买下我的灵魂。"这种观点与另外一些经理的观点产生激烈的冲突，他们感到在工作上被孤立，由于不能将"自我"带入工作而备受煎熬。实际上，类似的互相矛盾的评论可能是同一个经理在不同时期说出的。这是西方自我的悲剧式矛盾——选择了孤立，却被孤立所疏远。孤独，却不愿用更成熟亲密的行为来战胜孤独。

同样的矛盾扎根于企业关于忠诚的辩论中。员工希望公司就工作条件和工作保障给予更忠诚的承诺，但他们却不想将自己的全部奉献给公司；公司想要员工对公司更忠诚，但他们却不关注员工的"个人问题"。我工作过的一家大公司将"让员工更忠诚"作为转型的中心主题。"我们投入大量的时间和金钱来培训人才。我们希望得到忠诚的回报。"下一秒，公司 CEO 说："但不要指望我们会雇用你一辈子。世界很残酷，你只能靠自己。"

牛顿的物理学是在宇宙的公私层面、在西方的"灵魂和肉体"或"心灵和肉体"的分离中发展起来的。牛顿关注物质本身，关注宇宙所有物质物理性质的共同点，即"公共领域"。作为一名科学家，牛顿并不关注灵魂或者"私人领域"。他的理想世界是如同钟表的机械宇宙，只遵循公式化的法则（运动定律）运行。在牛顿之后，机械论——将人类和人类组织看作机器或机器部件——成为更广泛的文化常态。

牛顿式的机器由独立的、可替换的工作零件组成，每一个零件都有自身的功能。机器根据蓝图被建造来实现特定功能。一台好的机器工作高效，各个零件和谐相处，共同实现所需的结果，但这从不会自然发生。独立的零件能和谐工作，是因为受到了控制。如果这台机器是一台复杂的自控设备，如中央供暖系统，就需要一个内部系统输入控制程序，如恒温器。钟表一样的机械宇宙由普遍的运动定律来控制。简单点的机器可以由人从外部控制。

## 关于原子小球和组织

弗雷德里克·泰勒的科学管理理论依赖于牛顿的物理模型。泰勒对组织和组织中个人扮演的角色的看法都是机械性的。牛顿式商业组织如同机器，通过销售商品或服务来获取收益。公司通过以效率为宗旨设计的非个人（公共范围）的规则和契约的约束，对独立的员工和部门进行组织和控制。和员工工作职能无关的内容超出了工作考量范围，因此也不在公司的关注范围内和员工的责任范围内。边界是死板的。理想状态的员工在理想状态的官僚体制之下是可替代的，他拥有的工作技能在其他地方也有市场，同样，公司在需要的时候也可以替换他。这类员工在执行机械式工作时效率最高。

同样，牛顿式组织之间的关系是非个人的、受制于规则的，它由正式契约来决定，并在契约中排除了对个体特质和人格的考量。一个石油公司会按照合同售卖几百万加仑（1 加仑 = 4. 55 升）的石油给一个航空公司，但它不在意这个航空公司会不会换 CEO，也不关心 CEO 是不是有个生病的孩子。同样，石油公司根本不关注航空公司有没有发生事故，或是不是破产了。他们认为那是保险公司的事。

所有的西方牛顿式组织模型都假设：组织内独立的组成部分必须或需要在一定程度上通过普遍规则和集中控制紧密相连。组织中，信息流和学习在协商和规则约束的框架下进行，这些框架构成了组织的内部契约和外部契约。如果我想向牛顿型的同事通知我所做的决定或程序上的变化，需要经由正式的渠道。如果我要完成一项工作，需要从指派工作的上司那里获得帮助。

牛顿式组织以目标为导向，受规则所束缚，其优势是高效可靠。清晰的边界让成员关系明朗化。所有程序都是制定好的，所有角色都是固定的。每名员工都准确地知道每天该做什么、不该做什么。只要依照程序，使用合适的渠道，信息就可以顺利地流向组织指向的部分。但这样也有弊端。由于规则不能简单适用于特例，这些组织变得死板僵硬。碰到意料之外的事，它们的处理变得既费时又必须彻底地重新设计流程。事实上，大部分程序都很浪费时间。在德里国家电力公司工作的印度员工抱怨道："每次我想花5美元，不得不填50页的文件，还要等3个月才能拿到。"当出现正当渠道或现行程序都不涉及的情况，这些组织便会患上"学习障碍"——这在公司内经常发生。若有一个部门得益于新的教育或咨询技术，甚至可能得益于"创造性错误"，却会因为缺乏交流渠道而无法让其他部门获悉。

牛顿式组织的结构模型是人脑中的串行思维过程。大脑中的神经束就像组织中独立的部分，独立的神经元一个接一个地传递信号。每一个单独信号模式由程序（一系列规则）协调，从而被习得用来解决某个问题。不在解决问题的程序范围内的神经元对这个过程来说是多余的。当新问题产生时，除非换一个程序，否则串行思维过程无法解决问题。因此，它高效可靠但受限于规则，因而死板僵硬。串行思维单靠自己无法处理复杂的数据和快速的变化。神经元回路一次只能处理少量输入和输出。这就是为什么计算机这类以串行思维为模型的事物无法处理模式识别。因为模式太复杂了。

在人脑中，串行思维并非独立运行。只有在机械的思维认知科

学模型中，它才是如此。将串行思维结构单独作为组织结构的核心
模型扭曲了整个台球比赛。在真实的大脑中，串行、并行和量子
（有创造性和洞察力）思维结构整合在一起，共同生成人类独特的思
维方式。无论自我的扭曲模型在公私之间建起的阻隔之墙有多高，
独特而复杂的人类自我都以同样的方式成为自我公私双方对话的
桥梁。

我们知道，牛顿式宇宙以冷酷无情的方式遵循着熵增原理。所
有受规则约束、组织有序的单个粒子的集合物都必将会减速直至崩
溃。所有牛顿式系统都会在这无情静谧的宇宙中消亡。然而，复杂
自适应生命系统能战胜命运。真实的大脑会在一生之中重构自身。
两种动态系统都有着上升的复杂性、适应性和成长性。自然告诉我
们，存在比牛顿式组织更好的组织模型，比囿于规则、目标导向的
独立思维更好的思维模型。"目标管理"不是好的管理模式，肯定有
更好的领导力模式。

第 7 章

# 东方的传奇：
# 人际关系模式的右脑

中国的管理者们喜欢自夸地说，相较他们遵纪守法的西方同行
而言，他们的商业谈判围绕的是关系，而非合同。海外的中国企业
的首要资本通常是其关系。

——约翰·米可斯维特、阿德里安·伍尔德里奇，《企业巫医》

首先，我想讲讲我的两次会议经历。我曾受邀在这两个会议上
做主旨演讲。第一个会议是由一个西方石油公司组织的，会议地点
在美国的一个大城市。我被提前告知了演讲的内容、时长，以及我
的酬劳。会议开始三周前，我收到了会议的详细日程，会议以 45 分
钟为一小节，穿插着固定时长的午餐时间、分组会议时间和咖啡时
间。每一名发言者都有介绍，并且提前提供了预定演讲的概要。每
个分组会议上需要"处理"的想法也有具体说明。会前手册上提供
了所有相关的表格和图表，以供演讲者和参会者参考。但会议却是
关于转型和创新思维的！

第二个会议是由一个日本的零售业亿万富翁举办的，地点在京
都。会议日期还没最终确定的几个月前，我在家中收到了内容模糊
的准邀请函请我演讲，附带一张机票。在启程去日本的两周前，我

意识到我对这个会议还一无所知。我该讲些什么、讲多久呢？观众有多少？还有谁会来演讲？我的酬劳是多少？会议是关于什么的？我通过传真急切地询问这些问题，主办者的韩国助理回复我说："不要担心这些问题。这会是一场道教风格的会议，我们会先一起见个面，看看会出现什么。我们会享用一些美食，结交一些好朋友。然后再看我们能够一起做些什么。"后来，这个会议以巡回的方式进行了一年。我和这个日本商人还有他的韩国助理在三个国家的首都吃过饭，并继续"发展友谊"。我认为他们关注自我的本质，有些模糊的计划想要建立一种新型的教育形式，但还没有考虑具体细节。

## 波形的自我

日语里没有"自我"这个词。他们关注的是关系。西方人所谓的"自我"对于他们来说就是大社会背景下人与人的关系问题。诺贝尔奖获得者、日本物理学家江崎玲于奈毕生都在 IBM 工作。他将日本社会比作超流体氦。每一个粒子都与其他粒子关联，直至边界都不存在，各部分也拥有整体的特质。就像我之前写过的，中国社会学家费孝通将儒家社会比作连锁波的一种复杂形态，层层波纹从一些石头（个人）落下后的中心点向外扩散，但是所有的波纹都错综复杂地交织在一起，根本看不出由不同石头引发的波纹之间的清晰边界。"每个人都站在自己对社会的影响所产生的环形波纹中心。他们的波纹都是相互关联的。人们会在不同的时间和地点接触到不同的波纹。"

　　儒家社会可能是"东方模式"最纯粹的例子，对于自我的波形描述与西方社会对自我的粒子态描述是完全对立的。在中国文化中，我是由我的关系定义的，但是我有很多不同种类、不同圈子的关系，因此，我自己身份的界限是相当模糊的，依情况而定。面对父母，我有一种行事方式；面对孩子我有另一种行事方式；面对其他亲属，我的行事方式又会改变；面对邻居、社区还有国家，我的行事方式也是不同的。我说不清楚指导我生活的一套道德原则，因为我有很多套这样的原则，每一套都有其自己的适用情境。西方的普遍道德准则理念在这样的社会中毫无意义。

　　"在这样组成的中国社会的弹性网络中，"费孝通写道，"每一张网的中心都会有一个自我。但是这种自我的理念汇总成自我中心主义，而不是个人主义。"在西方社会的个人主义中，整体是由部分组成的，而每一部分都有其严格定义的身份及其边界。至少在公共领域方面，每个部分（每个人）都是平等的。每一个人都和组织里同等地位或同等职责的其他人一样，拥有相同的权利和义务。在中国社会中，我的自我永远处于自己圈子的中心，但是我有很多圈子，每一个圈子的特点、责任和准则都决定了我的身份和行为方式。我没有普遍的权利，只有特定情境下的责任。费孝通补充道："公共领域和私人领域的界限是相对的——甚至可以说是含混不清的。"

　　在西方，即使是我最私人的关系也受契约的限制。我行为中的一些方面受某一特定契约的限制，其他的方面则不。我的责任也受限于契约的条款和边界。中国的圈子套圈子组成的关系网中，对我的责任不存在严格界限，对于那些可能会因我的错误受到牵连的关系也没有任何限制。我对岳母的不当行为会反映出我的母亲对我不当的抚养方式，进而也反映出母亲的老师和父母对她不当的教育方式，等等。每个人都对他人负责。

## 波与组织

就像我之前说到的，儒家模式下依情景而定的关系化的自我可能是最纯粹的。但是，纵观亚洲社会，包括印度，这种基本上更像波形模型的自我强化了集体导向的、网络化的、最常见的家族式企业。因为亚洲社会相互之间在社会结构上的差异要比西方社会之间多得多，任何一成不变的归纳概括都是失败的。日本公司和海外华侨大型家族网在很多方面都有很大的不同，这两者又与新加坡的一些明星企业不相同。印度将西式的官僚体制和商业管理技巧叠加在基本上是网络化、家族式的社会上，通常的结果是融合了两个世界最糟糕的缺陷。但是，尽管存在区域差异，在这里我的目的只是想简单对比粒子式西方自我和组织模式与东方波形模式。

在海外的中国人之间，这种网络化的自我已经构成了庞大复杂、边界模糊的网络化组织的基础，非常像大脑平行思维结构中的神经网络。就像神经网络一样，每件事、每个人似乎都彼此相连。网络中的连接是随意的，也是有机的——它们会对条件、机遇和当地的限制做出反应，进而成长，就像神经网络连接会根据经历成长一样。在这个意义上，二者都具有灵活性和适应性，都能学习。就像神经网络中的神经束大小随需求变化，支撑着中国商业网络的家庭亲属的模糊界限也会扩张和收缩，以适应需求。

不足的是，不论是在神经网络中还是在中国关系网络中，灵活性都会因习惯、熟悉度和传统的重要地位而受到制约。大脑的平行连接只有在不断重复的经历之下才能最好地运行。中国商人最习惯于信任的关系，而根据传统束缚下中国社会关系的本质，信任本身也是可靠的。通过加强熟悉度、习俗和自律，社区的稳定性得以实现。而且他们有点儿幽闭恐惧症。费孝通说："一个人维系的关系越多，在现存的社会秩序中就会陷得越深，越坚持现状。"所以，官僚式的西方组织会因规则和程序变得石化，但网络化的东方组织在处理突发状况时同样脆弱。

大脑的平行处理结构——用于隐性知识、技能习得和模式识别——的运作方式是协同的、局部的。它们是世界各地农耕社会和小群体的结构原型。这些群体运作良好，因为每个人都了解彼此，最重要的是知识是共享的，责任和重要的任务共同分担，权力根据传统来分配。这样的社会几乎不需要正式的规定，因为熟悉度和群体期望的压力使大多数人都秩序井然。

20世纪50年代时，我还是个孩子，就亲身经历了这种联系紧密的群体生活。我是由祖父母带大的，我们生活在美国中西部农业带的一个小镇里。小镇只有200个成年人，他们全都在当地的泡菜工厂、几家商店或者农场里工作。小镇里的人互相之间都认识，认识彼此的孩子并帮忙照看，了解彼此的健康状况、婚姻困境、丑闻和成就，以及对社区做出的贡献。

我的祖父母都是小镇里几个小群体的成员。他们俩都加入了当地教堂的"忠诚社"，一个由50岁以上教堂成员组成的小群体。我祖母是当地教师协会和女士农庄社的一员——这是一个由当地妇女组成的群体，她们会聚会策划以当地农场为中心的活动，并为当地的慈善事业募捐。我的祖父是厄尔克思（Elks）慈善互助会的会员，也加入了俄亥俄州法官协会当地的分支机构——这是由周围城镇治安官们所组成的群体。我的曾祖父是当地民主党的选区主席，会有一小群党内成员定期在他的客厅里会面。当然，我们也都是自己大家庭的一分子，包括祖父母的 14 个兄弟姐妹，还有他们各自的儿子女儿、孙子孙女在内。所有家庭成员都生活在小镇方圆 15 英里（1 英里 = 1.609 千米）的地方，我们之间的一些群内小组一周至少会见一次面，一起过周日，一起出席家庭重要场合。

除了睡觉时间，房子里基本不会只有我和祖父母，总会有源源不断的小镇居民和亲戚们聚在客厅里，坐在厨房的大桌子旁，或者围在祖父床边——祖父因患心脏病，有很长时间在家休养。我们的家和我们的生活似乎总是处于这种扩展式生活的中心，不同群体来来去去或稍作停留。总是有持续不断的讨论（关于当地和国家政治、宗教、小镇的活动和政策，当地杂货店应当储备什么及其收费），有时会变成大声的争论，但总是很活跃。我童年的记忆，与这些人还有他们的活动和对话给我留下的记忆密不可分。

在西方，人们从农村小社区搬到缺乏人情味的大城市的时候，会面对一种不同的社会结构，小群体随之解体。我父母这一代搬到了附近的城市，在工厂的流水线上工作。家族成员参与教堂活动和当地社团的趋势减弱，我们的家庭聚会也是如此。我祖母参与的那个协会，其成员不再细数他们投入教育工作的时间或精力；我母亲加入了一个教师工会，为更高的工资和更好的条件而斗争。教学变成了一份工作而不是一种职业。和我同辈的堂兄弟因工作需要去了其他的城市或者国家。我再也没见过他们，也不知道他们孩子的名字。囿于规则、官僚式的组织结构及其带来的缺乏人情味的流动变成了常态。像传统上我的家庭曾经参与的小群组、小社区的当地多样化的层次结构丢失了。我们的个人生活变得愈发贫瘠，工作和政治生活也是如此。曾经浑然一体的生活的各个方面现在都被间隔开来。

官僚体制和东方式的社区生活绝不是互相排斥的。世界上没有哪一个社会比儒家社会更具官僚作风，而且很大一部分延续至今。

尽管海外的中国商业网络很稳定，但是观察者们不知道西方式的区隔化是否会是其当代世界的命运。在本地范围内，这种关系网络成效显著，但是这一程式能够移植到大型复杂的全球市场吗？儒家家庭传统和对年长者的权威无可置疑的尊重能够给予青年才俊及挑战者足够的上升空间吗？回顾大脑中的平行思维结构，能找到回答这些问题的线索吗？我想答案是否定的。神经网络有足够的适应性去识别不熟悉但已存在的模式，但是它们却不能创造新的模式。神经连接的不断强化需要来自习惯和重复经历也就是熟悉度的影响。神经网络中没有空间留给特异的神经元试验新的信号序列。结果，由这些网络所产生的思想更像是归纳概括，而不是真知灼见。它不会像那些富有创造力的（与众不同的）天才，例如哥白尼、贝多芬、尼采或爱迪生，产生新的假设或新的范式。

有无数的日本公司在复杂的国际市场竞争中取得成功，这些公司在国际市场上很兴盛。但是，日本式自我的波形模式也影响到了这些公司。决策的制定（执行）是通过协商达成的，这是日本的传统。但是，达成共识需要时间。在小组内达成共识也与多元化相悖，与那些虚张声势、特立独行的企业家相悖，他们看起来疯狂的想法可能会带来巨大的飞跃。就像是大脑中的神经网络最善于对现有的结构做出细微的调整，日本工业通过对西方发明进行聪明的调整以创造财富。甚至他们很多成功的管理技巧都是西方思想（如戴明管理理论）的改编版，日本的天才们可以从中发现某些事物的适用性，而他们更加死板的西方同事却无法将这些事物融合进现存的体系。他们对模糊逻辑的成功应用是对西方数学领域又一项突破性的技术应用，而西方工业并不理解这一突破，因为它不符合规则。但是，日本仍然没有自己的比尔·盖茨。

自我的西方粒子模式和东方波形模式因此产生了相当不同的组织结构，各有优势和劣势。就像大脑中的串行思维结构，原子式的西方社会是个人主义的，受规则制约。他们承认每一个独特的自我，但是将其视为孤立的。如此多的独立运作部分（个人）之间存在不可避免的冲突，这些冲突通过正式的规则和契约得以控制，而每项规则和契约都有共同的特质——契约之下人人平等。每个人都拥有相同的权利。公共领域和私人领域的自我有着极大的不同，公司稳定是通过排除私人领域中情感和联系的干扰得以保证的。边界是僵硬的，组织仅试图管理那些能够预测、因此能够管控的特性。这种组织的领导方式是机械的——直接的命令和控制，并有规则的权威作为后盾。

就像大脑中的神经网络，主导东方世界的自我的波形模式将自我视为完全嵌入关系网中的一部分。重点不是如何控制冲突，而是怎样实现合作。个人之间及公共和私人领域之间的界限是模糊的、有弹性的。因此，网络化组织的适应力更强，能够扩张或收缩边界，以缓慢有机的步骤演进。控制或稳定是通过加强熟悉度、习俗、传统和自律来维持的。虽然不同的亚洲文化中领导方式各不相同，但是最基本的领导方式是依照传统的，即协商一致。

在大脑中，串行和并行思维结构有着非常不同的功能。逻辑性的、受规则制约的串行结构对实践思维、目标导向思维非常必要。它让我们能够进行心算、根据时间表旅行或制定预算。关联生理和情感的并行结构负责处理隐性知识、技能和模式。但是像西方的官僚体制和中国的关系网络一样，两者都依赖稳定性。一个受规则制约，另一个受习惯制约。处理突发变化时，两者都很脆弱。它们试图抑制或排除意外的发生。两者本身来讲都不是创新性的。串行思维在已有的程序中运行；官僚式组织在规则下运作。并行思考通过重复的经历得以加强，它识别的是已有的模式；网络式的组织依赖于习惯和传统。

前几章中，我们了解到，当大脑需要重构自身时——当它需要进行创新性的突破，做一些超越思维限制的思考时——第三种大脑结构开始整合另外两种。大脑的第三类思维表明，存在第三种自我模式和组织结构，这种模式使得组织可以在边缘上创新。在量子思维的基础上，接下来我想谈谈量子自我和量子组织。

## 第 8 章
# 量子的新时代：
# 一场弥合东西方的新思维革命

量子自我是一种新的自我模式，源于新科学，尤其是量子物理学。25 年前，我在《量子自我》中第一次提到这个概念。我相信这个新的自我模式可以跨越传统的东方模式（或称农业模式）和西方模式之间的分界线，并为新的组织和领导理论打下基础。

人类意识和创造性的本质是当下科学探索的前沿。大部分主流的认知科学家仍然相信意识和创造性的本质最终都可以用机械论来解释。根据他们的理论，我们的脑内有一个"智力机器"。他们认为未来的计算机可以做人类想做的任何事情，也许能做得更快更好。但是还有一派科学家认为人类意识永远不可能被机器模仿。他们认为，从理论上讲，心智不同于机器。这些科学家们在寻找大脑运转过程中意识和创造性的起源，并且认为这些过程与牛顿物理学所描绘的不同。

许多人认为更富创造性的大脑活动本质上是量子式的，量子物理学确实使一些人类自我特征成为可能，例如幽默、悲痛、关系、创造力、价值感、理解、自由意志、忠诚、承诺等。正如我在《量子自我》一书中详细讨论的那样，我个人支持心智的量子理论。虽然这些理论只是猜想，但我们不需要束手等待科学证据的出现。了解所有这些人类思维和行为的有趣特点都是量子式的，对于这本书的目的来说就足够了。不论思维和行为真正的基础是什么，它们在脑内起作用的过程就像是量子的结构或过程。正如我在前面章节提到的，关于"量子认知"的量子科学新分支已经有了上百篇学术论文，对人类思维过程和量子力学过程的相似性进行了详细的论述。这一背景是本书的立意所在，即为企业找到一种新的概念性结构。

到目前为止，我们已经看到了两种截然不同的自我模式和它们对组织的影响。自我的粒子模式在西方管理理论中占据非常重要的位置，是根据牛顿科学搭建的。牛顿式的自我和牛顿科学一样，都被看作是原子主义的、行为确定的、被刚性边界包围但内部是碎片化的、与它所处的环境是隔离的。牛顿式组织模式是受规则约束的，它们排除掉了自我私人的、不可预知的方面，将结构与功能分离开来，同时，它们也与自身所处的环境是隔离的。这些组织的功能同大脑一对一的神经束十分相像，为我们提供了逻辑的、理性的、受规则限制的思考及"怎么办"式的思维方式。这是我们的"第一种思维方式"。它赋予了我们"智商"，即众所周知的"IQ"。

在东方，自我的波形模式是网络化的亚洲组织（和世界各地的小型农村社区）的核心，这个模式构建在无数相交的波制造的复杂图案之上。像波一样，网络化的自我在本质上被看作是相互关联的。一个人的本质就是他（或她）的人际关系。这个自我的界限是灵活的、模糊的，而且自我之间的关系受当地的风俗习惯和传统限制。网络化的组织依赖于私下交往和人际关系，依赖于信任而非规则。它们很少或基本不区分公共领域与私人领域的生活，它们有着复杂的结构，它们通过反复试验去适应所在的环境，并从中学习。网络

化的组织与大脑的神经网络作用十分相像，能帮我们获得隐性知识
和学习技能、识别模式的能力。这就是我们的"第二种思维模式"。
它赋予了我们"情绪智商"，即众所周知的"EQ"。

在大脑中，正如我们所看到的，逻辑（串行）思维和网状（平
行/并行）思维通过第三种神经功能，也就是同步的神经振荡活动连
接在一起，将脑内不同的部分连接起来。这种振荡的频率是 40 赫
兹，也就是 1 秒钟会振荡 40 次，也被叫作"γ 波"。这种振荡能让
我们的思维富有直觉力、洞察力、创造力和自省性。通过这种思维，
我们可以挑战固有的观念并改变我们的心智模式；通过这种思维，
我们可以彻底地重构大脑。这是第三种思考模式，赋予了我们"心
灵智商"（灵智），也就是"SQ"（灵商）。我们的灵商会扎根于我
们追求的意义、愿景和价值观中，让我们充分运用整个大脑。我之
前讨论过，组织需要这种灵商（需要实现它的基础架构）来运作整
个大脑。我们需要灵商来帮助重构企业的大脑。

我之前把"第三种思维模式"叫作"量子思维"，因为它和量
子过程很像。现在我想用一些量子过程的核心特性来探索量子自我
的特质。这样我们就可以讨论量子组织如何管理和领导量子自我。

## 量子自我的特质

量子科学和所有的新科学，都在描述一个整体的、模糊的（或
者至少是不可预知的）自组织的物理世界。量子系统既是粒子态的，
又是波形的，它们同时具有个体属性和群体属性。量子系统受不确
定性原理限制，在模糊性中发展，在锁定或者测量它们的时候，我

们可以准确地定位它们（尽管只是其中一部分）。和孤立的牛顿系统不同，量子系统存在于环境之中，成为环境的一部分，并且相互包含；量子观测者往往也是他们所观测事物的一部分。量子观测者可以更新或共同创造现实。

我们人类同样是物理系统，完全属于物理世界的一部分。当然，我们的身体和我们的心智大体都遵守着和其他万物一样的宇宙法则。同时，我们用来描述宇宙的最佳物理学说就是量子物理。"我"，根本上，也是一个量子系统。由此，我自身应该具备如下的特质：

- **量子自我是兼容并包的**。它既具有独特的、粒子态的个体部分，又具有分享性的、关联性的、波形的群体部分。我就是"我"，我是我的基因、我的历史、我独特的经历，但同时也是生活中与工作中发生联系、分享经历的那些人。私人的、个体的自我和公开的、关联性的自我，这两部分没有哪个更重要，也没有哪个更基本。两者都是事实，都很有趣，都被用来作为自身和群体的最大化利益，所以两者是一个有机整体。一个量子社会或组织架构应该既能支持私人自我与公共自我，同时又能允许两者互相支持。

- **量子自我是整体性的、关联性的**。量子自我的波形、关联式的边界会延伸至穿越整个宇宙。自我与存在的外物相互交织，并被其定义。我身在自然之中，自然于我身之内。我是其他外物的一部分，其他外物也是我身体的一分子。我不仅仅是我兄弟的守护人，我还是我兄弟。我不只是一个自然系统，自然系统被我影响，我也被自然系统影响着。我的身体诞生于宇宙星尘，我的思维诞生于宇宙四种基本作用力与定义它们的法则的对话。这可能是一种更深远的自然力量。粒子态的内部边界在与环境、经历对话后，会发生改变、适应和重组。实验胚胎学的新科学显示，基因在不同的环境中有不同的活跃度。自我是完整的、动态的，每一个部分、每一个次自我或次人格，都相互影响。"我"就是完整和谐的对话式合唱。

- **量子自我是自组织的**。它处在边缘，微妙但有创造性地在有序和混沌之中达到平衡。量子自我没有硬性的限制，没有设定明确的边界。它有限制条件（比如习惯的力量），但并不是决定性的。它有基因序列，但是会选择性表达。它有一定的特性，但是经过塑造。量子自我往往会再造自身、重构大脑。"我"是一个动态的模式、一个开放式动态系统、一个漩涡。我没有灵魂藏匿于身体内部的感官盒子中，亦没有可以显示在 CAP 扫描（计算机轴向断层扫描）或 PET 扫描（正电子发射型计算机断层显像扫描）中的脑部离散片段。我的灵魂是一个不断自组织的过程，是一个介于我自己与现实基本状态中的渠道。它的表达需要通过我的整个身体、我的思想、我的情绪、我的肢体触感和我的身体语言。我的整体和我所有的经历都拥有一个充溢着感情的神圣的维度。当然，我的工作经历也包含在内。

- **量子自我是自由的**。它虽然受限，但任何遗传物质、任何过去的经历、任何环境条件与调节、任何已存在的脑内神经连接都不能决定它。量子自我的边界是灵活的，处于不断变化之中，受制于创新的不确定性。它的神经连接时常被重新安排、重新组织。量子自我是世界上的一个活性剂，而非被动接收者。量子自我会进行选择，它会对自我和所处的环境进行选择。它创造了世界。

- **量子自我是负责的**。它是其连接的世界的一部分，并蕴含其中。量子自我生活在一个参与式的宇宙之中，它也会积极地参与宇宙展开的演变。它是一个现实的活性剂，是它所处世界的共同创造者。我所问的问题、我所思考的想法、我怀有的感情和幻想、我做出的选择、我所做的动作都创造了这个世界和我周边的一切。我是一块被丢到池塘里的石头，朝外向各个方向泛起涟漪。我就是世界。如果世界成了一个不同的地方，那是因为我让它变得不同。如果有一些东西需要被创造出来，我必须担任创造的助产士。我有最后决定权。

- **量子自我是一个爱发问的自我**。海森堡不确定性原理表明，我们问的问题能揭示问题的最终答案。问题共同创造了答案。它向规则发起提问，向边界发起提问，向自身的固有看法和思维模式发起提问。量子自我像一条跳出了玻璃缸的鱼儿，有着更广阔的视野，去看它到底来自何方。这种对自身思维过程和固有看法的"元视角"是其创造性、变革性优势的秘密所在。

- **量子自我是心灵的**。它充满了人生的意义、愿景和价值观。量子自我是一个潜在的量子真空的激发系统，是一个代表着现实基本状态的池塘里的涟漪。量子真空是宇宙的灵魂，是"上帝的意志"，每一个量子自我都是上帝意志中的一个想法。每一个自我都代表着自然或上帝的潜在可能性，代表着演变的宇宙中从 A 点到 B 点无限道路中的一种。我有我的命运，我有必要对我走的路进行提问，并受意义驱使。我命中注定会时常发问"为什么""有何目的""否则会怎样"，并去探索、去创造答案。

这就是一个量子组织必须培养和管理的自我所具有的特点，是存在于组织中的需求和潜能，也是任何最大化地利用人力资源和智力资源的组织的基础架构。事实上，正如我们将看到的，就某种方式而言，量子自我的特质也是量子组织必须要具备的特质。

## 量子组织的八个特点

在第 4 章，我把新科学的八大特质运用于领导模式。我认为在看待量子组织最重要的特征方面，这些特质同样可以给我们所需的基本想法。每一个组织特征也意味着基础架构可以充分挖掘量子自我和量子思维的潜能。基础架构应该能对新的全球性的、社会性的和市场性的潜能做出灵活和创造性的调整，让组织能够在不确定性和迅猛变革中蓬勃发展。让我们简要地回顾一下新科学的八大主要特质，并将它们运用到组织中来。

**1. 新科学具有整体性。**整体影响局部，每一部分都相互关联，并在一定程度上相互定义。在量子物理中，关系有助于创造更多事实，也就是新的现实。事件总是发生在相应环境中。

- **量子组织具有整体性。**现在，绝大多数大型企业处于全球环境下。甚至偏地方性的企业也能意识到当地市场或者当地社会环境的轻微变化会影响整个世界。东京的股市波动几小时内就可以传到伦敦和纽约的股市。南美洲某一国家的饥荒会影响全球范围内的咖啡价格浮动。单个行业的制造过程依赖于环境状况和自然资源。反之，个别行业也能直接持续影响全球环境。即使不考虑政治体系和国民经济状况，一家公司的成败也会取决于其他公司的活动与成败。公司内部几个人的贪污会毁掉数百万人的生计，并且冲击国际制度的稳定性。我们从 2008 年全球金融危机就可以看出这种整体关联。

机械论的观点是，在企业世界中，每一个孤立的组成单元都在冷酷地追逐自身利益，不理会其中的相互关联。就单个公司而言，也不可能把自身划分成一些相互竞争的孤立部门和职能团队。在机械论系统中，每个孤立的部分不协调地勉强拼凑在一起，在各个方向上相互冲撞，导致这个体系变得不灵便、不稳定。因此，冲突和对抗的旧模式必须让位于动态整合的新模式。当个人融入更大的工作整体时，新模式必须保证个人所关心的完整性。

量子组织的基础架构能够激励关系的构建，包括领导者和员工之间的关系、员工与同事之间的关系、各部门和职能团队之间的关系及他们自身结构之间的关系。量子组织既能了解自身企业环境——人、公司、社会和生态环境，也能构建并激励与环境进行沟通对话的基础架构。任何因素都可以被纳入公司中来。

2. 量子复杂系统是不确定的，或者至少是难以预测的。它们处于有序和混乱之间，处于粒子和波的状态之间，也处于现实存在和潜在可能之间。量子的不确定性使得它很灵活，可以向任何方向发展。

- 量子组织必须非常灵活和反应敏捷，处于边缘之上。公司内部和外部环境越来越多地被模糊、复杂性和快速的变化主导着。公司环境在不断发展，因此公司也必须不断发展。不断变迁责任和身份的界限，实验新的生活与工作模式，获得新的信息源和新的技术系统，都需要灵活的反应。机械论模式下固定的功能和个人角色、刚性的管理组织结构，压抑了人潜在的反应力、想象力和组织潜能。

  量子组织的基础架构应该具备波粒二象性。它们应该像可移动的墙和沃尔沃汽车制造团队带有轮子的办公桌那样——需要时可以停在某处休息，但又可移动。量子基础架构不应像用麦卡诺拼插玩具和乐高积木搭成的建筑，而更应该像橡皮泥捏成的，可以有任何形状，也能根据意愿改变形状。量子基础架构能够调和不断变化甚至时而矛盾的个人和团体的需要，时而机械化时而有机化的公司需要，以及互补但偶尔冲突的需要。这些需要既具地方性又具全球性，既有竞争性又有合作性。

3. 新科学是涌现且自组织的。由关系构建的新的涌现整体总是大于各部分的总和。量子混沌系统具有创造性，时时刻刻都在涌现着令人惊叹的新事实和复杂性。新科学通过不断挖掘自身潜力来保障可持续性。

- **量子组织必须是自下而上、自组织和涌现的。**在新的企业思维中存在革新的可能性。我们已经了解了繁重的、自上而下的等级制度和结构管理的局限，它们受理论、传统或者董事会权威的限制。这种结构面对变化时十分僵硬，浪费了量子个体自发的创造性资源。

  量子组织的基础架构必须能促进个人和组织的创造力。组织必须提升内部流动性和个人责任心，并促进信息和思想的自由流动。组织必须具备没有边界的内部空间和没有顾虑的内部关系。各组成部分（不论是个人、团队、职能还是部门）必须能自由地重组。有些决策权必须在一线工作者和一线管理者中重新分配。（就像沃尔沃一位管理者告诉我的那样："在成立小组之前，我们不知道结果会是什么样的。这种工作方式令我们甚至他们自己都感到吃惊，但是非常有效！"）

**4. 新科学是"兼容并包"的，而不是"非此即彼"的。物质由波和粒子组成，同时有波或粒子的可能性。量子系统从 A 到 B 可以有多条路径；适应性进化通过多重突变得以推进。**

- **量子组织将在多元化中成长。**过去推崇的唯一真理、唯一道路、唯一的现实呈现、唯一的最佳方案等"非此即彼"这种绝对清晰的选择现在必须让位于多样选择以适应社会、市场和个人的多重性和多样性。"兼容并包"必须替代"非此即彼"。承认"有多条路径可以从 A 到 B"的正确性，共同决策、共享机会和共担责任必须替代"一人独揽"。正如爱因斯坦所说，有多少观测者，就有多少对宇宙的看法，而每一种看法都会增添一些对宇宙的新认识。

量子组织应该有可以综合不同层次责任、适应各种各样教育、专业和职能背景的基础架构，并且这种基础架构能够有助于权力和决策下放，真正实现"百花齐放"，绝不会为了保证意识形态的纯净而消除异见。多样性靠的不是机械的强制推行，也不是政治正确的任命和指令。多样性栖身于可以营造对话氛围的基础架构之中。

一个量子组织应该同时拥有结构性和非结构性的流动自由，既具备自上而下的指令型组织的特点，又具备自下而上的自组织型企业的自由。

5. 海森堡不确定性原理告诉我们，当我们介入一个量子系统时，我们就改变了这个系统。当我们构建一个实验时，我们已经影响了实验结果。我们提出的问题部分地决定了我们所得到的回答。

- 量子组织应该像爵士音乐的即兴演奏。在交响乐团里，每个演奏者只专注于一种乐器和一部分乐谱，由指挥者来构建整体。由于每个指挥者对音乐的理解不同，所以同一首交响乐会被不同乐团演奏出不同效果，但是整体音乐仍然是各部分音乐的汇总，必要的总谱不会改变。在爵士音乐的即兴演奏中，音乐家通常精通不同的乐器，他们也没有固定的乐章或者指挥。将各部分组织起来的是不断变换的背景主旋律和涌现的整体音乐，但是这种混合总是有令人惊叹的效果。

牛顿式组织创造职位并且出售产品。职位和产品就像乐谱一样限制了生产，规定了基础架构。目标导向型思维若能成功，在实现目标之后就没别的了。指派任务的管理者或顾问们或许能够使任务成功执行，但永远无法知道员工或企业还可以创造出什么其他的可能。而在量子组织创造的基础架构下，可以提出不同的问题，讨论不同的目标，构思不同的产品或功能。每个人的角色将变得更加灵活，员工们可以演奏不同的乐器，尝试不同的乐谱。量子领导者明白自己拥有的是主旋律。他会设定愿景，而让其员工来实现。量子自我的设定就是为了能在边界上成长繁荣。量子组织应该有相应的基础架构来在不确定性中自由游弋。

6. 新科学发现了许多超越当下的、有趣的、有价值的、有创造性的东西，这些发现超越了我们目前的理解，正等着我们去揭秘。被称为"奇异吸引子"的复杂模式正沉睡于混沌之中。量子系统演变方向的目标还未成型。比起现实存在，量子与混沌和潜在可能的关联更大，比起"现在是什么"，它们更与"将会是什么"有关。新科学敢于大胆做梦。这很好玩。

- **量子组织也应该很好玩。**结构固定、结果导向型的公司太严肃、太害怕失败。他们想要衡量和预测成功。但无论是自然还是孩子都不以这种方式学习。自然在进化过程中犯了许多错误。大多数的变异都是一团糟。在所有物种中，曾经存在过的99%的物种现在都不复存在了。非线性系统在突破复杂性之前不得不通过混沌阶段。孩子在玩耍中通过犯错来学

习。他们冒险，甚至不把尝试当作风险。一个年幼的孩子用
砖搭建了一座塔，结果塔倒了，这个孩子很开心地笑了。他
笑不是因为他喜欢破坏，而是因为他在这次"惨剧"中学到
了一些道理。这些道理会在他搭建另一座塔的过程中得到实
践，孩子的大脑也会从中受益。这是儿童成长的过程。当两
次获得诺贝尔奖的科学家莱纳斯·鲍林（Linus Pauling）被
问到为何他有如此多创造性想法时，他回答道："哦，我只
是有许多想法，其中有一些比较好罢了。"

量子组织应该具备支持玩乐和奖励的基础架构，承认冒险的
价值。这种架构用来奖励一周里最大胆的想法或者最有创造
性的错误。它认可浪费时间或打发时间的价值，认可没有目
的的讨论的价值，认可漫长的午餐、盯着空气发呆还有做白
日梦的价值。

**7. 量子物理描述了一个参与式的宇宙。观测者也是被观测事实
的一部分。观测者是促使观测事实发生的因素之一。**

- **量子组织将会是"深绿色"的。** 生态学家意识到，常规生态
学和"深层生态学"是有区别的。常规生态学关心地球的自
然环境。而深层生态学更愿意把地球看作一个整体系统。该
系统中，人类的以意义为中心的维度与非人类的以生命为中
心的维度是共生关系。量子组织的环境应该是深层生态的。
该环境与其内在和外在的人类环境，与社会文化、自然环境
互相融合。机械论者假设人类与其他天地万物、文化、自然
尖锐对立。牛顿式组织利用环境开发人力资源和自然资源。

而量子组织却与其不同。

正如量子自我与自然是互相包含的关系，量子组织在环境中存活的同时也创造环境。它既存在于环境中，又是自身的环境。量子组织要为自己参与创造的环境承担责任，这包括了组织内部人员共同创造的产物、组织所在的社会，也包括了全球社区和全球价值，以及地球的环境。量子组织明白"深绿色"问题的重要性：工作是为了什么？个人是为了组织和经济而存在的吗？还是组织和经济的存在是为了服务个人？商业领导者也会是世界领导者，因为量子领导者明白，他们可以创造自己生活的世界。

**8. 量子场论告诉我们，世界上存在的物质都是量子真空的激发，即这个宇宙有无限多可能性，现实只是其中的一种呈现。量子真空是宇宙本质的图景，真实事物的作用就是给我们提供观赏这幅图景的角度。**

- **量子组织是注重愿景且追求价值的。** 一个牛顿式的传统企业只售卖产品。他们或竭尽全力满足现有的需求，或通过控制需求、控制公众和市场品位，使得人们对他们的产品产生欲望。他们会创造出供给不足的情形，使人们永远不能满足。他们缔造出了现代社会的错觉，使人们认为个人的精神空虚可以用物质来填满。然而最终结果通常是，市场下滑或者不再对这些企业做出反应。当消费者感到无聊厌倦之时，那些想要满足消费者的公司也就失败了。

但量子组织意识到人们是追求意义的，因为梦想，人们会超

越失败和个人极限。生存系统就是进化系统，人们总是不断
超越自我以实现新的可能性。消费者期待新的可能性、新的
梦想和意义。量子组织正致力于提供给消费者这种可能性、
梦想和意义。与那些差劲的广告不同，量子组织是真心实意
而非愤世嫉俗的，因为量子组织的领导者自己就深受愿景和
意义的驱动（他们是服务型的领导者）。这样的领导者所鼓
励的企业基础架构，能够将他自己私人的、以意义为中心的
方面和员工的生活及公众的、以工作为中心、以目标为导向
的方面结合起来。

可口可乐在近一个世纪的时间里售卖的产品几乎一成不变。
麦当劳的汉堡在每一个城市、每一种文化中都是一样的。但
实际上这两个公司售卖的都并非快消品，而是梦想。以前可
口可乐售卖的是 20 世纪 50 年代稳定的美国家庭的梦想，即
所有家庭成员各尽其职并且享受物质富足；现在可口可乐售
卖的是拂过你发梢的风和滴在脸颊上的雨，是一种新鲜的感
官刺激，是一种走在时代前沿的感觉。麦当劳也将美国的生
活方式销往各个国家和各个地区，并且以每种文化独有的方
式进行不同的解读；维珍售卖的是青春和打破传统的理念；
英国电信售卖的是方便的沟通方式；除了卖车，沃尔沃还推
广北欧人民坚韧的品格。

梦想和愿景会随着与文化之间的对话而演变。量子组织会适
应不同的需求和渴望。或者说它们扎根的人类意义和价值层
面是超越文化和时代的。这样的企业不止能以创造性的方式
适应不同的品位和需要，还能参与创造品味和需要。

在本部分的末尾，我将列出一个表格，对比东方与西方的自我和组织。诚然，我喜欢用表格总结事物，这可以帮助我整理思路。所以在表8-1里，我总结了我们讨论过的所有三种模式，包括西方模式、东方模式和量子模式。

表8-1　三种模式

| 西方模式 | 东方模式 | 量子模式 |
| --- | --- | --- |
| 冲突和控制 | 合作 | 对话 |
| 自我（个人） | 自我（个人） | 自我（个人） |
| 完全隔绝，使用普适的原则交流 | 完全植根于环境，没有普适的原则 | 全方位内嵌于环境 |
| 通过消除自我和情感达到稳定，而且只关注关系中可以预测和控制的方面 | 通过强化熟悉度和自律达到稳定 | 在稳定和不稳定之间达到平衡 |
| 界限分明 | 界限模糊 | 界限灵活 |
| 独裁的领导 | 公认的领导 | 领导者依靠信任和对环境的感知领导 |
| 受规则约束 | 受习惯约束 | 无固定的规则或习惯架构 |
| 机械的 | 有机的 | 既可机械，又可有机 |
| **两者共有** | | |
| 依赖稳定 | | |
| 不擅处理意料之外的变化 | 对变化持开放态度 | |
| 着力于抑制或排除意料之外的风险 | 在意料之外成长繁荣 | |

表8-1里列出的很多关于量子组织的特点大家都已经耳熟能详了。其中一些特点已经被商业转型的推动者们讨论了很多年，但很少发生现实转变。我希望，通过在新科学连贯的概念架构中讨论这些特点，帮助转变企业思路。

## 量子思维模式实例

据我所知，目前还没有任何完美的量子组织存在。或许量子组织只是一个我们可以改善现状、努力接近的想法、原型或者理想。但是，有一些知名企业确实有着量子特质，在它们的基础架构和领导模式中体现了一些量子思维模式（有时是无意识的，有时是有计划的）。在整本书中，我参考了玛莎百货公司的例子。但在这里，我想简要讨论一下另外两个例子。

### 沃尔沃的汽车制造团队

我在第 5 章中提及沃尔沃团队。沃尔沃团队的形成其实源于一个应对挑战的实验。

在好几年的时间里，沃尔沃的生产线产出的汽车总是外形相似但内部大不相同。因此，只有少部分的汽车配件是可以通用的。这种状况使得生产成本居高不下，进而削弱了产品的市场吸引力。但是公司意识到，理想的情况应当正好相反：汽车的外观不同，但共用相同的内部配件。他们认为解决之道在于让负责设计不同功能的工程师们在同一个团队中工作。

沃尔沃首先考虑了层级式的、结构高度严密的机械式工作模式：将员工分成不同的小组，每个小组都有明确的任务和清晰的界限，所有小组都接受上级的监督（见图 8 - 1）。但这个模式的前提是，公司已经了解每个小组实现产出所需要的详细需求。

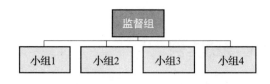

**图 8-1　沃尔沃最初的层级模式**

　　之后，沃尔沃借鉴内外部的经验，阅读了一些量子物理和其他新科学理论，发现一些结构松散甚至没有结构可言的公司运营得非常成功，这一现象被沃尔沃执行官们称为"任天堂制造"。至此，在学习中，沃尔沃公司的管理取得了突破。他们看到了不确定性拥有的学习和进化的价值，看到了说"不知道"和冒险的价值，他们决定设计出可以支持这些理念的基础架构。第一步就是构建一个学习模式（见图 8-2）并在小范围内开始实践。

**图 8-2　沃尔沃新的量子学习模式**

　　在学习模式的基础上，新团队的设计者拿出了被他们私下称为"量子圆圈"的方案。他们构想了 12 个团队模块，每个模块负责一个涵盖不同车型的关键设计，比如底盘、座椅、方向盘等。以往工程师们是为不同车型设计不同的功能，因此他们对各自设计的配件有一定感情，现在他们聚在一个团队里并且设计通用的配件。在 12 个大团队里又形成了较小的团队，不论大小团队的成员都可以自由地从一个"圆圈"移动到另一个"圆圈"。我早先提到过，他们的一些办公桌甚至都有轮子。他们没有专门的监督领导组，只有一个管理团队来保障组与组之间的沟通，并保持一个共同的整体的愿景。整个系统（见图8-3）是动态的、自组织的且卓有成效的。

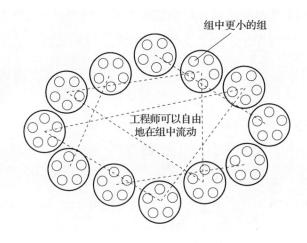

**图8-3 沃尔沃的组中组模型**

## 中国量子案例研究：海尔集团

张瑞敏高中毕业后被分配到工厂，后来成为一名管理者。他说："我曾经见过工厂里的员工有很多创意，但没有人鼓励他们（将创意付诸实践），或者他们因自主思考而受到责备。最终他们不再自主思考，只干别人要求他们做的事。那时我下定决心未来领导的公司一定是能鼓励员工思考和创新的。"如今，张瑞敏是海尔集团的CEO，而海尔是全球极具突破性和启发性的公司之一。张瑞敏在中国有"企业家中的哲学家"的美誉（据说他每周要读两本书）。员工对他的尊敬和喜爱从给他的"CEO大师"这个称谓上就能窥见一二。他无疑是世界上有趣，也是有创新精神的 CEO 典范。

许多曾经读到过本书梗概或听过我量子领导力课程的商务人士，都表示我提出的想法本身让人兴奋，但同时他们也怀疑这些想法是否能应用在大型企业里。许多小型初创企业，尤其是硅谷的初创企业已经开启了类似于我倡导的激进管理思维的变革，这点大家都能达成共识。但随着这些企业变得越来越大，它们就会变异成传统的西方管理架构。在这篇案例研究中，我尝试详尽描述一个已经将这一想法付诸实践的公司，以及它的领导哲学、公司文化、管理架构和巨大成功（尽管其并非十全十美，我稍后会详细阐述）。

成立之初，海尔只是一个市级冰箱厂，而现在它已经在全球范围内开展业务。数以万计的"在线员工"在海尔搭建的平台上开展业务，他们和海尔不是雇佣关系，而是通过海尔众多平台提供服务。如今，海尔是全球大型白色家电制造商之一，占据了全球大型家电第一的市场份额。在 CEO 张瑞敏的带领下，海尔开始进行量子公司的转型，这一转型吸引了众多西方企业管理者、商学院教授和商业期刊的注意，大家都认为海尔的转型具有突破性、创新性。

2015 年 6 月下旬，我受邀访问海尔位于中国青岛的总部。在那里，我和张瑞敏进行了三个小时一对一的交流，访谈了多个新成立的海尔小微公司的领导者，也同战略部门进行了沟通，最后为 300 位海尔管理者做了一次演讲。这次海尔之行是一次非常有意义的学习之旅。

在我和张瑞敏先生会面的一开始，他告诉我："这个世纪是量子管理的世纪。所有之前的管理理论都在 20 世纪被淘汰了、过时了。西方管理理论在我看来更像是在做量化管理，而不是量子管理。"我从和张瑞敏、海尔其他管理层和员工的访谈中看出，海尔以其特有的（管理）哲学和公司结构，已经将我在本书里提到的观点和模式付诸实践。

海尔的公司理念是"每个员工都是自己的 CEO，每个员工都具有成为创业者的潜能"。张瑞敏在交谈中引用了中国道家学派的先哲庄子的精神，阐述道："无论领导者的才能有多大，都不及众人的智慧。"张瑞敏告诉我他最喜欢的书是《道德经》《易经》《孙子兵法》和《论语》。

一个小微业务的负责人告诉我："在海尔没有领导，用户才是真正的领导。"海尔的企业文化也支持所有员工独立思考，支持员工怀着疑问进行实践试验，支持他们完成从员工到创客的转型。海尔把这种培养方式称为创客文化。这是对量子原则里的"参与式世界"的实践——企业里每个观察者都是现实的共同创造者，都对世界负责。

除了质疑和试验的文化，海尔也试图培养一种谦逊和服务的氛围。海尔文化在某种程度上可以表述为"服务型领导文化"，这种文化由五个正向动力驱动，即探索、合群与合作、自我修养、对情境的掌握和服务精神。海尔的服务对象包括：①用户——通过各种形式的交互获取用户需求；②员工——将每个员工转变为创客的抱负；③社区——大量社区店和社区服务的布局，如快递柜；④地球——借由绿色能源项目体现；⑤未来一代人——积极参与希望工程，在中国偏远地区兴建学校。

在实际组织结构方面，海尔摒弃了传统的自上而下、由一层层中层管理者向员工下达命令的金字塔组织结构。取而代之的是海尔自创的一种平台式的组织。高层管理者成为平台主，中层管理者成为独立的创业者，运营各自的小微组织，每一个小微组织都直接面对用户，感知他们的需求、直接向他们提供利基产品。这点符合张瑞敏的信条："永远不要只走一条路。"海尔不会无视用户的需求，无论这些需求看上去有多么不靠谱。在这方面有个很出名的案例，一些农村地区的用户向海尔售后服务人员抱怨，用海尔洗衣机洗土豆的时候，泥土会堵住洗衣机部件导致洗衣机停止工作。海尔的工作人员并没有告诉这些用户洗衣机不该用来洗土豆，负责产品的小微组织将情况反映给了研发设计人员。最终的结果是海尔推出了一款既可以洗蔬菜也可以洗衣服的洗衣机。这个二合一功能关键部件的独立发明人从海尔得到了 25 万元人民币的专利权收益。

在海尔，平台管理者需要在特定的市场领域内包括清洁、厨房等为独立的小微组织提供服务，包括帮助梳理商业发展计划、和研发并联、获取风投等。还有一些平台管理者的服务对象是平台内部的，比如供应链、IT、法务等。每个小微组织由 5 ~ 9 人组成，有自己的 CEO。"为什么这么小？"张瑞敏解释道，"理论上讲，一个 10 人公司的连接度是 10 的平方。如果小微组织里有 100 人，那么连接度将大到无法控制。"每一个小微组织通过各自和用户的联系开展市场研究，开发自己的产品。张瑞敏把这些组织叫作"自组织小微生态圈"，因为，如同量子的自组织系统，"它们各自和外部世界对话"。小微组织自负盈亏，而海尔作为平台可以持有小微股份，并在后期风投进入后受益，同时平台也可以收取服务费用，比如 IT 系统。

在海尔平台上蓬勃发展的小微组织就像"量子伸向未来的触角

(虚拟转变)"。每一个（小微触角）都在无限的用户需求里探索和
挖掘潜能。张瑞敏受海森堡不确定性原理的启发，将这些小微组织
称为"能量球"。"能量球"系统的特点就是根据各自不同的环境显
示出不同的潜能。传统企业将资源大量投入某个产品或产品系，当
需求逐渐消失或趋于平稳，利润增长就会乏力，市场开拓也会越来
越难。而海尔所做的截然不同，依靠小微组织，海尔在不断定义未
来。张瑞敏说："海尔与其他公司最大的不同是它重塑自我的能力。
很多公司的思维模式及运营方式已经固化、难以改变，尤其是他们
的组织结构。在海尔，变化可以来得非常快。"这种不断改变的能力
归功于海尔在不确定的环境中，仍能根据市场需求和科技的快速变
化维持稳定并逐步发展。小微组织在"混沌的边缘"成长和兴盛。

对于探索和实验来说，允许小微组织失败是关键。张瑞敏说：
"一开始，我告诉小微组织里的员工，失败不要紧，这本身就是一个
试错的过程。"如果某个小微组织失败了，小微团队解散，成员回归
人才库，接下来又会重新组建基于新创意的小微组织。

海尔的创新和创客文化不仅仅止步于企业内部。张瑞敏深信
"世界是无边界的"。正因如此，海尔也是没有边界的。新的创意和
必要的服务也可以来自公司外部。就此而言，这是一个"量子整体
论和量子交织"的实践案例。

"海尔是所有想创业的人及可以为海尔产品提供增值和服务的企
业的平台。"海尔副总裁刁云峰如是说。任何人都可以成为海尔员工
或产品设计者。和优步（Uber）及 Airbnb 等西方公司的理念类似，
海尔的运输物流平台为 9 万多个车小微服务。个人以自己所拥有的
货车运输商品按订单赚取收入。这个平台也向其他公司开放，海尔

的竞争对手也可以在平台上实现自己货物的运输配送，海尔平台从"机会叠加"中受益（在有多个物流订单时，平台上的数据算法可以计算出最经济高效的线路）。如同洗蔬菜的洗衣机的案例，任何人都可以向海尔平台提供商业创意或发明。在这方面，海尔和其他公司开展合作，有时甚至和竞争对手合作。

"无边界意味着开放之前许多封闭的、不可触碰的领域。"张瑞敏解释道，"比如，过去处理新专利的方法是，新技术和新产品在上市前严格保密。如今我们让用户甚至是竞争对手参与到研发过程中。例如，在海尔研发无尾家电时，我们便邀请了许多业内竞争对手参与。"

在海尔从传统企业文化向创客文化的转型中，张瑞敏也从一个过去身处权力金字塔顶端的 CEO 转型为员工的服务者，他这样总结海尔量子转型的内在逻辑：

> 从执行者到创业团队带头人的转变需要什么？他们（创客）想要什么？他们需要何种自由来实现目标？为了能解决这些问题，我们把三权下放，即决策权、人事权和分配权。我认为公司不管多大，管理最终都可以归结到这三权。放弃这三权后，管理者手中还有什么？只剩下服务的权力。

## 未来的海尔

在张瑞敏的带领下，海尔通过组织结构变革成为量子公司，这期间付出了巨大努力。在以下方面，海尔系统符合量子系统动力的基本准则：

- 海尔系统被设计成能在不确定性、快速变化和不可预计的形势中蓬勃发展。

- 系统里包含很多自组织、非层级的网络。

- 权力来源于许多互相作用的中心,也来自于外围。

- 系统对不同意见和不同做事方法给予肯定和支持。

- 系统的结构灵活,采用非干涉式监管。

- 整个系统具有自下而上的试验性。

新企业组织具有的这些量子特点,却也可能让企业陷入文化碎片的危险中。有人认为平台化结构会导致效率低下,会让海尔在市场上举步维艰。但我坚信成功的结构转型必须有与之相符的文化转型。现阶段的海尔具备量子的组织结构,但同时在走出牛顿式文化方面还可以有更大作为。

量子管理强调合作多于竞争。在海尔新的组织结构下,小微更关注自身的成功,而不是海尔作为整体的成功。在未来小微主不断丰富完善商业计划的过程中,平台主以及同一个市场领域内的其他小微主会一起协助完善商业计划。当计划足够完善并且可以获取启动资金支持时,小微主招募的团队则肩负起成败重任。其他小微的运营情况对该小微的收入和声誉没有任何影响。这种结构会破坏集体创造性,也不利于创意之间的互相促进。量子思维教导我们整体大于部分的叠加。300 个独立小微独立运营,如果没有一个足够强大的整体意识,企业将面临成为部分叠加的危险。

量子系统是众多可能性的叠加,从 A 到 B 有诸多实现路径。更重要的是,所有这些可能都是互相交织的。它们彼此互动、对话,进而产生创造性的演化。海尔的小微并没有"交织"。在鼓励平台层面的对话或是独立小微之间的对话方面,海尔可以怎样做呢?尽管张瑞敏会定期和 20 ~ 30 个小微团队负责人进行交流,但在鼓励建立小微之间的对话小组,或是增加来自不同小微的成员们的见面机会和分享创意方面,海尔还可以有更多作为。促进交流本身也是一项有价值的服务。

美国硅谷多年来一直流行一个词叫"饮水机文化"。这个词受 IBM 多年前的一项研究启发:当时该研究想探究公司工程师在办公时间都在干什么,以及他们的哪些习惯最高效。为了完成研究任务,IBM 雇用了一个时间运动专家,陪同时间运动专家一起的还有一位人类学家。人类学家注意到工程师在公司饮水机旁小憩时会交换观点,共享彼此认为有用的信息片段。这样一个休息时间实际是对时间的高效运用,也提升了创造力。如今,硅谷的许多公司正在通过"黑客日"来破除细分组织之间的隔断,让大家在一段密集时间内(通常都需要叫外卖、熬夜等)一起解决某一个问题。在中国,可能没有和"饮水机文化"类似的公司文化,需要熬夜的密集化解决问题的方法也可能更适合软件编程而不是家电产品的开发,但海尔可以在鼓励不同经济实体成员之间的职场社交和沟通方面做得更多。

海尔新的"创客文化"鼓励每一个员工都成为创客和领导者,也存在着一种创造自私文化的危险——每个人都在追名逐利。"大家充满个人的自我意识。人们做了很多事,但都是为了自己。"有的小微主曾如此抱怨。"每个人都想为自己创造最好的"。海尔有着很强的服务用户的文化,但很少有服务员工彼此或服务公司的文化,即没有为整体奉献的文化,或者为了整体更好地服务他人而牺牲小我的文化。

自私自利是一种负向的驱动力。负向驱动力总会带来坏事。在海尔，还有一个值得担忧的事情是如何进一步提升创造力。曾经有一个副总裁告诉我，现在最大的问题是当我们有了一个好的创意后，如何再继续产生更多的创意。创意间的交互或许是这个问题的答案，但这需要公司内部的对话机制，并且（团队）需要由更高层次的愿景和价值观驱使。目前在海尔还没有这样的一种驱动力存在，而且海尔本身可能也并不迫切渴望获得这一点。在海尔，的确存在一种个人创造力的文化，但没有一种共同创造的共享愿景或服务于大众和未来一代的服务道德观。

张瑞敏本人因其突出的个人视野和价值观成了一个卓越的人。服务他人和更广大群体是他追求的目标。他是一个将理想付诸实践的管理者。如今，他本人也因为成就了公司的文化统一认同感而深受爱戴。只是，年过 70 的张瑞敏不会永远带领海尔前进。即使没有了充满个人魅力的 CEO，只要有公司内部共创的对话机制、超越追逐个人利益的集体认同感、与个人创造力相匹配的服务热忱，海尔也能维持现在的成功。如今，海尔正在转变为一个量子公司，但还有许多工作需要完成。

第三部分

QSD：量子领导力体系和

战略实践

第 9 章
# 构建你的量子系统

　　我一开始就讲到，这本书的中心假设是：很多组织系统已经被破坏，或者正面临着未知的挑战。我认为，组织所面对的所有问题和挑战都是思想方面的。如果组织领导者能转变思维，就能改变自己并修复组织。

　　组织是由人所构成的系统，这些人不仅有思想，还有目的、动机、价值观和个人偏见。以上种种都会影响到我们思维的本质和内容。和人类一样，公司系统或组织系统也有自己的"大脑"。公司正是通过自己的"大脑"来进行内部管理，并决定如何与外界环境中的信息、需求和机会实现互动。一直以来，我的任务就是帮助领导者重构他们自身及重构他们所在组织的"大脑"中的连接。我和同事克里斯·雷将我们倾注了心血的这一整套研究命名为：量子系统动力学和量子战略动力学。这个名字源于我们的理念：人类的组织系统和思维过程反映了量子力学中的系统和过程。

　　量子系统动力学详细研究人类系统起作用的要素和人类系统特殊的本质，该学说旨在找到能使系统最大限度地高效、持续运作的干预策略。而量子战略动力学认为大脑是一个思维过程系统，旨在寻找组织中领导者或组织团队重新建立条件和问题的框架，找到最有效的干预点，从而有效制定决策。

单从简单科学层面来讲，人类的确是生物系统或生命系统。但是，今天的科学认为生命系统是非常特殊的系统，因其独一无二的特质而区别于大部分非生命系统。要想最好地理解如何使用人类系统，我们得去看一看描述生命系统的最新科学进展。这就让我们走进了复杂性理论和其描述的复杂适应系统。

在 20 世纪 60 年代，科学不再痴迷于简单，而是转向复杂。牛顿式科学理论对系统的解释非常简单，其系统是线性的、可预知的、可控制的和孤立的，它由独立的运作部分构成，可以拆解开来进行分析。整体就是部分之和。牛顿式系统模型直至今日在很多情况下依旧被应用于市场或企业组织等人类系统中。目前，大部分公司甚至尚未意识到它们还在使用单一的牛顿式商业模式，这种模式经常带来灾难性的后果。

除了牛顿式简单系统，人们也开始了解另外两种经典系统："复杂系统"和"简单的自适应系统"。同简单系统不同，复杂系统有很多相互关联的组成部分，为了深入理解，我们得弄清这些相互作用——就如同弄清汽车的部件和部件之间相互作用是如何产生动力的。这种机械复杂系统是非自适应的——它不能学习，也不能进化。系统的单个组成部分也不会通过互相之间或与外部环境间的互动而变化。遗憾的是，企业中大部分"系统思考"都是以这种非自适应系统为模型的。这就是我们通常的系统思维不能带来深层变革的原因。

和简单的机械系统或机械复杂系统相比，以孤立状态存在且组成部分极少的简单自适应系统却能够适应或演化。达尔文基因突变模型系统地描述了单基因有时会随机突变。基因所在的环境一开始不会受到影响，但基因自身和整个机体都发生了改变。

大约 40 年前，随着复杂性科学的兴起，人们明显发现，生命系统可能遵循着一种十分不同的进化模式。通过更深入地密切观察生命在环境中的运作方式，复杂性生物学家进一步发现了一种名为"复杂自适应系统"的新系统。这种系统有着互相作用的组成部分，可以持续与环境进行创新性交流。它处在混沌的边缘。当环境出现危机，整个宏大系统（机体和环境）和其内部成分会"共同进化"。

复杂自适应系统是非线性、不可预测的，尝试控制该系统的行为是毁灭性的，并且该系统不能被拆分成更简单的独立部分。处在混沌边缘的生命系统必须被视作一个整体，而且整体大于部分之和。相比之下，牛顿式简单系统是按照蓝本设计好了的，或者说遵循牛顿三大运动定律，而复杂自适应系统形成于自组织之中。牛顿式系统在任何情况下保持不变，不会受制于内部变化；而随着不断适应环境并进化，对环境内部非常敏感的复杂自适应系统能够创造性地探索未来。牛顿式简单系统是稳定的，而复杂自适应系统可能极不稳定，这种不稳定性使之得以在混沌边缘成长发展。

混沌的边缘本身就代表着一种全新的第三宇宙秩序。任何系统在不被打乱的条件下，都会进入到少数稳定的可能状态中，这就是稳态。任何领域中，这种稳态都叫作吸引子（我们的研究动机就是意义领域中的吸引子）。如果受到太多挑战或干扰，系统会脱离到混沌之中，不再有可识别或可预测的秩序。但是，当遭遇危机时，复杂自适应系统会被吸引到混沌的边缘，介于有序与无序之间。系统元素的有序性刚好可以保持在半稳定状态下，但这种状态很容易就会被哪怕是最小的干扰打乱。一旦被打乱，系统会四处寻找可驻足的吸引子，在搜寻过程中创造出新的秩序与信息。系统寻找新状态的转型原理，和我们将动机从旧吸引子转移到新吸引子的原理相同。

无论是最小的阿米巴虫还是我们自己或我们的组织和文化，所有有生命的东西都有能力成为这种系统。我们是平衡在混沌边缘的复杂自适应系统，对人而言，我们的免疫系统在混沌的边缘寻得平衡，心跳和大多数大脑活动也是如此，我们创新思考时的自然精神活动当然更是如此。灵商是一种在混沌边缘处达到平衡的复杂适应智力，所以它能够创建或打破现有范式，消除思维或行为的固定模式。当我们的大脑和环境进行创造性对话、自组织意义模式随之生成时，灵商会建立自己的自组织意义模式。大脑的许多复杂自适应互动系统和意义领域相互作用。

复杂自适应系统有十个特征，赋予其世间独有的创新运作模式。因为这些特征会引起系统的创新性进化，我们可将之视为系统内部的变革原理。思维——即意识及其结构化内容——本身就是大脑遇到意义域时产生的复杂自适应系统。因此，这些转化原理也同样适用于意识内的变革（学习、演化）。我认为，这些转化原理给予了灵商建立范式和打破范式的能力，还使任何旨在改变人类行为和动机的尝试得以实现。这十个特征是：

1）**自组织**。系统的内部沉睡着一种深层次秩序，但这个秩序是一种潜在可能，当系统的自组织和环境对话时，该秩序可以接纳系统选择采用的任何形式。

2）**有限的不稳定性**。系统仅存在于混沌的边缘，恰好落在有序与混沌之间的不稳定区域里。我们将之描述为"远离平衡"。如果该系统完全不稳定，它会瓦解并陷入混沌；如果完全有序，就会变得死板且不能自适应。

3）**涌现性**。系统比其部分相加之和更"大"。整体有着单个部分所不具有的性能与素质，只有在系统适应环境并随之进化时，整体才会具有涌现性。

4）**整体性**。系统没有内边界，也没有可辨识的独立部分。每个"部分"和所有其他部分相互纠缠、相互影响。部分是通过互相之间和与环境之间的关系来进行内部定义的。

5）**自适应**。系统不仅会一边运作一边学习，还会在探索自身未来时重新创造自身。这种对环境内部敏感的适应性总是包含在与环境相互自我创造的对话中。

6）**进化突变**。突变在系统未来最终涌现的结构中发挥着创造性作用。

7）**可被外部控制破坏**。系统脆弱地维持内部的秩序和平衡，当外界试图施加控制时，系统就会被破坏。系统的自组织会崩塌，然后系统会恢复成简单或复杂的牛顿式系统。

8）**探索性**。该系统不断探索其可能的发展未来，并在探索中创建自身。

9）**重构环境**。系统会在重构其环境的边界与质量时重新组织其内在发展。

10）**在混沌中保持秩序**。系统会从混沌中创造秩序，产生"负熵"。它会给无形或无结构领域带来新形式；还会创造新秩序，继而创造新信息。

在大脑进行量子思考时，我们的思维过程担任了复杂自适应系统的角色。因此，早在我的上一本书《心灵资本》中，我根据人体复杂自适应系统的转化特质，推导出了灵商（引发量子思维）的转换原则。发展这些原理是 QSD 实践中的关键要素之一，我们会在第 11 章对以上原则进行深入探讨。如果个体在其创建的组织中践行这些原则，这个组织就会变成一个复杂自适应系统，即一个"充满活力的量子系统"。

正如整体性告诉我们的那样，复杂自适应系统中的所有事物都与其他所有事物相互联系，所有元素（单个成员）都与其他元素（个体）相互纠缠并由它们之间的关系定义。由于个体性质会受到个体行为动机的影响，QSD 的另一关键要素就是探究我们的行为动机和变革动机的方法。我会在第 10 章介绍一种动机等级体系并详细论述人体内部起作用的 16 种积极和消极情绪。接下来的第 12 和 13 章描述了个体和团队成为量子组织系统内运作成分的实践——通过对话、冥想和反思实践及一种新的决策方法论。如果你愿意，你可以将以上五章讨论的内容和想法作为向量子组织转型的"工具"。

## 第 10 章

# 动机，只有动机
# 才能驱动人类进化

在做任何意识或者文化观念上的改变时，我们首先需要知道如果维持现状可能带来的危害，即改变的动机是什么。为什么我们会处于进退两难的境地之中？我们将从哪里改起呢？在这之后我们需要对未来进行构想。我们努力做出的改变是什么？未来的改变有什么吸引人的特点？改变的动机是什么？了解动机，了解如何转换动机，对于当今企业文化解决其面临的巨大危机而言是至关重要的。

我认为，主要有四种动机驱动着当今的资本主义及其商业，并形成了数百万人的工作文化。这些动机包括自大（好胜/自我）、愤怒、贪婪和恐惧。这种文化具有高度的竞争性，通常是"残酷无情、自私自利"的，并且只有好胜心强的人才能满载而归。缺失公允、缺乏公平和表达，使人们感到怒火中烧，怨恨他们只是一个大型游戏中的无名小卒。不言而喻，贪婪，是驱使当今商界最基本的动机。恐惧，则包括对出错的恐惧、对于训斥的恐惧和对辞退的恐惧。这些都是沉重的心理包袱，伴随而生的态度、行为和驱使情感的力量都需要彻底的转变。

这些负面的动机，与亚伯拉罕·马斯洛所说的"匮乏性需求"

有关，这种需求在低等动物中也存在，但它并不能自动地将我们推向"完整人"，永远不会引导我们走向更高的量子组织阶段。

我们不难见到，商业中狭隘的价值观和动机早就制造了很多负面影响，包括耗尽资源、忽视被殃及的子孙后代、没有忧患意识从而导致的巨大压力。这些后果导致了文化中的领导力危机，随着"出类拔萃"的精英们流向更加理想的岗位，商业国度饱受自私自利和腐败思想的侵扰，从而滋生出人与人之间的猜疑和恐怖状态。如果企业文化被自私自利和贪欲所驱使，没有道德原则的束缚，那么企业文化会拉低社会的道德标准，同时使企业员工对未来失去信心。

与此同时，更高层次的动机使我们更加幸福，更加免受压力的侵扰。正是马斯洛首先提出，对于那些有栖身之所、基本生活得到满足的人来说，他们追寻自尊和自我实现，这都是积极的动机。然而，相比那些更低层次的追求，比如自卫、自大或对金钱的贪婪这些消极的动机，出于积极行为的动机承载着更多的意义和满足。更高层次的动机所驱动的严于律己和自助自强等行为，造就了强大的内心。

我们可以预见由高层次动机所激发的企业文化可能带来的积极影响。这样的企业文化可以管理并更新企业的关键资源，这些资源还包括未来的股东。更宽阔的视野和深层次的企业文化能够激励员工，让大家感受到实现自我的成就感和建立于其上的领导力，而不是像当下肩负着巨大的压力。腐朽的自私自利思想也会消失，取而代之的是大无畏的奉献精神和深切的同理心（积极的同理同情），这将会化解社会的不公平，扑灭恐怖主义和动荡的愤怒之火。基于这种企业文化的价值观，能够提升政客们的眼界及道德标准，同时，带来更多的福祉和积极意义。

我即将明确提出，商业社区中的关键实体需要更高层次的动机来确保探索精神、合作精神、专业精神、创造力和更高的服务能力。然而，要了解这些动机隐含的信息，就要把它们放在环境中，了解如何激活这些动机，我们需要一张涵盖人类所有动机的图谱，指导人们如何从低层次动机向高层次动机转换。

关于人们行事动机的研究和人类拥有反思互动行为能力的历史一样久远。问"为什么"，是人类智慧与生俱来的一项本事（智商、情商、灵商都一样），而且，当我们尝试去解释自己或他人的行为时，我们就是在讨论动机。《圣经》中的该隐，正是因为羡慕和嫉妒而受到了刺激，杀死了亚伯。包含贪婪、傲慢、饕餮等的"七宗罪"，实际上是驱动我们行为的七种消极动机。《圣经》中的"十诫"是早期人们想要改变这种消极动机所做出的尝试。奥地利精神病医师弗洛伊德悲观地认为，人类所有的行为都是受两种与生俱来的动机所驱动，那就是性欲和攻击性。其他医疗专家们自此努力与弗洛伊德的理论抗衡，强调爱、无私和奉献等动机。

亚伯拉罕·马斯洛的需求层次理论是总结和归纳人类动机的第一次尝试，从最基础到最高级。自其理论发表之后，马斯洛的需求层次就在商业领域被广泛运用。在需求层次理论中，生存需求被列为最基础的动机，接下来是安全的需求，再接着是情感和归属的需求。马斯洛称之为"匮乏性需求"。他认为，那些"更高层级的需求"是自我实现需求和巅峰体验。理论发表之后，马斯洛的需求层次理论激励了许多人去尝试进一步研究发展动机的理论。诸如 R. B. 卡特尔（R. B. Cattell）、伊恩·马歇尔（Ian Marshall）、戴维·霍金斯（David Hawkins）和丹尼尔·戈尔曼（Daniel Goleman）等心理学家、医学家和科学家发表了更为详尽的动机类别表和各种各样的需求层次理论。这些理论的研究途径其实都是互相关联的。虽然该领域的研究成果很多，但是，对于行为动机的类别或者行为动机重要性的孰轻孰重，并没有一项心理学界所广泛认可的理论。

我之所以决定在本书中使用马歇尔的需求层次理论，是因为在马歇尔与我的共同努力下，这个理论已经得到了发展。我们共同研究心灵智商，因为这项研究对于我们后来探究动机如何转变至关重要。马歇尔的需求层次理论与卡特尔的理论有着紧密的联系，并且它是基于卡特尔的理论而建立起来的。该需求层次理论系统性地提出了一个新的方法来分析研究当下的文化及个人所处的动机基础和情感基础，继而给出建议，分析如何改变当下的情况从而建立一个理想的未来。我们将会看到，我们通过情感智力做出诊断，通过心灵智力实现精神的转变。

## 动机的层次

伊恩·马歇尔过去是一名执业精神病医生和心理医师，也曾经热衷于研究荣格学说。他的动机层次理论源自 40 多年对病人行为和反应的临床观察。正如我们所见，下面的图 10 – 1 借鉴了马斯洛的需求金字塔，并且进一步将马斯洛原本的需求丰富到了 16 种，其中积极需求与消极需求各占一半。这些需求按 – 8 到 +8 的顺序排列，并且拥有正负数互相映射的特殊性质。因此，+3 代表的内在力量正直和 –3 代表的贪婪相互映射，并搭配成一对；+1 代表的探索和

–1代表的自大互相映射，搭配成一对，等等。

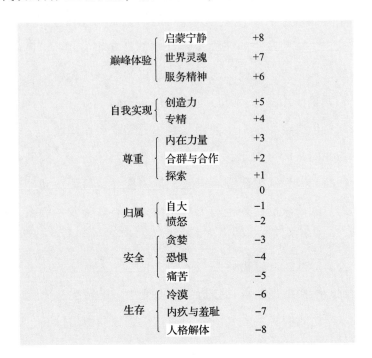

**图 10 –1　动机的层次**

　　正如数字所表达的，拥有 + 3 的动机比 – 1 的要好，同时 – 1 的动机又比 – 4 的要好。随着我们进入到更高的阶段，我们的个人效能会得到提升，行为举止会得到改善，得到比以前更积极的结果。企业中的领导者如果受 – 4 代表的恐惧所驱使，比起受 – 1 代表的自大的人而言，将采取更加强烈的反应、更具防御性的策略。恐惧会使人们做决策时规避风险或者甚至极度绝望；而自大的人可能会变得自负或者做事马虎。

　　事实上，当我们沿着这个层次上升或者下降时，不仅我们的策略会转变，深层次的认知过程也会发生改变。很显然，动机驱使行为，也驱使我们的思维。每种动机都是一个完整的范例，其中包括假设、价值、抱负、策略、关系、情感与行为。哲学家路德维希·维特根斯坦（Ludwig Wittgenstein）说范式就是一把锤子，"如果我只有锤子，那我眼中都是钉子""如果我只有恐惧，那么周遭一切看起来都像是威胁"。

对我们的思维模式来说，动机的角色就如一个"吸引子"，就像弹球机上的洞眼吸引着我们发射的弹球。一个被 –2 愤怒驱动的人，与一个被 +2 合群与合作驱动的人有截然不同的决策过程。怒火中烧的人往往被自责和报复心先入为主，继而寻求实现这一目的的策略。他觉得与敌人不共戴天。而倾向于合作的人看问题时会平衡地分析、寻求共识。他们将对方看作可能的合作伙伴，随之而来的则是恰当的策略。

因此，动机的变化代表着观念和行为的变化。组织（企业、政府或者教育系统）不同的动机使得它们的愿景、目标与战略截然不同。如果增长或转变过程不解决动机问题，就不可能改变行为（习惯）、态度或者情感。唯一一种稳定地改变行为的方式便是转变其动机。动机是原因，行为是结果。如果我们希望由自我消耗型资本主义转变为可持续型资本主义，我们必须致力于改变企业当前的动机，即从由恐惧（–4）、贪婪（–3）、愤怒（–2）和自大（–1）转变为探索（+1）、合群与合作（+2）、内在力量（+3）、专精（+4）、创造力（+5）和服务精神（+6）。这是我在谈论创造量子组织中心灵资本时想象的范式转化。

## 使用动机量表的七个步骤

1. 观察我们现在处于什么位置。当前我们作为个人或者作为一种文化的动机是什么？

2. 动机如何影响我们的行为和策略？

3. 我们得到的结果是什么？

4. 评估我们希望变成什么样。

5. 达到我们的目标所需要的动机有哪些？

6. 致力于转变动机。

7. 实现行为与策略的转变以及最终想得到的结果。

第一步和第二步需要情感智力的诊断技巧；第四步和第五步需要灵商。第三步需要两者的结合。

## 积极和消极的映射

另一种充分运用动机量表的方式是通过其积极和消极的映射来诊断情绪。这种反映（比如 +4 和 -4）允许我们权衡不同动机相对的重要性。我们通过简单的数学计算，就可以判断个人或者文化的动机是否包含其他动机，是否会被其他积极或消极的动机吞噬。

两个充满怒气的人永远不可能很好地相处。他们只会发生冲突并把事情弄得更糟。他们只会相互消减。然而，当一个人有愤怒（-2），另一个人有内在力量（+3）时，愤怒者的情绪可以被安抚。同样，愤怒者可以被恐惧者（-4）拖下水，痛苦者（-5）也可能将恐惧者（-4）拖下水。这一简单的数学计算奠定了新型动机动力学的基础。我稍后将详细谈论这一点。

这种计算允许我们诊断自己在表中的相对位置，并且帮助我们决定自己对其他人或其他情况是否会有帮助，或者判断我们是否会受到其他人的不良影响而抽身离开。因此，我们在面对不同情况时，可以运用不同的战略。

在积极和消极映射的帮助下，我们可以识别荣格提出的给定动机背后的"影子"特征。这些特征是我们选择舍弃或者投射给他人的，因为我们无法忍受。这些影子是个性中的"阴暗面""潜在面"。因此，愤怒（-2）是合群与合作（+2）的影子，人格解体（-8）是启蒙宁静（+8）的影子。荣格相信，一个人或者一种文化的影子带来的潜意识中的动力，极大地影响了人们的实际行为。我们的影子一直"阴魂不散"，甚至带来我们不想看到的结果。图 10-1 中所有的消极动机都是影子动机。它们最后都会导致人们采取自我消亡的策略。从图 10-1 中，我们看到四种消极动机塑造了当今的资本主义和商业道德，而这也意味着资本主义被自己的影子所束缚。资本主义的消极动机至少激发了一个敌人——恐怖分子，也受到相同的消极动机影响，即恐惧、贪婪、愤怒和自大。

## 在量表中找到自己的位置

丹尼尔·戈尔曼将自我意识（认识到自己的情绪）描绘成情商的关键。他说，如果我们想在情绪上有竞争力，自我意识是第一要义。因此，我们必须在动机图上找到自己的位置。然而，"说"比

"做"容易。因为一个动机支撑着整个范式，即我们的想法、感知和设想。对大多数人来说，在表上精确地给自己定位十分困难，甚至是不可能的，尤其当他们处在消极情绪影响下时。自我意识是第一要义，但同时也是最难实现的。

我们大多数人的生活中都有谎言，或者至少是幻想，这些幻想很多是关于我们自己或者我们的群体。以一家全球保险公司为例。这家公司称，他们的价值观可以总结成"四个T"，即真诚（truth）、诚信（trust）、透明（transparency）与团队合作（teamwork）。员工都对这些价值观感觉良好。在图 10-1 中，他们会将公司摆在较高的位置，大概在 +1 到 +4 之间。接着，一天早上，一位高级行政人员走进办公室，把一箱子的女士服装扔在地上，这些全是他妻子的衣服。他指着总裁办公室大喊："他一直跟我老婆搞在一起。"这家公司的总裁一直和这个男人的妻子有私情。为了和她有更多的时间相处，尽管她的能力不足，总裁还是把她提到了私人助理的位置，以便他们可以时常一起到国外出差。现在员工们感觉遭到了背叛，再也不愿相信公司推崇的价值观了。总裁的行为违背了四大价值观，大多数人也会认为公司的文化是由 -4 到 -1 之间的动机塑造的。

研究范式的人们说，只要范式依然存在，我们就不可能跳出它。只有在范式被击碎且其假设被发现是错误的时候——就像"四个T"那个例子一样——人们才会开始寻找一个新的范式。类似上述的创伤性事件将我们踢出了自己的幻想。背叛、可怕的危机或者失败，以及一次意义重大的损失可以增强我们的自我意识。除此之外，我们还可以从那些动机定位高于 0 的人身上学习，反思自己的行为。尽管如此，很多情绪处在负值的人可能不屑于更高的动机。

正如丹尼尔·戈尔曼指出，在对情商的判断中，一个十分重要的部分是正确地理解他人的情绪并做出恰当的回应。但是如果我们不知道行为背后的真实动机，我们则无法正确地理解他人的行为或者情绪。如果我们错误地理解这些动机，那么我们所采取的策略也将会是错误的。

青少年与父母之间的关系是动机被误读的常见案例。不少父母，确切来讲可能是大多数父母，都会用 + 4 或者 + 5 的动机来教育孩子，也就是"专精"或"创造力"（所谓"创造力"就是出于一种对更高事业的追求而爱上创新）。这些父母们希望孩子们可以做到最好，他们关注孩子的发展，为此挑剔而啰唆。而孩子们呢，他们在十几岁时会展现出追求独立的天性，并且为 – 4 或 – 1 的动机所驱使，即"恐惧"（或者说是被迫）以及"自大"。孩子们往往会受一些自身动机影响而误解父母。这些动机包括 – 1 的"自大"、– 2 的"愤怒"或者 – 4 的"恐惧"（被赶走）。以上情况会驱使孩子们欺骗父母或者与父母发生冲突，也通常逼迫父母们采取防守性的策略。

面对不同动机，人们会采取不同的态度，因此人们的肌肉紧张度也会有所差异（即运动机能学）。正是在评估肌肉紧张度的基础上，《权力与力量》（*Power vs Force*）一书作者大卫·霍金斯（David Hawkins）也建立了他个人的动机等级制度。从他的数据来看，我们之中 85% 的人都被表格上负分值的动机所驱动。在剩下 15% 正分值的动机中像"创新"这种得分超过 5 分的动机只占 4%。大多数（大概 60%）都在 – 4 分到 – 1 分之间，比如"恐惧"就是 – 4 分而"自大"则是 – 1 分。无论在政界还是商界，我们只要看看公众人物的表现就可以发现这一令人担心的事实。就更积极的方面来说，霍金斯发现，虽然只有很少的人会受高分值动机的影响，但相对于其较小的群体规模来说，他们拥有一种不成比例的强大力量，他们能够带动剩下的人去追求、至少是渴望去追求更高层次的动机。思想史学家们认为，在人类有记载的四万年历史当中，所有的进步都是由精英实现的，他们不过占全人类的 2% 而已。

在我看来，如果一个人或者一种文化是由负分值的动机所驱动，是不能真正准确地认识自己（或他人／其他文化）的。因为消极的行为模式会曲解所有外来的信息并给自己制造盲点。我们至少需要与那些保有 +1 分动机（"探索"）或 +2 分动机（"合群与合作"）的人们交流或者听他们倾诉，方能增强自我意识。

即使只是为了让我们自身存有动力，我们也得去和他人合作，或需要对话，或需要讨论。与彼此之间没有利益关系的朋友聊天有助于我们对自己的行为进行评价。当然，和治疗专家、专业顾问、教练或牧师、专题研究人员这些专业人士交流自然是有裨益的；而来自同事、同侪的全方位评估也会十分有效。

除了小组合作以外，还有一种有效的方法可以帮助个人提升自我意识。那就是冥想，可以做到这一点的人会发现它挺有效的。冥想要求超越周遭的嘈杂和干扰，从而达到更高层次的自我意识，关注到事件内部的结构脉络。在冥想中，我能够超越愤怒，意识到我正处于生气的状态之中，随后进行反思或者深入思考生气背后的原因。同时，我们每个人也会有不少自己很难感受到的潜在人格。这些潜在人格中存在着相互分裂的动机，这些动机或许对我们有所助力，也有可能阻碍我们。"我"可能会生气，但"我"也发现有一股不易察觉的力量使我产生了深深的同情与怜悯。通过冥想，我们可以感受到这些潜在人格的存在，并且更好地将潜在人格和其所蕴含的动机结合起来。

各类动机存在于自我意识当中，而冥想超越各种层次的自我意识的存在，冥想将我们的思维与更深层次的价值观联系起来，各类动机则以此类价值观为基础。我们在后续章节会看到，以上情况会帮助我们从运用情商判断问题变为运用灵商来转化问题。换言之，我们将会从认识动机转到改变动机。本书第13章将进一步深挖冥想的力量。

## 如何转换动机

当我们发现自己正受产生负面效果的动机所驱使时；或发现其他人或者其他文化展现出较高层次的动机时，我们为之鼓舞，我们自然会想知道如何转化自己的动机。如果我想从 -4 分的动机"恐惧"升级到至少是 -2 分的动机"愤怒"，这样多少可以给我的现状带来一些改观，那么我该怎么做呢？如果我还想更进一步，得做些什么才能从 -2 分的动机"愤怒"，升级到 +2 分的动机"合群与合作"呢？再或者，我要怎么做才能不会从 +1 分的"探索"被拖到 -4 分的"恐惧"呢？简言之，动机之间如何动态变化？这种变化又是怎样发生的呢？

就动机量表来说，有两种情况会导致个人或者文化中的动机发生变化。第一种是因外力而改变，这更多的是一种暂时性或从属性的变化。这种变化是受他人或环境影响而产生的。举例来说，我可能处在"恐惧"的状态中，这是 -4 分的；然而，我周围的人都是受"专精"这种 +4 分的动机影响的,那么过一段时间我可能就会变得更加自信。在这样一个人群中,我们也许可以应对以上问题。然而这样的话,我并不能够挖掘带给我恐惧的深层原因,如果这个受"专精"影响的群体不再支持我,我可能又会回到"恐惧"之中。

当人们脱离给他们施加影响的群体后,他们就会回到原来的样子。

第二种情况是动机受内因影响而产生的转变,这种变化更为深入也更加持久。我们检查了自己的原始动机,理解了作为动机基础的那些目的与价值观,并改变了这些价值观本身。因此,动机也随之改变。随着动机的变化,我们的行为模式也改变了。我们讨论 QSD 方法论的重要目的之一便是帮助人们促成这种内因式变化。

我们现在还不能讨论内部的、范式转化的动机变化。在这之前,我们还要讨论一下 12 条关于灵商的转换原则。我在下一章会对其进行讨论。现在,我们可以看看环境或者情商如何影响我们动机的变化。这种外部影响可以通过四条基本原则表述明白。

**原则 1**:负面的人(或文化)无法帮助同属于负面量表的人。两个动机为 −2 的"愤怒"的人只会彼此激怒,让对方更恼火;两个动机为 −1 的"自大"的人只会陷入权力斗争。同样的道理,如果想用负面动机促使现状发生良性的改变,其结果只会带来更多的负面动机。

**原则 2**:动机为 −3 的"贪婪"的人遇到 +3 的"内在力量"的人,只会互相抵消。当正负强度相同时,两者都无法改变对方的动机。要提高他人在量表上的位置,必须具备更明显的差异优势。

举例来说，一个人要达到 +4 的"专精"，才有办法提升动机为 -3 的"贪婪"或者 -2 的"愤怒"的人。这项原则往往也是对话组或顾问指导的理论基础；对话组引导者或导师比小组中的其他人拥有更高层次的动机，只有这样才能带来正面影响。

原则 3：拥有 +4"专精"动机的人可以提升一个有 -3"贪婪"动机的人，但一个只有 +2"合群与合作"动机的人却会受到有 -3"贪婪"动机的人的负面影响。一个处在量表高处的文化或团体，可以影响处于更低位者。这也是一个社会要有优秀教师、精神导师、神父、具有奉献精神的领导者的原因。他们以身作则或用理想激励我们不断提升。相同的道理，低俗的文化也可以使人向下沉沦。例如，大部分人从婴儿期的 0 开始，很快会提升到 +1 探索。他们满怀好奇心去上学，但多数的教育系统是由 -4 的"恐惧"或 -3 的"贪婪"所驱动，因而很快将孩童的学习动机降低为 -3 的"贪婪"（文凭）或更糟的 -4"恐惧"（害怕不及格）。

南非一所商学研究所曾针对两组不同的 MBA 学生做了一项名为"理想主义"的调查。第一组学生是大学刚毕业的年轻人，调查发现他们对工作充满热忱与理想，他们的行动多是由 +1 的"探索"、+2 的"合群与合作"、+3 的"内在力量"出发。他们希望通过 MBA 的学习达到 +4 的"专精"。第二组学生是有 10 年以上工作经验的中年人士，他们经历了太多，缺乏激情且牢骚满腹。10 年身处 -4 的"恐惧"、-3 的"贪婪"、-2 的"愤怒"、-1 的"自大"驱动的企业文化，让他们随之沉沦。由此可见，如果我们想要改变企业人士的动机与行为，首先必须改变企业文化的不良动机。

原则 4：我们可以在不伤害他人及防止现状继续恶化的前提下，

借助我们的情商（以自我感知和情绪控制为主）往动机量表上方逐渐提升。举例来说，假使我们知道自己脾气不好（-2"愤怒"），我们就应该努力不让情绪发作。做到这一点，我们的行为就是出自+2的"合群与合作"或+3的"内在力量"（自我管理）。这样的转变能够促使我们深入根本价值，提升心灵智商。经常有意识地通过这种方式反省并约束自己的言行举止，我们就可以逐渐拥有高层次的动机，改善我们的现状。

## 应用动机量表

动机量表所列举的16项动机即为我们所谓的"吸引子"，事实上，它是一整套涵盖了态度、情绪、策略、行为、假设、价值观以及思考过程的范式。所以，如同要准确预测个人或组织的行为与作为时必须首先了解个人或组织的"心理"一样，如果我们准备探究那些驱动个人或社会的动机，那么就必须提前深入了解所有动机的具体内在情况，以及这些动机与外部环境的相互作用和相互影响。

我们不妨以希特勒作为一个案例。人们一般是通过史书上所有关于他的记录、他对于德国在第一次世界大战中彻底战败的情绪反应及他早期在艺术探索过程中的屡屡受挫，最终推断出他的行为动机应该包含了-7"内疚与羞耻"、-3对权力与荣耀的"贪婪"、-2的"愤怒"及非常极端的-1"自大"。事实上，借助希特勒真实的肢体语言、演讲方式和他的进攻型强势侵略，我们能够十分清楚地感受到这些动机。

假若当希特勒的侵略计划初露端倪时，其他国家的领导者能够识破他的险恶用心，那么毫无疑问就能避免他的第三帝国对周围国家及许多种族犯下的滔天罪行。假若同盟国可以在纳粹的铁蹄踏进奥地利与波兰之前就开始行动，以 + 3 的"内在力量"与 + 4 的"专精"对抗希特勒的威胁，那么毫无疑问就可以避免后来因为 − 4 的"恐惧"才被动实施反击的情况，1100 万人民的生命就不会惨遭纳粹毒手。

这个极端的例子提醒我们，负面动机不可能衍生正面结果的道理是亘古不变的。就像霍金斯总结的："所有低于 0 的动机，对个人或者社会都有破坏性；所有高于 0 的动机，对社会都具有创造性的促进作用。"⊖如果个人或者文化意欲对他人性格或整个世界产生有益影响，那么其本身必须最起码拥有 + 1 的"探索"动机。实事求是地讲，资本主义的危机本质上都是动机危机。

接下来，我将以各个对应的正负面动机分组为顺序进行详细分析和阐述。我们会同时沿着动机量表上下移动，在每个正面动机后，紧接着介绍其相对的负面动机，即正面动机的"阴影"。我相信，这种以量表上相互对应的一组动机进行归类对照分析的做法，对于我们理解内在转换的动力学十分重要。以下我们分别讨论。

+4 与 −4 间的动机是最普遍的动机，卡特尔针对一般人群进行的统计研究（因素分析）便是以这八项动机为主的。在这个范围的上下限，往上就是通常所谓的天才或圣人，向下往往是精神分裂或者精神失常者。大多数人处于动机量表 +4 与 −4 之间。

---

⊖ 大卫·霍金斯，《权力与力量》，第 76 页。

## 0 中立

中立本身并无动机可言。它是我们生命的原点，或是从负面动机转为正面动机的过程中人生必经的临界点。它像是汽车离合器的空挡，不受任何限制，可以即刻出发，然而却不知道到达的方向。其实，我们每一个人每天刚刚睡醒时，在清醒的意识、记忆或者思维恢复之前，都是处于这样的空挡状态。这就如同哲学家笛卡尔所描述的"心灵白板"，板上尚未书写任何东西。

## +1 探索

"探索"具体表现为好奇、惊讶，同时具备随时接受任何挑战的豁达态度。通常而言，孩童表现出更强烈的探索精神。如同我们第一次游览一个新景点或搬到新家般的兴奋新奇，愿意积极主动地去探求身边一切事物的状况。具备这种动机的人能够主动和环境沟通，并尽可能地多观察、多聆听，抓住时机亲身参与其间。探索是一种我们必须去了解、学习、研究然后从中感到心满意足的内在渴望与主动诉求。它促使我们阅读任何能让我们增长见闻、融入环境的有益资料，比如图书期刊，它让我们成为好学的求知者、主动积极的好员工。一般情况下，受这种动机驱使的人喜欢音乐、艺术与电影。他们喜欢到不同地方旅行，接受新的挑战；他们想了解事件的前因后果，以求能够做出自己的准确判断；他们的所作所为是为了不断拓宽自己的视野和眼界，强化自身的技能、知识与实践能力；他们热爱创新，不畏逆境，总是在想"通过它我能够学到什么"。

## ﹣1 自大

这种动机主要表现为鲁莽好斗、骄纵狂妄、盲目自大，并且固执己见、恣意妄为等。正如大卫·霍金斯所言，好胜的力量可以大到足以驱动海军陆战队。正如海军陆战队一样，这种类型的人总是势如破竹、翻山越岭，将自己的意志强加到环境中，动不动就剑拔弩张、不择手段。具体到商业竞争中，他们具有征服市场、打败竞争者的强烈野心；他们学习是为了操控，他们坚持原本已知的事物，并通过学习强化自己业已坚持的立场。因此，他们拒绝学习与自己立场相左的事物。但最终，好胜将导致挫败，好胜者的权力意志让他在遇到意见相左或坚持己见的人时，非常容易爆发激烈的冲突和争斗。当两个好胜的人或文化相互冲突，将导致心理或现实世界的战争。好胜的人喜好辩论、拒绝对话、固执己见。他们受到社会地位和自尊心的驱动，渴望别人的好评与公开赞扬；他们在意穿着，并刻意用穿着赢得尊重；他们行动是为了建立个人的威信，从而获得赞美以及权力；他们志在必得，不惜采取一切措施，甚至牺牲别人的性命；他们也有愉快亲切的一面，但仅仅出现在他们志得意满、万事顺遂的情况下。

## +2 合群与合作

人类是社会性动物，因而从一开始就喜欢群居的生活。群居可以为人们提供温暖，保障基本的安全，一些心理学家称之为"群居本能"。我们通过群居形成了团体与文化，同时依靠共同价值观与目标保持步调一致。群居的人乐于邀请同伴一起采取行动，他们喜欢人群，倾向于和众人共同完成工作及相关的一些活动。"合群与合作"动机驱动的人是拥有绝佳团队精神的合作伙伴。当我们需要与人合作时，这是必不可少的重要动机。这种动机能够帮助我们增强调解、管理和化解冲突的能力。合群的人愿意倾听他人观点，即使不认同，也会给予尊重，这让他们成为优秀的谈判者，因为他们善于从别人身上汲取优点和长处。与此同时，他们属于绝佳的倾听者，非常适合从事老师、教练或志愿者等社会工作。他们将新关系视作新机会，能够促进众人团结合作，是团队或组织的最佳融合剂。如果团体拥有 +1 与 +2 动机，就可以保证和谐的内部关系，当然，团队的进步和创新则依靠更高层次的动机。

## -2 愤怒

我们总是能察觉他人的愤怒。愤怒的人要么冷酷无情、刻意压制自己的不良情绪，要么暴躁易怒、任由自己的负面情绪影响并控制他人。他们总是心情不佳，怨天尤人，将所有的缘由和罪责都推卸到别人身上，似乎自己所有的不如意都是外界造成的。霍金斯曾经说过："把愤怒当作生活方式的人，通常容易受刺激，也容易爆发。他们对小事敏感，是爱吵架、好挑剔、喜辩论的'不顺遂感应器'，往往是为挑剔而挑剔。"⊖愤怒的人多半不喜欢合作。喜欢合作的人会寻找伙伴并解决争端；愤怒的人却往往排斥团体或社会，他们满怀憎恨，时时伺机报复。在愤怒的人看来，所有人都是敌人，理当受惩罚或被击败。破坏公物和恐怖行动，都是被愤怒驱动的行

---

⊖ 大卫·霍金斯，《权力与力量》，第 82 页。

为，破坏公物者和恐怖分子都觉得自己被社会忽略或排斥。或许，大多数的愤怒最初确实源自沮丧：爱情或忠诚得不到回报、价值不受到肯定、观点没有被听到、自身被拒绝、排斥或刻意遗忘，正是他们觉得自尊的需求得不到满足，所以采用非常手段，让别人注意他们的存在（主张、价值观等）。即使他们知道合作可以带来较佳结果，愤怒还是会引导出打击、摧毁或损害竞争者的企业策略。在商业管理方面，愤怒的企业主管大都存在过分挑剔或小题大做的行为倾向。

英国航空与维珍航空竞争时采取的阴谋手段，就是以摧毁或损害竞争者为目标。当时，英国航空打电话给想搭乘维珍航空的乘客，表示如果他们愿意转搭英航，就能购买到十分便宜的机票。

## +3 内在力量

人们习惯于将个人力量看作改变或支配他人的能力，也就是"支配力"。事实上，支配力是来自外部的力量。人们通常凭借自身的勇武强壮，或者因为手里拥有的实权而占有支配力。动机为 −1 的"自大"的人渴望支配力，因为支配力能让他们感觉到自身的强势与重要。然而，那些并非由高层次动机驱使的支配力非常容易引发相互决斗或恶性冲突。

因此，只有那些受内在力量驱使的人才拥有真正的支配力。这些人秉性端直，心态平和。他们清楚地知道自己的喜好和厌恶，能够坚守自身的行为准则和道德标准，并能够时刻提醒自己谨慎行事，他们的人格健康且完整，行为规范而廉正。如果他们是运动员，就会将注意力集中在运动项目本身及自身技巧的发挥方面，因为他们已经体验到身体或心灵在最佳状态时产生的流畅感，与内在力量的聚集息息相关。

具备内在力量的人值得信赖，因为我们清楚他们的目的所在，清楚他们的内在心灵具有积极正面的能量。他们可识别的个人风格来自于深层的全身心的投入，他们对自我身份有一种强烈的感知意识。一旦承担了使命，必定赴汤蹈火、全力以赴，他们遵循"有所为、有所不为"的原则，时刻保持高度的责任感、忠诚感、服务精神与守护之心。他们思维开阔、善作决断、不墨守成规、富有创造精神，不会轻易受制于人。由于他们的动机受到内在价值观驱使，因而能够积极主动地接纳。包容他人的做事方式或价值标准。他们善于听取并采纳不同的声音和意见，进行全盘分析，深入探究事物的本质。拥抱多样性，善于深究策略，整合不同的观点或声音。当处于支配角色（如父母、主管）时，他们不会忘记授权。决策前，他们能够以不同的视角看待问题，收集各方观点，绝不鲁莽出手。他们的策略往往受到低调（有时强烈）的内在行为模式的驱使。因此，他们更容易拥抱多元，也就更容易接近真理和成功。

## -3 贪婪

佛教认为，贪婪是所有苦难的根源。七宗原罪多半也源于贪婪。贪婪意味着永不满足，随时都有新的欲望产生，无法停歇。贪婪来自于内在空虚（与内在力量相反）。贪婪的人贪得无厌，从不感到满足。贪婪的人总觉得别人或世界有负于他，他应该得到更多的关注和重视，由于他一度被忽视，现在理应得到更多。他们恣意索讨，从不认为自己应该付出努力去获取回报，最终贪婪只会让他们更加信奉物质主义和享乐主义。资本主义者的贪婪更唯利是图、不顾后果，最终导致涸泽而渔、杀鸡取卵。贪婪是所有瘾溺的原因——如暴食、嗜赌、酗酒、吸毒等痼疾。贪婪的人选择权宜之计，而非长期计划，他们追求立竿见影、速效速成，持久和良性对于他们无疑是天方夜谭，责任感和信赖感对于他们更是遥不可及的陌生概念。他们沉溺玩乐、追求快感，只在意自己要的东西，痛恨并反对一切阻挠他们享乐的人（包括他们自己）。因而，贪婪只会让人迷恋于肤浅的感官刺激，沉湎于玩物丧志的物质欲望。贪婪的人毫不可信，也经常极为不负责。

## +4 专精

如前所述，当人（或文化）的动机达到 +3 的"内在力量"时，会拥有成熟的个人价值观。可是只有在我们的动机达到"专精"时，我们才会意识到自己其实存在于更广阔的人际价值与网络中，特别是对于那些具有深厚传统思想与共同理想追求的专业、领域或系统。当石雕大师挥动铁锤时，他的一斧一凿是承袭世代相传的技艺与本领，他承载的是石雕匠人的集体智慧和经典底蕴。

管理大师级的领导者总是举重若轻，对于决策的把握，他们总是成竹在胸、信手拈来，他们的行为与言谈总是有条不紊、令人信服。通过冥想、暗示或不断练习，他们学会了自主控制自身的惰性，并且能够将随时出现的奇思妙想转换为妥善合理的决策或计划。当我们抵达"专精"的层次时，我们将拥有更宽广的视野，因而能够以全局的视角去制订更加合情合理、更加客观完善的计划。同时，在我们有了新的改良思路和新的操作方法时，我们会重新审视并修订我们的计划，以达到我们长期追求的目标。对于传统的集体智慧，我们会看到更多潜在的可能性，所以能够发掘别人看不到的创新机会。日本的合气道功夫注重内在力量，而电影《卧虎藏龙》中的武当派绝学则更是由浅入深的专精实践；合气道的招式来自个人力量，而武当派宗师的功夫则被认为是承袭了上天的某种神秘恩赐。

霍金斯认为，在人类的文化中，极少人能超越"专精"的层次。大概仅仅有8%～10%的人达到了"专精"程度，其中大部分人是在他们的专业领域做到顶尖，比如资深医师、高级经理人、乐团的首席小提琴师、金牌运动员、重要（但非伟大）的科学家等。例如，丘吉尔和罗斯福是专精的政治家，居里夫人则是专精的科学家。

## -4 恐惧

"恐惧"与"专精"的情况恰恰相反，它与焦虑、怀疑、受威胁或脆弱紧密相连。当我们由"恐惧"动机驱使时，我们会不断寻求自我保护与自我防卫。我们会把出现在周遭的人视为敌人，将有利的机会和挑战看作恶意的威胁（因为不相信自己有解决的能力）；我们会刻意回避人群（我们觉得会威胁自己的人）与社会，于是变得越来越谨小慎微，囿于自我狭小的范围；我们的言行举止处处设防，不能正确处理自我面临的处境和问题，因而缺乏积极主动的态度和必要的冒险精神。

无意义的恐惧让我们不愿意抛头露面，疏于参加一些必要的活动，因而主动性越来越弱，甚至被某些人形容为"被恐惧冷藏"。我们习惯于隐藏自己的真实想法和情绪，以避免太过惹人关注或成为谈论的焦点，因而总是采取谨慎回应的策略；我们习惯于采取很多烦琐但却无意义的防御措施，以避免受到指责或批评，因而总是无法掌握主动，我们要么刻意回避，要么疲于应付。美国医学界所通用的一整套繁杂的检查与测试方案其实就是源于"恐惧"动机。企业主管被恐惧驱使时，自然会惧怕一切尚属未知的冒险，对所有的创新和尝试也就毫无热情，失去了挑战自我的勇气。

我们接下来探讨仅仅体现在部分人身上的八项动机，这部分人十分与众不同，他们要么天资聪慧、才华横溢，是力求完美的理想主义者，要么就是内心扭曲、人格分裂、彻彻底底的灵魂残缺者。这是两类完全相反的极端动机，仅仅有小于 4% 的人受到这些极高或极低动机的驱使。他们不仅仅言行异常、想法出奇，个性也非常敏感，这些人与大多数普通人的性格迥然不同。他们常常显得抑郁或狂躁，有时近乎疯狂，甚至可以说是接近彻底丧失人性的人。然而正如人们通常讲的，"天才与疯子间只有一线之隔"，这些人可能为世界带来不可预估的巨大贡献，也有可能为人类制造无法弥补的重大灾难。

事实证明，受到极高动机驱使的人并不经常出现，可正是那些才智过人的少数派的出现，最终促使并带动大多数人的动机层次明显提升。而只有当一个人的动机达到至少 +5 的"创造力"或 +6 的"服务精神"，才会有可能将一个未来领导者的动机从 +3 的"内在力量"提升到 +4 的"专精"。这些拥有高层次动机的人，由于能够产生富有创意和生机的新能量，因而成为提升整体动机层次的关键力量。与此同时，那些拥有高层次正面动机的人，将有可能成为企业内部富有创造力与服务能力的"新圣殿骑士"。

## +5 创造力

创造力是创新的具体表现，它受到热爱与激情的驱使。正如犹太教哲学家马丁·布伯（Martin Buber）所说，它好像作品与媒介间的相互依存关系，就如同画家迷恋色彩与艺术表现、爱因斯坦热爱数学、牛顿叹服于宇宙的深奥广袤，因而倾注其毕生热情进行探求。爱与热情让开创者觉得其乐无穷。他们享受过程并沉浸其间，把这看成自己终生为之奉献的事业。德国化学家凯库勒（Kekule）梦到突破性的苯环结构，就是著名的例证。但鲜有人知的是，在凯库勒的梦中，组成苯环的 6 个碳原子，正手拉手欢快起舞。你或许难以想象，凯库勒对他的研究怀抱着孩童般的好奇与兴趣。

探索就像玩游戏，对任何引起他们兴趣或好奇的事物，开创者都会进行各种尝试。他们的创造并不一定是为了特定目的，或许仅仅是源于兴趣与热情，他们怀着游戏的心态，想弄清楚究竟会发生什么，对任何结果的产生都感到高兴。但是毫无疑问，他们乐于探求、勇于冒险的行动最终得到的总是惊喜的重大发现或者专业技能的长足进步。

拥有 +4 的"专精"动机的人会从过往的传统中获取能量，传统是他们最强有力的支持和后盾。拥有 +5 的"创造力"动机的人则着迷于所有未知的领域，他们另辟蹊径，主动寻求新创造、新典范，努力发掘自身的内在潜能以接近混沌的未来或模糊的真相。诗人里尔克（Rilke）称这种人为"未知界的蜜蜂"，他们辛勤地采集智慧花蜜，让无形的知识转变成有形的成果。在人类历史浩瀚的发展过程中，绝大多数创造傲人成就的杰出者，从柏拉图到毕加索，从牛顿到爱因斯坦，这些伟大的人物都具备强烈的"创造力"动机。现代商业社会的企业精英也都受到开创动机的驱使。苹果电脑的创立者乔布斯、开创日本电子业的松下幸之助，以及福特、盖茨与维珍航空的布兰森（Branson）等都是其中杰出的代表。我特别要强调，布兰森尤其是"创造力"动机的绝佳代表，在许多不同的领域中他都显示了自己无与伦比的创造才能，他甚至将"玩得开心"作为一项企业核心价值列入维珍航空的日常管理当中。

### −5 痛苦

"生存还是毁灭？这是一个问题。"哈姆雷特的经典舞台独白喊出了所有人的痛苦。与失去心爱事物时的悲伤反应不同，痛苦是由于无法决定或无法行动的无助感而产生的。痛苦产生的根源是因为潜能不能发挥，创造之路又被拦腰砍断。我们愁苦满怀，深感绝望；我们似乎无计可施，毫无作为，未来似乎已经毫无生机。痛苦往往产生于不能逆转的悲剧，诸如：子嗣残疾，根治无望；身为运动员，却失去了健康的体魄；渴望生育后代，却由于不能生育抱憾终生；退休或陷入无法掌控的状态，也都会让我们倍感痛苦。

痛苦的人没有有效的行动去改变，因为他们的痛苦恰恰就来自于无计可施，似乎没有任何事情或计划看起来可以奏效。痛苦也是诱发抑郁症的主要元凶。不幸中的万幸，痛苦的人尽管深感痛苦，但他们还没有如动机为 −6 的"冷漠"的人那般完全丧失希望。

### +6 服务精神

服务型领导者是最受推崇、最富有献身精神的领导境界。"服务精神"是服务型领导者的核心驱动力。所有伟大领导者做事都不仅仅是为了自己，但服务型领导者的行动却富于更超我的价值，诸如善良、公正、真理，为了民众福祉，解救或启蒙他人。领导者为他们的同事、族群、公司或国家服务，但服务型领导者是为他们最崇高或最神圣的理想和信念服务。当服务型领导者为人类灵魂服务时，他们会带来机遇和希望。服务型领导者感受到自身的使命，他们通过奉献与服务而获取内心的满足与幸福，感受生命的意义。这是超越 +5 的"创造力"的一种专注创造力。

服务型领导者通过自身努力化不可能为可能，为人类创造前所未有的新方法，为企业创造服务社会的新途径，也为社会创造自我提升的新机遇。佛祖、耶稣与摩西都是此类人物的杰出代表。近百年，又出现了如甘地、马丁·路德·金、特雷莎修女、曼德拉等能够完全奉献自我的翘楚。事实上，服务型领导者未必需要做到登峰造极的程度，只要我们能够从服务精神出发，每一个人都有可能成为合格的服务型领导者。

服务型领导者必须与权力朝夕相处，但他们态度谦逊，绝不迷恋或滥用权力；在他们看来，权力是他用来为大众谋福祉的工具，绝非自我标榜或私欲膨胀的投机捷径。耶稣祈祷道："父啊！你若愿意，就把这杯撤去；然而，不要成就我的意思，只要成就你的意思。"或许，对于那些天生就具备非凡领导智慧的领导者来说，拱手让出权力并不容易，但这也许是一种解脱。

服务型领导者所采取的策略往往天马行空，而且很高明，不仅能考虑到人们本性中的好坏善恶，还能为己所用，进一步推动自己的事业发展。通常情况下，这些策略可能有着全景式的构想，比如

甘地主张通过非暴力手段来实现印度的独立，再比如马丁·路德·
金所希望的没有种族主义的社会。

19 世纪的印度哲学家维韦卡南达（Vivekānanda）曾说过："这
天地只是一个体育馆，供灵魂在其中运动锻炼。"甘地受到包括维韦
卡南达在内的很多人的启发，提出了"托管制"，这也是他自己对服
务型领导力的一个具体构想。他认为，若一个人或者一个公司所获
得的财富高于其在世界财富中应得的比例，那相应地，他们就应当
成为对应比例的人民（即上帝的子民）的受托人。如果我们要从以
往的资本主义过渡到心灵资本，大部分商业领袖都得采取这种"托
管"策略。

## -6 冷漠

如果说，哈姆雷特是痛苦的，那麦克白就是更低一层的冷漠。
"明天，明天，又一个明天，直到记录时间的最后一个音点；我们所
有的昨天，都在为愚人照路，指引他们走向死亡之土……（生活）
如愚人口中的传奇；充满了杂音与怒气；实际毫无意义。"麦克白看
到自己的梦想和谋划都毁于一旦，他觉得自己一文不值。存在主义
哲学家萨特（Sartre）认为，"人是一种无用的激情"，而麦克白无疑
是这种观点的一个活生生的例子。冷漠状态中的我们心中十分混乱，
觉得自己活着无用。痛苦的人觉得煎熬是因为他（或她）不再能享
受名为"人生"的游戏了，但是冷漠的人连游戏的存在都看不见了。
冷漠的人没有什么精力，勉强过活。他们对任何事物都不感兴趣，还
经常忽略自己和自己的私事，得过且过，也没什么值得过的。他们没
有什么活法，因为似乎都不值得。这是抑郁的一种深层表现。也许，

对那些刚刚好或者差不多能活命的人来说，冷漠是一种常态吧。

## +7 世界灵魂

+6 级别的服务型领导者都是根植于他（或她）心中的"神"，但是他们的使命却是为这个每天都事务不断的世界服务。而下一个等级，+7"世界灵魂"的人则把自身、他人和自然都看作显明的神灵。通常，这种精神状态会让人从日常生活中脱离出来，就像修行的僧侣和一些艺术家一样。这些人或许在 1000 万人中才有一个，而且只与原型或纯形式的世界相互联系、相互沟通。他们眼中的世界都沐浴在天光里（华兹华斯，Words Worth），或是受到天使声音的启发（诗人里尔克）。他们已经没有做自己的欲望，失去了自我，同时也没有了束缚感。他们已经接近、有时甚至能达到一种超越时空的思想境界，感知到了世界的不朽和无限。他们的意识已经与人类种族（有时也包括其他种族）的集体无意识融为一体；他们谈论、创造艺术时，我们似乎能从他们的表达中感受到集体无意识。从这个层面来说，莫扎特肯定是支配着他的音乐。他说过，他只是把他听到的旋律写下来了而已。但丁对地狱和天堂的刻画也都是出于神灵和原型。同样地，莎士比亚也是如此，他如天才一般，用不同的视角来观察复杂的人性。"世界是一个舞台，所有的男男女女不过是演员。"而莎士比亚就以一个天才剧作家的身份，站在高处看着这些男男女女。

我们中的绝大多数人，都不能长期处于这种神秘的稳态中，当然，我们也不会憧憬着这样做，但是我们之中至少有 50% 的人有过（也许仅有那么一次）这种关于同一性、美、平和与爱的神秘经历，并且通过这些经历，我们达到了类似的状态。我们也可以通过阅读那些处于这种状态的天才的作品，以达到类似的状态，这就是为什么艺术、音乐和文学对人类如此重要。

对处于 +7 级别的人来说，动机是为了歌颂世界纯洁的一面，所以，他们也希望借自己的动机进一步推动世界向更纯洁的方向发展。对他们而言，娱乐消遣是痛苦的，或者根本不值得他们注意，因为他们的使命是探索这个世界之外的世界。有些人为了逃避尘世间的磨难会过早地进入这种境界。这种人的性格往往不成熟，或是残缺不全的，而他们中的很多人要么在很年轻的时候就自杀了，要么彻底疯癫了。

### −7 内疚与羞耻

"内疚与羞耻"带给人的感受，和"世界灵魂"给人的感受几乎完全相反。沉浸于 −7 这个级别的人会觉得自己完全脱离了任何有意义或深层的现实世界。事实上，他会对"存在"心存迷惑，认为自己没有权利存在于此，或者觉得自己的存在某种程度上让世界变得更糟糕了。他认为自己只是"存在"脸上的一块伤口或是一道伤疤，所以难以面对自己，或者带着自责活下去。受这个想法影响的人群往往自杀率很高。日本的"切腹"传统也是源于面子的损伤（内疚与羞耻），而丢了颜面的罗马将军也会拔剑自杀。犹大同样因不堪忍受耻辱而自杀。这一级别的人有的是背离了自己最崇高的理想，因此他们的策略就是自我毁灭——要么是直截了当地自杀，要么用一些间接手段毁灭自己，比如酗酒或行为轻率不计后果。然而，如果内疚与羞耻是由虐待衍生而来，那么这类人可能会极具攻击性或行为举止十分浮夸做作。羞耻也会让受害人主动地伤害他人，用以报复他人的轻蔑（这些轻蔑可能是真的，也有可能是受害人自己想象的），又或者，受害人主动伤害他人是为了找一个替罪羊，好把自己难以忍受的痛苦归咎于这个替罪羊。比如，我们可以看到，"内疚与羞耻"就是希特勒的动机之一。所以说，在这个阶段的人，是站在罪恶的大门口，离罪恶只有一步之遥。

### +8 启蒙宁静

在这个级别中，我们基本上不能用任何语言或者是图片来说明了。正如老子在《道德经》开头所写的那样："道可道，非常道。"人类历史中，只有很少一部分人达到了启蒙的境界，而他们的著作，也只能暗示或用隐喻的方式来说明这一境界。他们都会阐述自我在"绝对性"或"虚无性"中被吸收或湮灭的状态。基督教的神秘主义者圣十字若望（St. John of the Cross）是这样形容的：

> 留下自己又相忘，
> 垂枕颊面依君郎，
> 万事休，难已远走，抛却俗尘，
> 相忘百合花丛。
>
> ——圣十字若望，《灵魂的黑夜》（*Upon a Dark Night*）

在很多神秘主义传统中，"绝对性"被描述为一种空虚、黑暗，因此我们不能用任何概念或者图像来理解"绝对性"这个概念。正如圣十字若望所言，"黑夜如此光明，虚无如此充实。"佛家称之为"空"，解释为"空即是满"。甚至在量子物理学中，也有类似的解释，只不过对应的物理学解释被叫作量子真空的绝对基态。量子真空没有结构，也没有质量，但却充满可能性。我们必须在混乱的意识状态下"抓住"这些虚无的绝对。而通过正念禅修，人们可以体会到这种状态。

当然，人们也可以在体会到启蒙后再返回到原来的世界。佛陀就是一个这样的例子，而那些写下自己启蒙经历的人也是如此。但是，回到原来世界的自己会有所改变，他不再受消极情绪的影响，并且，他也会与自己的神圣经历有着千丝万缕的联系。在回到原本世界后，圣十字若望是这样描述自己的经历的："现在的我，并不是我，而是我身体里的基督。"在 T. S. 艾略特（Eliot）的《四首四重奏》（*Four Quartets*）中我们也看到类似的感受："捕捉野猪的猎犬和野猪一如既往，在继续它们追逐的模式，但在群星中又归于和解。"回到原本世界后的他们过着恬淡的生活，平心静气，与世无争。他们的生活仍然很平凡，但是平凡背后却闪耀着内心之光，因此这份平凡也显得不那么平凡了。

## -8 人格解体

没有物理躯壳的内在之光是人类的启蒙；经历人格解体的人只剩一副躯壳而没有内核。在这个级别中，自我已经消解，因此也就不存在什么"我"了。在这个状态中的人，已经不再是一个"人"了，而只有随机的言行和不协调的行为。这是医院里精神分裂症患者的精神世界，也是希望殆尽的酒鬼和吸毒者的精神世界。这种感觉就好像，虽然我还活着，但是我却觉得仿佛身处地狱。人格解体无法进一步崩溃，再崩溃的结果只能是死亡。

## 第 11 章
# 量子变革的 12 项原则

做一个无名的难以理解的新人，我们能够使一个未知的未来提
前到来，为了这个全新的目标，我们需要采取新的手段。

——尼采，《瞧，这个人》（*Ecce Homo*）

本章旨在阐述关于量子组织和量子领导者的一个新思维。这是
一个非常有雄心的目标，它需要我们投入更高的、甚至是最高的行
动力和积极性。其难度简直就像人类改变自己一样。因此，要实现
这个目标，需要一些新的手段，在这之前我们必须先关注一些适用
于改造灵商的原理。

一个人的智商（IQ）在一生中是相当稳定的，除非受到脑部疾
病或伤害的影响。但是情商（EQ），即情感智力，是可以通过学习
来培养并提高的。由于人类从本质上来说就是一种探索和使用意义
的生物，因此所有的人类生来就具有高灵商（SQ）的潜力。大多数
孩子在这方面都有超高的潜力。但是，文化和教育体系忽略了精神
教育，重复而僵化的工作模式充斥着压力，使我们实践灵商的能力
大大降低。就像情商一样，我们必须培养自己的灵商，通过再学习
来提高灵商。为此，我们必须从一个人的性格和行为上探寻能够体
现其灵商的多方面的品质，以此帮助我们更好地理解量子领导力的

本质。

我们知道，构建量子组织需要人的思想先发生变化，比如公司如何组织及如何领导。我们也知道，范式转换通常都是在危急时刻发生。纵观本章，我一直在表达这样一种思想，那便是今天的企业以及整个资本主义体制，确实处于某种危机之中。在第 3 章关于三种思维模式的描述中，我们发现，当我们决定放弃某种传统观念、需要一些新的有创造力的东西时，常常需要灵商来应对这种情况。

灵商是最近才被人们发现的一种智力，与此相关联的人文素质临床研究很少。但是，灵商是人类心理上的一种复杂自适应系统，我们需要对该系统和系统品质进行更深入的研究，以此来识别灵商的品质特点。虽然我会把生理系统看作灵商特点的模型或先兆，但必须要牢记的一点是，灵商是一个复杂的、有意识的自适应系统，因此其特点必定通过某种独特的、有意识的方式得以表达。

在第 9 章中我们介绍了量子系统，从中可以了解到，复杂自适应系统，即"活跃的量子系统"通常有以下 10 个特点：①自组织；②有限的不稳定性；③涌现性，整体比各部分之和更大；④整体性；⑤自适应；⑥进化突变；⑦可被外部控制破坏；⑧探索性；⑨重构环境；⑩在混沌中保持秩序。

在我早期的书《心灵资本》中，我从所有具备上述特点的复杂自适应系统中挑出有意识系统（即人类）所具备的 10 个特点，对它们加以描述，铭记意识这个附加的因素及有意识的表达会对这些特点产生的影响。然后，我又从世界各地不同的伟大传统中挑出 2 个特点加以描述。因此，尽管非人类复杂自适应系统通常有 10 个特点，但我认为灵商共有 12 个特点，见表 11-1。

**自我意识**：知道自己秉持的价值观及自己行动的动机。对生命最高目标有意识。

**自发性**：生活在当下，对当下一切事物积极反应。

**愿景及价值引导**：根据自己的原则及信仰处事，并为此活着。

**整体性**（一种关于系统或连通性的认知）：能够看到更大的格局、关系或联系。有一种强烈的归属感。

**同理心**：能够感同身受、与人产生共鸣。这是普遍同情的基础。

**拥抱多样性**：看到他人及自己不熟悉的事情表现出的不同特点，不随意贬低。

**场独立性**：抵制随波逐流，坚持自己的看法。

**刨根问底，勇于质疑**：需要理解事物，搞清来龙去脉，这是判断给定事物的基础。

**重建框架的能力**：跳出问题或局势的限制，尽量看到全局，探寻事物的大背景。

**积极利用挫折**：能够从错误中学习，把问题看作锻炼的机会，拥有恢复能力。

**谦逊**：意识到自我只是生活这场宏大戏剧中的一个角色而已。找准自己的位置。这是自我批评和批判性评价的基础。

**使命感**：能够感知召唤，愿意为比自我更大的目标服务。感激那些帮助自己的人，愿意回报他们。这是成为"服务型领导者"的基础。

表 11-1　复杂自适应系统和灵商的特点

| 复杂自适应系统 | 灵商 |
| --- | --- |
| 自组织 | 自我意识 |
| 有限的不稳定性 | 自发性 |
| 涌现性，整体比各部分之和更大 | 愿景及价值引导 |
| 整体性 | 整体性 |
| 自适应 | 同理心 |
| 进化突变 | 拥抱多样性 |
| 可被外部控制破坏 | 场独立性 |
| 探索性 | 刨根问底，勇于质疑 |
| 重构环境 | 重建框架的能力 |
| 在混沌中保持秩序 | 积极利用挫折 |
|  | 谦逊 |
|  | 使命感 |

在本章中，我将把灵商这 12 种变革原则作为 QSD 积极的转化原则加以介绍。因此我认为，现在我们需要对这 12 种原则进行逐一深入的了解。

# 原则 1　自我意识

英国益格鲁配水网公司（Anglian Water）总裁克里斯·米勒（Chris Miller）曾经写道：“如果你真的想成为一名领导者，那么你首先需要了解自己。”2000 年前，耶稣曾向他的信徒许诺：“如果你知道自己是谁，你就会成为我。”认识自己可能是我们知道的最难的事情。

我们生活在一个非常自我的文化中，但却没有什么自我意识。

无论是在私人生活中还是在各种各样的组织中，我们既没有反思的习惯，也没有促进反思的体系。我们极少甚至根本不会花时间了解自己或是审视内心。当下甚至根本没有这样的传统告知我们审视自己的内心是为了什么。我们的关注点总是外部世界，比如生活中出现的各种事情和问题。结果是我们失去了自我，以及所有的东西都是从外界的知识获得的。

在印度教和佛教盛行的东方世界的大部分地区，人们以冥想或祈祷开始崭新的一天。

是谁在行动？

是谁的意志？

是谁在想？

我是谁？

这些问题将提问者直接带入最深层次自我意识的精神层面。在这种自我意识中，他（或她）首先拥有一个"深层次的自我"，这是隐藏在我们内心深处的真实个性，通过日常的行为和思想得到表达。这种自我意识的主要层次能够使我们摆脱自尊强加给我们的种种狭隘限制，将我们带到意识的核心，赋予我们自由和遵循内心最高动机来行动的力量。

这种自我意识或我所隶属的组织的意识，首先有一个核心。我需要同这种意识保持联系，并通过它采取行动，这使我的行为可靠、有意义。需要知道的是，在我的心里有一个指南针，我能够受其方向感的指引。这是正直的一个最重要的含义，那便是根据内心的指南针采取行动。拥有这种自我意识需要知道我信仰什么、珍视什么以及最深层的动机是什么。需要知道我为何而生、为何而死。同时也意味着当我忘记这些事情时，能够有承认的勇气。

由于这种深层次的自我意识能够使我们自己（以及我们的组织）接触到最深层次的意识核心，因此我们能够不断塑造或重塑自己。这种深层次的自我意识使我们能够挖掘自身无限的潜力，倾听内心深处的召唤，倾听良知和责任感的声音，让我们更加关注自己，并常常使我们的内心获得极大的平静。

丹尼尔·戈尔曼认为，自我意识是情商的关键。如果我不了解自己的感受是怎样的，或是自己是如何感受的，我和我的行为就会受到情感的掌控。他警告说："如果我不能够注意到自己真实的感受，我就会任由自己的情感摆布。"了解内心深处的价值观和目标是灵商的重要内容，它使我们能够提高并掌控动机。

## 原则 2　自发性

在几年前的一届温布尔登网球锦标赛男子组的最后一轮，一位运动员向我们展示了惊人的技艺。这位名叫安德烈·阿加西（Andre Agassi）的运动员在抽击中绊倒，并且胸口向前倒下。但是，他仍然保持头和手臂向上的姿势，并把球击中过网。在他站起来后，第二个球又向他飞来，这使得他再次失去平衡并朝后倒去。这次，他在摔倒的过程中把球击了回去，成功赢得了比分。

阿加西的成功得益于他内心强烈的自律精神和出色的自发性。尽管两次失去平衡，但他几乎在同一时间对球的位置和运动趋势做出即时的反应。他的这种行为，被运动心理学家认为是处在一个"领域"之中，这种状态类似于武术修行。这种行为或者反应并非来自自我，事实上，它来自于"更深层次的自我"。当我们处于这个"领域"之中时，我们与自己的内心相连接，同时也与我们强大的内心力量相连接。

"自发性"（spontaneity）这个单词与"回应"（response）和"责任"（responsibility）有着相同的拉丁语词根。具有高度的自发性意味着对于此时此刻及时回应，并且对后果承担责任。这也意味着要以孩童般的天真与好奇去对待每一个时刻、每一个人、每一种情况，不会过多受制于过去的条件反射、习惯、偏见、恐惧、对于控制的需求及不必要的礼貌。这意味着一个人有勇气将自己投入当下。因此，高度的自发性是即兴创作、实验、从错误中学习和发展创造力的前提条件。而这一点对于精神自发性尤其适用。

在我们的思想中，精神自发性是"进入领域"的前提条件。通常，我们受自己已经知道的、了解的、学习的及思维习惯的制约。我们常常被自己头脑里的范式——信条、偏见或是我们所相信的意识形态、模型与抽象、所持的假设——所困，仅仅在舒服、熟悉的领域中思考。精神上的自发性，像认清灵商的一个又一个过程，往往要求我们愿意进入我们的非舒适区，使我们能直面恐惧。

恐惧通常是实现自发性的最大障碍，如害怕被嘲笑、害怕被评价或被惩罚、害怕显露脆弱的一面等。想要拥有自发性，必须卸下防备，展示自身柔弱和真实的一面。与自发性的精神维度接触——接受生活中的一切可能性，乐于成为真正的自己，通常这些才会带来喜悦和满足，甚至可以称为狂喜。这需要对生活、对自己的深深信任，信任自己有内心的权威和内心指南针的引导。

## 原则 3　愿景及价值引导

1963 年 8 月，我与数十万人一起聚集在华盛顿的林肯纪念碑前，我们整个夏天都在为此次聚会做准备，大家都十分兴奋。没有人能够预料到，当马丁·路德·金高声发表着他的演讲《我有一个梦想》时，我们是如此备受鼓舞、充满能量。他的演讲、他的热情、他展现给我们的愿景，点燃了我们的动机，同时改变了我们国家的社会和政治版图。这才是真正的愿景能做到的事情。

马丁·路德·金的演讲超出了美国当时的种族关系现实，描绘了一幅崭新的、更加公平、更加友爱的社会蓝图，这对于当时的美国人来说是很难想象的。他的一生都在渴求那未成形的社会，这种渴求融入他的声音，化作一种充满激励的渴望。这是伟大愿景的一个重要特征。它深深融入人类的潜能之中，使我们拥有梦想，让我们怀抱渴望。它激励着我们。正是这种相似的充满力量的愿景才使得圣雄甘地带领印度迎来独立，也正是这种愿景使得纳尔逊·曼德拉结束了南非的种族隔离。同样的愿景精神也是量子领导力的关键。

愿景通过形成人类动机来成就现实。但愿景本身则根植于深层次的价值观之中。当特克斯·冈宁（Tex Gunning）担任联合利华 CEO 期间，他十分重视健康，并致力于把健康带给大众。他引入了"5 卢比产品包"，这使得印度的穷人也能用上联合利华的产品。海尔集团的 CEO 张瑞敏十分重视服务，因此他在公司内开启了变革项目。而马丁·路德·金高度重视平等和人的尊严。

价值观像是能量量子群。它使得一切事得以发生。我们内心最深层次的价值观将我们定义为人类，也为一些组织和社会奠定基础，而这些组织和社会将会使得我们的潜力得以充分发挥。如果我们想要将人类和集体的动因转移到一个更高水平的层次之上，我们需要的仅仅是一剂健康的理想主义，这种理想主义是为最基本的价值观服务的。德国伟大的哲学家康德（Kant）拥有自己的道德律令作为其价值体系的根基："你的行为方式应该是适用于每一个人的。"或许，这将成为判断所有价值观好坏的标准，毋庸置疑，它当然适用于人际关系价值观。如果我们将其运用到团体价值观上，这将会是一项创举。

## 原则 4　整体性

蓝环水泥公司的营业利润出了点问题。产品运输成本太高，因此公司决定在运输方面节省成本，同时裁减司机的数量。蓝环水泥公司向来都有与雇员们进行开诚布公的谈话与咨询的惯例，因此公司决定召开一个会议，在会上宣布裁员的决定。一位名叫比尔的油罐车司机在会上做了发言。

"问题不在于运输数量和司机，"比尔强调道，"问题在于油罐车的大小。"一位深感困惑的总裁要求比尔解释他的说法。比尔指出，水泥厂的油罐车是依据 300 ~ 400 公里的车程设计的，但实际上每次运输的平均公里数是 80。"所有的重量都可以被用来运输水泥，"他又补充道，"你们也可以查查我们金属软管的重量。"技术专家们就此做了一番观察，发现大众汽车公司有卖更小的、耗资更少的油罐车，沉重的金属软管可以被轻质的塑料软管替代。在蓝环水泥公司做出改变的头六个月里，在没有裁员的情况下，公司的生产力提高了五倍。

首先，蓝环水泥公司的行动是具有整体性的，因为它的协商制度使得一个普普通通的司机也可以发出声音，并且能够受到老板们的重视。同时，这位司机的想法也是具有整体性的，因为他将生产问题看作一个**完整的系统**问题去对待。他看到了影响运输成本的各种个体因素间的联系和互相作用，为问题的解决提出了一个全新的观点。

科学中的整体论是量子力学和复杂的、自适应的自组织系统的定义。这里是指内部整体性，系统不同部分之间的关系不仅有助于确定系统本身，也有助于最终界定系统的各个组成部分。在物理整体论之中，**不同事物之间的关系决定了现实情况**。我们无法将一个整体的系统拆散而不破坏其中的一些重要部分。在整体系统中，我们不能孤立各个个体因素。这也是 20 世纪科学革命产生的原因，亦是 20 世纪科学范式被打破的原因。

在我们运用灵商时，这个过程是具有整体性的。这是一种能够看到更大格局及更广泛关系的能力，一种能够看到互相作用、互相重叠、互相影响的内部事物之间联系的能力，一种以系统性思维来思考的能力。"鱼在水里，但水同时也在鱼的身体中。"这是一种多角度看问题、辩证看问题的能力。同时，通过整体性思维，我们也能发现在许多不同种类事物之中存在着更为深层次的共性。通过看到问题的整体性，使得我们从中产生了更深层次的潜能。（比如，在蓝环水泥公司的例子中，用更小的油罐车和更为轻便的塑料软管能够解决运输重量问题。）而从精神层面上讲，拥有整体性思维能够使得我们从有限当中看到无限的事物，能够更深层次地去了解问题。它给我们带来无限的可能。

具有整体性思维的人极其依赖直觉，这本身就是一种最初的对于模式、关系和相关性的前逻辑感知。具有整体性思维的人善于反思、思维广阔，比普通人生活在更大的舞台之上。这种人对于内部工作组、内部工作情况非常敏感。在整体中，他们担负起属于自己的责任，同时也清晰地意识到整体会对自己和他人造成的影响。他们需要去解决一些由人类行为而带来的严重问题，比如由人类行为造成的环境问题，同时也清晰地认识到人类创造的环境也将反过来影响到人类的生活与福祉。这同样适用于在全球化背景下感知经济内部结构和联系，以及对经济造成影响的社会、政治和精神事件。

传统意义上来讲，人们常常把组织描述为机器，或者是个体的集合（最好的说法是团队的总和）。组织是规则、活动和"文化"的统一体。但这种说法并不完整。灵商的整体性使部分或者个体都可以成为一个体系，从字面上来讲，这也会使得组织变成一个复杂的、自组织的自适应系统，并充满创造力。它将生命从"底层"潜能中拉到系统里。对于量子系统来说，确保组织系统的整体性以及所有部分之间进行有意义的关联是至关重要的。

在我看来，对一个社会或一个组织（甚至是单独的个体）而言，真正将它们黏合在一起的"胶水"或整体性的支撑力才是做某事所应有的意义。这是将所有部分连接起来的驱动力，启发出人类的复杂系统，并确保其良好的运作。一个组织必须要具备这种推动性的愿景和价值观，才能真正良好地运作，至少在潜意识层面。否则的话将导致功能失调。对于"底线"的担忧并不会在这个水平上进行整合或者产生激励作用。

## 原则 5　同理心

一位我称为"吉尔特"的荷兰投资银行家向我倾诉了他的烦恼。他是行业中的翘楚，任职于荷兰最大的一家银行，担任高级投资分析师，但他并不感到幸福。"我所有的时间都用来为自己和银行赚钱了，"我们见面时他抱怨道，"而外面的世界有许许多多的麻烦，我必须要做点什么。"其实吉尔特已经做好了决定，他只是想从我这里得到一点点道义上的支持。这个 30 多岁的年轻人决定离开投资银行界，然后建立一个道德投资基金。他将把钱用在一些道德事业上，同时，将会捐献盈利额的 10% 用来支持第三世界发展清洁能源。

在拉丁语中，同理心的字面意义是"对什么的感受"。同理心并不仅仅是了解他人的感受，它是一种深度的情感共鸣，感受别人的感受。拥有同理心意味着会设身处地为邻居着想，或许是考虑让他能够在旅途中减少一点痛苦。因此，同理心是一种积极的感知，一种意愿——噢不，它几乎是一种冲动——想要参与其中的冲动。拥有同理心意味着即使别人的观点与我不同，甚至是相左，我也能设身处地为之着想，即使他是我的"敌人"，甚至威胁到我，我也能从内心深处理解他。通过同理心，我们能够将坏事中的有益潜能都挖掘出来。这是同理心特点中的培育方面。

所有的心理学证据都表明，相比于其他组织的成员，我们更容易对自己的家庭成员充满同理心或更愿与他们合作。可是在当今全球化背景下，就算是陌生人，人与人之间也在互相影响，所以，这样真的不够。利用灵商来进行范式转换需要我们转变对他人的"差异性"范式。我能把任何人都叫作"陌生人"吗？阿尔伯特·爱因斯坦认为，真正的同理心是对万物的同情，甚至是一粒微尘。量子物理学和我们参与的无处不在的意义场告诉我们，我们是彼此的一部分。我是我兄弟的监护人，我是我兄弟。

真正的同理心需要有勇气变得脆弱，拥有自己脆弱的一面。我对他人的同理心通常被对方的脆弱唤起，当然是以一种健康的形式，"若非上帝庇佑，我也会如此"⊖阻止同理变成同情。我们都有共同的脆弱一面，这件事如今已经被广泛认可。"我们都深陷其中"的意识会导致我们在感知别人的困境时有强烈的压迫感。

在英文里，"热情"（passion）这个词包含在"同理心"（compassion）这个词里。如果我对某个人或某件事感同身受，我会充斥着热情。于是，这会让我主动去关心某人或某事。这也是为什么热情与我们的"更高的奉献"动机——人类最高的几个动机之一——相关。量子领导者不仅被热情驱动，也被同理心驱动。

## 原则6　拥抱多样性

在芬兰进行一次巡讲时，我发现了芬兰文化的同一性，并对此做了评论。"这的确是我们的一个大问题，"诺基亚的一位执行官回

---

⊖ 出自英国宗教改革者约翰·布拉德福德（John Bradford）。他看到即将被处决的犯人，讲出"That is exactly our big problem"，意思就是：多亏上帝恩惠，否则我也会到囚犯这般田地。——译者注

应道，"我们太一样了。我们来自同样类型的学校，上的大学也就那么几所，连想的都差不多。我们缺少多样性。"在更加多样化的西方国家和西方经济里，普遍存在"多样性倡议"，多样性通常是可接受的一定数量的来自不同民族背景的同事，或者董事会里有一位象征性的女性代表。

完全真正地理解多样性及其好处对西方人和西方组织来说非常困难。因为 2000 多年来，自从摩西拿着写有法律的石板从西奈半岛来了之后，我们的文化就是同一个上帝、同一个真理、同一个方法。这种思维模式贯穿整个西方，牛顿科学也是这样（绝对空间、绝对时间、自然界普遍定律），这些深植于我们的逻辑之中：非此即彼而不是兼容并包。这使得西方人对冲突和差异抱有一种消极的观点。认为冲突是一件要解决的事，通过一方战胜另一方来解决。最好的情况是，我们忍受不同，虽然有异议，并感觉不舒服，但求同存异。

与此不同的是，自然界复杂的自适应系统正是由于多样性才不断进化的。牡蛎里的沙砾最终会变成珍珠。

真正的多样性意味着热爱或者至少珍视别人不同的观点，而不是鄙视。这意味着我们应把不同视为机会。这就需要西方人实现一个量子跃迁，意识到真理是多面性的，可能是无限的，没有"唯一最好的办法"（在爱因斯坦的物理学概念里，有多少观察者就有多少立论点。在量子物理学里，所有现实的依据是一个由无穷的可能性构成的场——量子真空）。拥抱多样性意味着理解一个问题或者推导一个策略的最佳方式，是尽最大可能得到关于这件事的尽多的观点。这就是认知多样性。这要求我们认识到，让我感到不舒服或者挑战我的假设的东西，通常是最好的老师。

完全接受了多样性，我们便会感激上帝让别人与我不同，因为这份不同给了我更多的机会，丰富了我的人生。这让我尊重每一个观点（一个宗教、一个信仰、一个论点），认为它是有意义的，值得考虑，即使与我的不同。当然，这需要我更加谦虚地看待自己的观点，并要求我（或者我的组织）确保自己会自我质疑，或者质疑所有曾经被认为是神圣的东西。为此，我必须深信真理来自于冲突或某种情况的自组织潜力，在这件事情上放弃自我控制。

每个人、每个组织都有其自身丰富的多样性。学会欣赏别人的多样性可以帮助我试着接受我内心不同声音的和声。这让我对直觉和预感持有更加开明的态度，对生活或事情的不同可能性变得更加开放。让我更加灵活，更加仔细思考，更多地审视自己，用更开放的心态去学习，更愿意去成长。

在自然界中，从多样性在复杂自适应系统中扮演的角色上，我们可以更多地了解多样性。在科学界，同质的系统非常稳定，但正是因为如此，它的适应性不强。一个组织的主流文化太过强势，其文化的缺陷也会暴露出来。相反，某一系统如果太过多样或者不同的声音太多，就会四分五裂。在混沌的边缘，多样性和同一性达到的平衡是一种临界平衡。我们可以引用"女王陛下忠诚的反对党"来说明：在一个企业文化里，忠诚的不同声音很有必要。

## 原则 7　场独立性

在印度长期的独立运动中，一次，圣雄甘地组织了一场全国性的游行，从印度的一边到另一边。数万人追随着他，不论天气炎热，也不管尘土飞扬。游行途中，他突然停了下来，并宣布："不不不，这是个错误！回去吧。"他的追随者们大为吃惊，质疑他的判断和耐心。甘地回答道："我的承诺不是坚持，而是在任何时刻去做我认为正确的事情，即使承认我是错的。"

"场独立性"是个心理学术语，指的是能够公然违抗大众，或者从甘地的例子来说，是打破自己之前的思维定势；是要坚定的人生信念，即使它会让自己变得孤立起来，让自己变得不受欢迎；是了解自己的思维，坚持自己的观点，就算与集体意见不一致。更确切地说，"场独立性"是能够洞悉自己所处组织的主流观点或文化，即使它们会影响我的独立判断，我仍然能公然与之抗衡；是能够置身突发状况之外，看清事情的出路。

更难的一点是，场独立性要求能够与固定的思维模式或者思维范式脱离开来，能够发现自己什么时候犯了错误。更确切地说，它要求能够摆脱掉各种纠缠不清的东西，远离与生俱来的那些会禁锢自己的东西——贪恋、怨恨、憎恶、嫉妒、渴望被别人夸奖或希望别人给予自己正当的判断，或渴望受欢迎。这些都会影响自己的反应和反馈，让自己陷入更低级动机的困局之中。

在心灵方面，场独立性指的是站在高山之巅，呼吸纯净的空气，视野开阔，思想独特；拥有力量接受孤独，远离他人，并认为自己是这世上唯一能够如此看待自己的人，并且能够坚持下去。它要求人们做事平稳，集中注意力，坚定不移，思维独立，学会自我批判，执着投入。这些品质，在茫茫大海上航行的船长和硝烟中的战争指挥官都有。科学家和艺术家也具有这些品质，发现看待事物和做事的新方法。拥有场独立性（即独立立场）的人可能看起来有些固执，甚至给人感觉他们有时候唱反调，可没有他们，我们的思想和文化只会止步不前。人群永远都是被特立独行的人领导着。

## 原则 8 刨根问底，勇于质疑

几年前，日本一座核电站发生了一起严重的事故。反应堆的冷却剂变少，导致控制杆过热。反应堆达到临界点，爆炸了。在随后的调查中，发现核电站的工程师想走捷径，提高核电站的效率。可由于不了解核反应堆的基本原理，他们导致了这一起事故。这些工程师忘了问"为什么"，为什么核电站的操作规则保证了安全操作？他们并没有了解核电站反应堆最深层的体系。

孩子的好奇心是天性使然，他们会问很多"为什么"。可是，不管是在学校还是组织，我们不鼓励提问。我们认为问题很烦人，会分散我们的注意力，甚至是不忠于工作或学习的。孩子上学是为了接受知识，员工（甚至是经理）是被雇用来完成要求的。这不仅挫伤了孩子们提问题的热情、新奇感、自发性，而且摧毁了孩子们提问的创造性，而这往往是成人世界革新或突破的原型。艾萨克·牛顿认为自己是一个站在未知真理的海边、心中充满敬畏的小男孩。爱因斯坦谈到自己为何智商这么高时，说自己上小学时总是提出很多问题，带来很多麻烦；现在自己成了一位有名的科学家，就能随心所欲地问问题了，甚至是一些"愚蠢"的问题。

抱有强烈的好奇心并且经常问为什么，对整个科学精神非常关键，科学需要不停地问问题。在量子物理学方面，海森堡不确定性原理认为，所提的问题（做实验时）实际上会成就现实。问题能从无限的可能性（量子真空）中提取出可能性，并转变为现实。可是，我们都知道，我们的企业文化充满了恐惧，对问题没有任何耐心。它压制人们进行探索，压制了创造，压制我们更高层次的动机。我之前曾写过，量子组织是一个拥有质疑能力的组织，组织里的每个成员都被鼓励去思考、去提问。

问为什么，是因为想更深入地了解事物，探究它们的本源，是一种从更高动机而来的行动，伴随而来的则是永远不认为一切都是理所当然，进而会去质疑原因、基础和内在工作方式，去问是否可以更好或者不同。提问也会让我们超越已有的东西和当前的情况，鼓励我们探索未来。我们为什么要生产这个产品而不是另一个？为什么用这个分配体系或这些原材料而不是别的？这些问题对创新和发展非常有必要。提问，我们就能在不确定的基础上发展，因为我们不怕向前看。

批判者敬畏问题。因为问题有破坏性，总是质疑现状、推翻自以为是的假设和偏见，总是捣乱。因此，提出一个好问题需要的是乐于质疑自己和别人的猜想、价值观及做事方法。当然，这需要谦逊（尽量不要一意孤行）。像拥抱多样性一样，探索无穷无尽的真理也需要量子跃迁。我们必须明白，真理是无限的，所以我们要养成一种习惯，永远去追问现有事物背后有什么，永远要更喜欢好的问题而不是好的答案。这样可以让我们一直去探索无穷无尽的东西，去和边界打交道，而不是囿于边界。（你能想象吗，一个公司的 CEO 对他的下级说："明天早上来的时候，我希望你能提十个好问题，十个你不理解的事物。"）

## 原则9 重建框架的能力

彼得·施瓦茨（Peter Schwartz）著有《前瞻的艺术》（*The Art of the Long View*）一书，还有关于荷兰皇家壳牌公司情景规划的作品，在这些作品里，他描述了转换战略思维。转换的关键是能够重新思考过去，想象未来——想象多种情况的未来，并且明白这会对现在的决策造成多大影响。重新思考过去和想象未来都是重构行为的体现——对现有情况或问题换一个更大更宽广的视野，用更大的视角去思考和理解。

重建框架需要跳出某个情境、建议、策略或问题，着眼于全局。所谓的全局既可以是空间上的，这要求我们扩展地理视角，考虑一个决定是否会影响到更多的人或情境；也可以是时间上的，这要求我们以更长期的视角考量一项策略。一些短期看来绝妙的解决方法从长期看并不可行。范达娜·席娃（Vandana Shiva）指出，世界银行提出的将工业污染物排放到第三世界国家的政策在长期来看就是不可行的。不管将污染物排放到地球任何一个地方，地球的总体污染情况都不会变，每一个人都会受到影响。为维护"国家利益"而否认气候变化的人也是缺乏远见的。

对问题（或机遇）进行框架转换最关键的阻碍可能源于我们自身的思维方式，因为大多数人总是存在思维定势和一系列的臆断。我们首先要意识到这个事实，意识到我们存在哪些臆断，然后去打破（或消除）思维定势。这可以将我们带离舒适区。彼得·施瓦茨在壳牌公司是这样描述这一过程的："我们制定了一套检验自己思维定势的方法，以此发现自己的偏见和臆断……但要将注意力集中在有用的研究对象上，我们必须关注那些令人不适或困惑的情境。"

能够重建框架的人（或组织）更加富有远见，能够对未来进行推测（甚至影响），因而更加乐于接受各种可能性。他们富有创造性（前瞻性）和远见，他们必然善于自我批评，通常富有冒险精神。但由于他们拥有超越自我和他人范式的眼光，他们的见解会让那些安于现状或坚持狭隘观念的人感到威胁或"荒谬"。无论科学、艺术还是商业，情况一直如此。

心理学家发现，通过观察幼童的行为，我们就能推断出他们在青少年时期或成年后能否善于重建框架。有一个著名的棉花糖实验：实验人员给了一组四岁的孩子每人两个棉花糖，但是告诉他们，如果他们现在只吃一个，那么以后还可以再给他们两个。当这些孩子长到 14 岁后，实验人员再次对他们进行了实验，发现在四岁时能够控制自己欲望的孩子在 14 岁时表现出更充分、更高级的认知能力，其中就包括重建框架的能力。这些属于高灵商的特质，可以带给一个人整体的性格优势。

在精神层面，重建框架可被视作为世界或自身带来新事物的能力。从这个意义上讲，对自己的假设进行框架重建就好像是在经历启蒙甚至重生。

## 原则 10  积极利用挫折

查尔斯·汉迪（Charles Handy）将"炼金术士"描述为可以让事情发生、可以无中生有的人。这样的人是商业、艺术和科学领域的创新者。炼金术士的一个共同点是"顽强"，他们有能力对一个项目或想法坚持不懈，即使困难重重，也能看清本质。汉迪说："炼金术士有杰出的能力，将灾难变成新生。"

维珍航空创始人理查德·布兰森就是汉迪眼中的一个炼金术士，他曾因为早年在商业上的失误坐过一段时间的牢。布兰森说："我做生意都是靠经验，而且常常是失败的经验。每当遇到失败，我就会想我们还可以做得更好，比如维珍航空。"和其他在英国受教育的孩子一样，布兰森一定是读着鲁德亚德·吉卜林（Rudyard Kipling）的励志诗《如果》长大的。"如果你坦然面对胜利和灾难，视两者并无不同……孩子，你成了真正顶天立地之人！"

对逆境的积极利用可以让我们对错误进行学习和运用，这是灵商的重要特质。它可以帮助我们认识到自己的不足，不仅仅是接受错误，而且利用这些不足。在逆境和失败中，我们成长、学习、收获。"振作起来，抖抖尘土，重新来过。"然而这种想法与现存的公司文化格格不入，当前的公司文化不接受犯错者，大多数高级管理者都会说："你的预算就这么多，所以不要犯错。"我还从来不知道有哪家公司会奖励每周最具创意失误。他们只会说：谁把事情搞砸谁负责。这是恐惧在公司文化中弥漫的主要原因之一。

对逆境的积极利用需要强大的性格，这也是真正塑造性格的唯一因素。德国哲学家尼采曾说："杀不死我的会让我变得更加强大。"对逆境加以利用需要审视自己的弱点、不足和曾犯的错误，接受它们，并从中学习和成长。我们需要有足够的勇气来面对痛苦，与羞耻同行，从而有能力克服造成羞耻的原因。美国社会学家理查德·森尼特（Richard Sennett）指出，我们需要有潜在而持久的、超越短期工作经验的、弹性制度和公司文化所不断需要承担的风险之上的自我感知。这种自我感知只能来自于对内心深处价值观的遵从。森尼特称之为"忠诚于自我"。

更为微妙的是，对逆境的积极利用需要我们有一种悲观的认知，不是所有的问题都能得到解决，不是所有的分歧都能得到弥合，但坚持不懈的能力是不变的。要记住"有创造力的人，内心都存在这难以名状的悲伤。"（莎士比亚）有了这一认识，人就会有深厚的智慧和成熟，就会感到从容不迫，至少会感到"活得有意义"。不惧怕悲剧和逆境，就能建立起对生活的基本信任，因而更能包容生活的不确定性。

## 原则 11　谦逊

一个顶级国际商学院的教育主任批评我将"谦逊"列入灵商的 12 个特征。她说："现在的商人对保持谦逊兴趣不大。"然而，《哈佛商业评论》认为，谦逊是"第五级领导者"的两大决定性特征之一。第五级领导者"能够增强企业的实力，帮助企业实现从优秀到伟大、从平凡到卓越"。第五级领导者的另一个决定性特征是强大的意志力。

谦逊或谦虚，是灵商的第一大变革性特征，提升我们的动机层次，将我们擢升于更高动机的积极域内，使我们不再沉溺于自我、不再妄自尊大，使我们可以开放地向他人和向经验学习。假如我们认为自己是上帝给予这个世界的礼物，比别人都懂得多，那么我们根本不会有动力去倾听、去学习。

合理的谦逊让我们意识到自己不过是一部大戏中的小角色，让我们更能够意识到他人的优秀品质和成就，也让我们意识到自己处在他人的成就上，处在生活的恩赐上。因而，我们就更能体会他人的需求，为员工创造发挥才能的空间，更能提出问题、征求建议，也更愿意承认自己可能是错的。合理的谦逊会促进合理的自我批评，让我能够意识到并愿意承认自己的不足，防止妄自尊大。

从更精神的层面上讲，谦逊带给我们真正的自尊，这种自尊的来源比纯粹的自我更加深刻，因为它超越了纯粹的自我。谦逊让我们的自我意识不再只是纯粹世俗意义上的"了解自身定位"，而是将自己视为人性的一部分、宇宙的一部分、上帝的孩子或人类共同所处的真空能量场中的激发。谦逊拓宽了我们的视野，为我们的人生赋予更深的意义。因而谦逊常常伴随着感恩、深层的自我意识和服务的愿望。亚伯拉罕·林肯、圣雄甘地、纳尔逊·曼德拉等伟大领袖都极度谦逊，拥有伟大的政治愿景和强大的意志力。

## 原则12　使命感

一名英国时装设计师告诉我，她认为一个人去创业无非有三种原因。第一，市场存在待开发的领域。"你注意到人们想要的或是需要的，因此你决定提供这种东西。"第二，个人机会，比如我继承了家族企业，或拥有某种特殊技能或天分，以此来进行创造，如服装设计或音响系统设计。"第三种则非常不同，这种创业的原因仅仅是一种'我必须要做，就是去做''我必须要做，舍我其谁'的感觉。"第三种原因更有创见，是一种需要为世界带来点什么的感觉。

使命感，是愿景的召唤，是一种让理想成真的渴望和决心。使命来自于拉丁语"vocare"一词，其原意是号召接受神职，接受神的召唤。作为灵商的一种特征，我认为使命感是一种更高的服务奉献精神，就是让这个世界变得更加美好。使命感是追求特定的人生道路，达成深刻的个人（或超脱于个人之上的）目标，践行内心深处的理想和价值观。教育和医疗一直都被认为是富有使命感的工作，法律曾经也是。量子领导法则提出的理想范式，就是商界领袖也应该富有使命感。

使命感远比抱负或目标来得更深刻。"我想在 30 岁前成为百万富翁。"这种说法就是没有使命感的。使命感是赋予生命意义的愿望，是有所作为的强烈意愿。使命感一般来自于灵感。使命感不一定如拯救世界那么伟大。做一个忠诚的领导、称职的父母、积极的市民，都可以成为个人的使命感。使命感的本质特征是"应该要这么做"的内在品质。

使命感通常来自深刻的感恩之心，认为我已经得到了很多，现在我要回馈。我从没想过用我的回馈来操纵被反馈的对象，而只是我的馈赠。除了感恩外，使命感还来自敬畏之情，那是对优良品质或榜样的崇敬，甚至是对生活本身馈赠的敬畏。特拉普派（Trappist）修道会的箴言是"Laborare est orare"（劳动就是祈祷）。他们怀着对上帝的创造的敬畏之情而劳动。若是商界领袖能够怀着敬畏之情，带领自己的企业为世界做贡献，那么我们的世界该多么美好！这需要我们从根本上转变范式！

与我共事的商界领袖常常问我："怎样才能成为一位量子领导者？"我认为，践行灵商的这 12 个特征，将它们贯穿于公司文化，作为公司的愿景向人们阐述，就是一个很好的开始。这也是实践量子系统的一个关键要素。

## 第 12 章

# 对话：新思维风暴来袭

在最近的一次对话中，葛兰素史克制药公司全球领导力开发项目的负责人金·拉弗蒂（Kim Lafferty），表达了其对于改变个别参与公司领导力开发项目人员的思维方式、动机及行为感到十分沮丧。她打了一个比方，好比是鱼儿在装满脏水的鱼缸里游动。

"我们一直致力于把鱼从鱼缸中拿出来，再把它们弄干净。但随后我们又把它们扔回了脏水里，所有的努力都白费了。我们现在意识到，应该清理的是水，是公司文化。"为了达到这一目标，她尝试着引入小组对话这一方法。葛兰素史克制药公司是采用对话作为改革工具的大公司之一。

这本书的大部分内容都是有关思维方式、新思维的应用的，以使公司的大脑重构。但是，运用思想意味着行动，而行动需要具体做法和工具。如果一个公司想要在边缘上思考和运营，它需要一些方法或者基础架构指导行为。而对话就是一种方法。倘若加以正确的理解和实践，对话过程和对话小组便可成为公司一种实用的工具。它可以将旧的思维方式和较为低效的商业活动转变为新的方式和活动。采用对话过程的方法，这一决定本身甚至可以改变一个公司的运作方式及其员工的授权方式，信息是其中的媒介。

我们大部分人对于对话这个词并不陌生，甚至是非常熟悉，因为这个词的使用范围十分广泛，意义也十分丰富。大部分人都觉得有交流就会有对话，或者至少在进行有效的探讨和辩论时，他们就是在对话。但是我所说的对话意义更加具体。我觉得对话应该是一种独特的"共同思考"的过程，一种强大的团队活动，成员们可以从中培养出新的精神上的联系。我觉得这是一种量子过程，一种进行群体性量子思考的方法。放在公司的环境里，对话是思考或学习型组织的至关重要的基础。通过对话，公司的大脑可以不断地重新建立联系。

对话的历史具有非常重要的意义。它的源头可以追溯到古雅典。它曾经是苏格拉底使用的最主要的教学方法，该方法在柏拉图著名的对话中名垂千古。对话这个词语本身是一个希腊词，来源于希腊语的 dia 和 logos。dia 的意思是"对穿"或者"通过"，logos 习惯上被译为"词"，所以 dia-logos 的意思是"通过词汇"（表达的）、"通过交谈"（表达的）。但 logos 一词在希腊语中还有一个更早的原始意思，那就是"关系"。所以 dia-logos 就是"通过关系"的意思。这就赋予了这个单词彻底不同且更加强大的意义，尤其是在我们想到量子科学中关系创新的重要性的时候。试想一下，如果 logos 在《圣经》里被译为"关系"会是怎样一种效果。"一开始就是关系。"这意味着全新的形而上学和神学的视角。

在古希腊，对话是苏格拉底和他的学生之间一种特殊的关系。他们的对话形式是不断地进行交谈。期间，苏格拉底会通过看似无休止的提问来教导学生。每个问题都旨在削弱学生对上一个问题的回答中出现的某种假设、偏见或错误信念。苏格拉底相信，人类生来就知道一切，但生命却是个遗忘的过程。而真相对他来说是"难以遗忘的"或者是对已知事物的"回忆",真相就是逐渐找回原有的智慧。苏格拉底为实现"难以遗忘"这一目的而使用的对话技巧,最著名的例子都收录在柏拉图的对话录《美诺篇》(*The Meno*)中。书中,苏格拉底找来一位完全没有接受过教育的奴隶男孩,对他进行了一系列发问,引导他回答出了高等数学的所有原则。"看吧,"苏格拉底评论说,"原来他真的一直都知道的。"

对话也是雅典市民之间一种特殊的交流形式,让大家能够解决彼此的分歧。每当遇到重大问题,市民们便会聚集在"阿格拉",也就是市场上,举行一场对话来进行商讨,历时几个小时,必要时甚至是几天,直到人们找到解决的办法。这种做法可以集合大家的思想、集体的智慧,是一种非对抗式解决问题的方法。但是几年过后,由于雅典的市民数量太多,并且人们都非常忙碌,没有时间进行对话。所以他们花钱雇了一些倡导者来提出他们的立场,然后市民们对这些论点进行投票。这样,对话便被辩论所取代,如今的代议民主由此诞生。原本由市民一起平等地探讨思想和问题的民主转而成为一种关注投票结果的行为,而这种投票只是针对已设定好的两种立场进行的,并不允许出现多种立场和新的观点。

自古雅典出现了这些人们花钱雇用的倡导者以后,对抗式的辩论成为我们所熟悉的西方人解决分歧或者做出决定时采用的方式方法。我们在学校里教授辩论的艺术,在政客中寻找辩论的痕迹。辩论已然成为西方社会个体间和团体间大部分交流的主要模式。我认为辩论是一种典型的牛顿式的、机械式的会话形式。它主要是观点的冲撞和不同倡导者之间的对抗,就像牛顿原子论宇宙模型中两个台球的相互撞击。"让我们把对方的一些观点撞飞。"公共辩论是一种正式的、有规则和范围限定的、人们广为接受的说话技巧。

## 辩论 vs 对话

我们可以通过对比辩论和对话之间的鲜明差异，来看看它们在交谈和建立关系方面所采取的截然不同的方法。这种不同对整合思路与企业文化改革具有重要意义。当然，这种不同也具有更为广泛的社会和教育意义。

## 知道 vs 发现

在辩论中，我知道自己倡议或者维护的立场是什么。我知道自己的论点——如果准备充分的话——知道呈现论据的最明智的方式是什么。我知道我的立场是正确的。辩论是机智的，它是种大脑活动，我需要开动脑筋。

对话是发现，是探索，是公开讨论，直到我能有所突破，学到新东西或形成洞见。对某件事，我自己本可能有所见解，但是我愿意先把自己的想法暂时搁置一旁，用开放的思维方式及开放的态度去倾听他人讨论。对话包含了我的情感、深层次的敏感性以及思辨能力。我全身心地投入其中。

## 回答 vs 问题

在辩论中，因为我已然了解这个话题，所以我对答案熟稔于心。

你没有什么能够教我的了，所以我来教你、征服你、打败你，单方面对你发表我的见解。

对话关乎提问，关乎那些我不清楚的或我想弄明白的问题。这是一个探索的过程，无论是对于我自己，对于他人，还是对于事情本身，都是如此。为什么你的话会令我勃然大怒或焦虑不安？你为什么要这么说？你从哪儿来？你的观点是什么？你为什么会产生这样的观点？你是否有其他看待事物的方式？我都做出了一些怎样的假设，而我的观点又是从何而来？我思维体系的更大框架是什么？

## 输赢 vs 分享

在辩论中，有人明辨是非、成竹在胸，而另一方的想法便是错的。也就是说，有人赢就必然有人会输。两个观点总有一个更好，经过判断得到一个最佳论点。人们往往会支持一个最佳的方案。

对话关乎分享。我们分享自己的观点、假设、怀疑、不确定、疑问、恐惧、建议和疯狂的想法。为解决一件事，我们会提出许许多多的方案，大家一起设想，一起思考，一同感受。

## 不公 vs 公平

辩论是不公平的，因为我们当中一定有对有错、有输有赢。当一方有正确答案时，另一方的言论就成了谬论。两个观点总有一方会被认为是更加合理的。我们，或者我们的听众，会对此做出选择。双方总有一方更聪明机智，更能言善辩，更幽默风趣。

对话是公平的。因为我们都能有所贡献。一个人，除非精神错乱，他（她）总有一些正当理由持有某种观点或是隐藏自己的某种感受。总有一些合理的原因让我们支持某种观点或感受。这世上没有"错误"的观点，没有不合理的感受方式。我来领会并了解你的推理，思你所思，感受你的感受，理解它们的由来，同时了解我对其所做出的反应。

## 能力 vs 尊重/敬畏

辩论关乎力量。我用这份力量击败你，战胜你，令你妥协。辩论就是用我的能力来说服你，或者让你看起来像个傻瓜。

对话关乎尊重。我尊重你的观点，尊重你得出此观点的过程，我尊重你的感受和付出。对话甚至关乎敬畏。我感激你能用一种不同于我的视角来看问题，感激你独特的个性，感激你不同的过去与经历，感激你用能力充实了我。我们都只能表达生活（或现实）无限可能性中的一种。因此，对于你能向我展示其他可能性并与我分享，我表示尊重。

## 证明观点 vs 倾听

辩论是证明某个观点或捍卫某种立场。我攻击你、防御你，立论反驳你的观点。我拒绝接受你、你的观点和你的感受，也不想知道。

对话关乎共同探索新的可能。它与倾听有关。在我内心设立了一个空间，在那里我能倾听自己的声音，也能倾听你的想法并感受我对你所说内容的反应——由此质疑自己并意识到自己无意识的假设。我们大部分人都不擅长倾听，无论是倾听自己还是倾听他人。我们的经历与接受的教育让我们处于一种随时都准备好了想法、反应或者好的论据的状态。这种过度的准备排除了我们学习或倾听其他观点的可能性。它让我们对其他的观点充耳不闻，也让我们变得冷漠无情，无论是对他人，还是对自己。

## 关于对话本身

如同量子思维，对话使我们跳出原有的框架并挑战我们的假设。它指引我们改变已有的思维模式，让我们去重构它。对话是一种新结构，能帮助我们打破旧的思维结构。

对话并不是非要达成某种共识。西方文化告诉我们，最好的方式只有一个，最好的观点也只有一个。人们只有一个上帝，只信奉一个真理。理论上来说，我们应该一致同意这种看法。我们的文化理想就是将各种迥异的观点结合起来，达成一个大家都接受的一致的意见，这也是西方历史的终极目标。我们对于差异和模棱两可难以适从。我们拒绝两个人可能会出现分歧的可能性，尽管双方可能都是对的。我们无法接受"兼容并包"。

苏菲派（Sufi）有个著名的故事，主角是毛拉·纳斯鲁丁（Mullah Nasruddin）。从前，有两个人带着一个辩题找到了纳斯鲁丁。第一个人陈述以后，纳斯鲁丁说："我认为你是对的。"接着，第二个人从反面做了陈述，纳斯鲁丁又说："我认为你是对的。"一名旁观者感到很奇怪，纳斯鲁丁怎么能在两人意见完全相左的情况下说他们都是对的呢？纳斯鲁丁又对他说："你说的也对。"在这个故事里，纳斯鲁丁到底是智者还是傻瓜就仁者见仁、智者见智了。在中国人看来，这种回答再正常不过，而西方人则百思不得其解。

毛拉·纳斯鲁丁就跟苏格拉底一样，是对话的积极践行者。就个人经验来说，在我促成的一些优秀的对话组中，对话也曾以大家各执己见、互不认同告终，但每个人都学到了很多。对话是丰满自己的过程，它让我们从不同观点、明白真理并非那么简单的智慧中学习。对话让我们知道，人性、人类境况及所面临的问题都不简单，即便有解决办法，也绝不简单。

对话这一概念在西方文化中沉寂了数百年之久。直到 20 世纪 40 年代，通过参与调解退役士兵的战后心理创伤，心理学家们复兴了这一概念。他们发现，对话能够有效鼓励小组讨论及解决冲突。20 世纪 70 年代，量子物理学家戴维·玻姆重拾对话事业。玻姆认为，这就是一种量子的对话方式，在这种情境里，不置可否、称赞、对不同观点的探索（即潜在的可能性）及在一个非对抗性的谈话中持有多种观点，才能获得真正的力量。他认为这可能曾经改变了社会。通过他的研究，"玻姆式对话"开始广泛传播。麻省理工学习中心延续了他的研究。他的研究在彼得·圣吉（Peter Senge）的畅销书《第五项修炼》（*The Fifth Discipline*）中占据大量篇幅。玻姆的学生比尔·艾萨克（Bill Isaacs）创立的麻省理工谈话项目，如今已被一些大公司运用于实践。艾萨克曾说："我们可以把公司想象成权力或阶级网络，或者把它们看作对话的网络。对话可以改变公司。"

## 对话组

在集体心理学和企业里，对话是在对话组里实践的。无论在学校、监狱还是政治或宗教信仰冲突频发的地区，都有对话组在运行。我曾与公司、学校和地方政治家一起开展过对话组。

在对话组里，人们围成一个圈以强调参与者没有等级之分。在公司对话组里，最有效的方式是各个阶层都派代表参与对话。从看门人、茶水员到高层管理人员，均有参与。理想对话组的参与人数是7～20人，这样能保证每个人都参与进来。对话组中没有观察者，也没有骑墙派。但组内会有一两个扮演促成者的角色。他们全程参与，既是对话组的成员，同时也负责维持小组活力，在对话中保持好问的精神。如果对话有主题，则需要以温和的方式保证对话的内容不偏离主题太多。

对话中唯一真正的规则是每个成员都要开放，诚实地表明自己的想法与感受，不允许挑衅或者谩骂。促成者要确保当有人在发言时不被打断，也不能让某一个人垄断对话。如果对话过度理智，或者出现谩骂，又或者对话变成了辩论，促成者需要礼貌地将对话拉回正轨。

有这样一个假设，对话组是一个神圣的空间。想让人们诚实、开放地对话，就必须让他们有安全感。评论不能凌驾于讨论组之上。不能重复讨论不受欢迎的想法或提出批评。大家不必担心自己说出来的东西听上去很傻。促成者要建造一个安全空间（比尔·艾萨克称之为"容器"），在这个空间里，大家能够自由对话。

对话组产生了团体情感和团体智慧。用量子物理学的观点来说，集体的合力比个体力量（个体成员、思想、感受）的简单相加更大。这就是为什么对话组是组织学习的一项有力工具。它让公司拥有一个集体大脑。在对话过程中，集体大脑几乎是以有形的姿态展现在集体中心的。比尔·艾萨克将这份有形物质描述为"一个场"，它是询问的场，分享智慧的场。这与量子场、真空地带非常相似，这个场产生了一切。对话总是充满惊喜。

对话组的参与者对对话的本质有不同的看法（事实也本该如此）。一些奉行克里斯·阿吉里斯（Chris Argyris）传统及"行动科学"的人认为，对话应该以目标为导向，旨在解决一些特定的问题或争议。而批评者们，比如戴维·玻姆本人，则认为这种目标导向性太过机械化。还有其他一些人倾向完全开放、没有任何定向的对话，任由自己的思想驰骋。就我个人来说，我通常会两者兼顾，在对话中设定一些模糊的主题，但是让对话自由地进行。

不定向对话在公司内并不常见，有许多员工不太适应不定向的对话模式。"对话的目的是什么？如何证明在工作日讨论这个是正确的？"为了规避这个问题，一些公司在大的对话组内另外成立一个小组。大的对话组至少连续六个月每周或每两周进行一次会面，这样使其能够大范围地自由提问。小对话组则单独会面，来讨论在之前的对话中提出的看法，讨论将其付诸实践的可能性。

## 对话态度

群体中的对话是组织学习和变革的有力工具。这样的对话能唤醒和嵌入量子思维，从而形成有用的"量子基础设施"。但是我认为对话不仅仅是一种特别的谈话方式。

在我看来，对话的本质是一种态度。这是对自己、对他人、对知识、对问题和关系都截然不同的态度。这是新量子世界观的一部分，是实践中的量子思维。如果在我们内心深处和接触他人的方式中，我们用发现取代已知，用问题取代答案，用公平取代不公，用尊重和敬畏取代能力，用探索新的可能性和倾听取代证明观点，那么我们就可以真正地改变自己和世界。企业文化中必然会存在不同的工作方法，必然会有革新、挑战以及关系。这是因为我和克里斯·雷都坚信，对话过程中的变革能力是量子动力学的基础性工具，无论是量子系统动力学还是量子战略动力学。

对话能在群体中进行，也能与自我进行。我们每个人的脑海中都同步进行着许多对话，有着同步的、相冲突的冲动和欲望。我们通常压抑了其中的大部分，只遵循一个冲动或欲望的指引。"这是我真实的声音，这才是真实的我。"但其实它们都是我。量子本身是对话与个性的大合唱。内在对话让我能够用一种新的方式来倾听自己。同时，它也能教会我用一种新的方式来倾听自己亲密的伙伴和同事的心声。它教会我倾听各种可能性，自己的、内在他人的、内在环境的。在下一章，我们在讲到冥想和反思实践时，将深入探讨这种内在对话过程。

## 第 13 章
# 冥想和反思实践

正念、冥想正风靡于美国的各大企业，这么说毫不夸张。谷歌、通用磨坊、高盛集团和黑岩集团等知名企业都引入了相关项目，培训员工在工作中冥想。马克·贝尔托里尼（Mark Bertolini），位于美国康涅狄格州哈特福德市的安泰（Aetha）保险公司的 CEO，就为公司的 50 000 多名员工提供了冥想课程，超过 1/4 的员工参与其中，对公司发展大有裨益。比如，员工工作专注度的提高进一步提升了生产力，每位员工可为公司带来约 3 000 美元的附加值。此外，员工烦恼的减少、睡眠质量的改善和工作压力的降低在短短一年内为该公司节省了 900 万美元的医疗费用。目前，安泰公司已将正念冥想教程作为一项产品发布，可为该公司带来丰厚利润。

灵商是人类的终极工作能力。冥想和反思及前章所述的 12 条变革原则，本身就是提高灵商的一种方法。通过提高灵商，我们可以实现智力的全面发展，促使它们发挥协同作用。但除了反思之外，我们还应当尽可能地发挥灵商的作用，在日常生活中参与能够激发并促进改变的活动，我们需要退回一步，全面感知我们意识的工作方式。

我们已经了解到人类大脑拘泥于固有的思维模式。大脑发展出特定的心智与情感习惯，将我们之于个人和世界的经历转变为某种可以操控的东西。此外，处理日常琐事时，大脑还充斥着各种噪声、混乱的反应性思维和杂乱的感受。忙碌的一天过去后，所有的脑力活动会让我们感到筋疲力尽，对白日里应对的各种事物感到困惑、混沌。一天过后，许多人的脑力已经不堪重负，诉诸酒精或观看无脑的电视节目，除此之外无法消化这一天，不知如何才能净化、更新我们的大脑。显然，我们对于自身以及决定我们一天的行为、决策及感知的思维模式，毫无意识。我们的身体承受着一整天紧绷的压力，使得我们的认知变得迟缓，身心俱疲。

自我意识是灵商的 12 项原则中最为重要的一项。它能够带领我们超越自我层面，摆脱自我意识的所有歪曲及陷阱作用，让我们能够以更创新的方式履行其他原则。因此，若想提高灵商，我们就需要摆脱自我束缚，洞察大脑是如何阻断或歪曲我们的意识经验的。正如马克·贝尔托里尼在讲述个人经历时所说："它令我质疑自己的行为与世界观，令我反思自己的影响力及我对待他人的方式。"这种自我质疑与反思的结果便是，他将公司里收入最低的员工的薪水提高了 33%！

在过去的五年里，对于在东方国家盛行数千年的冥想实践，西方人的了解日益加深，接受度也越来越高。数百万的西方人就算不是每天都做，也会经常冥想。有些人把冥想当作一种放松方式；有些人则是为了身体健康，如提升注意力或警觉力，使心灵归于平静；而有些人则是为了了解大脑的运转机制，改变扭曲的或毁灭性的思考模式。对于许多人来说，冥想是一种严肃的精神修行。

超绝冥想（Transcendental Meditation）是所有种类的冥想中最先

获得大众喜爱的，被数百万人应用至今。许多从印度教传统冥想活动发展而来的其他冥想技术也为人们所普遍接受，并且都能对人体产生积极影响。但需要明确的是，技术（又称有着特定目标的机械过程）并不会彻底改变人们的精神习惯，因而在最开始就不具备实现该特定目标的可能性。冥想技术的确可以剔除我们脑海中的杂音，让我们放松身体，但却不能带领我们进入深层次的内在平静之地——只有在那里，我们才能够真正地理解自我，真正理解变革。这些技术就像从食谱书上获得的食谱，我们按照食谱所述一步步操作，最终产出符合预期的产品。大多数人在刚开始学厨时很依赖食谱书，但要知道，真正的好厨师对于自己想烹饪的菜肴有着更为直观的感受，关于配料、烹饪步骤、色香味和口感等。真正深层次的冥想练习也应如此。

## 正念冥想

在美国和欧洲，企业、学校和心理健康与咨询服务机构广泛应用的是正念冥想。正念冥想起源于已有数千年历史的佛教传统，过去被称为内观或内在冥想。几十年前，哈佛大学教授乔·卡巴－金（Jon Kabat-Zinn）为它重新命名并加以推广，它才为人们所熟知。正念冥想能帮助我们深入了解自我在扭曲的经验中所扮演的角色，让我们得以从扭曲的经验及各种杂乱思绪中解脱，带领我们前往内心深处的平静之地。在那里，真我与宇宙核心已融为一体。那里涌现的内在意识还能指导我们将生活过得更有意义、更具使命感，当然，还能帮助我们更准确地认识自我。

这些内在意识就是冥想的"最终结果",但我们不能刻意追寻。此外,产生这些内在意识的静谧之所还能产生"兴奋"及"超现实"经验,但我们同样不能以此为目标,或过度依赖于这些经验。如果以错误的精神冥想,随之而生的内在意识与兴奋经验会催生自大情绪,这与正念冥想的目的相悖。正念冥想的重点之一,就是到达一个可以观察自我渴望(如对既定结果的渴望)的临界点。它在过程中自然而然地产生影响,不能刻意,也无法强制。只要遵从它原有的规律,便能实现目的,"就像昼夜更替一样必然发生"。

如果我们每天都能在某个时间段静静地坐着,观察自己大脑中的思维流动,就能逐渐拉开以自我为中心的思维活动与我们无意识的自我之间的距离,这是正念冥想的理想效果。它能帮助我们摆脱思想、情感甚至是潜意识的束缚,让我们真正意识到正是这些束缚限制并主宰了我们的经验。

摆脱束缚后,我们的身心都开始呼吸,感受到周遭前所未有的宽广。我们会发现这种全新状态与我们日常的状态完全不同,会产生除自我外更为宏大的认知,会与我所说的"目击者"建立联系。所谓目击者,是一种意识状态,或自我之外的另一个自己,能以一种超脱的视角观察我们的"猴子思维",成为一个"目击"自我的个人,这也是正念冥想的第二个预期效果。通过正念冥想,我们能够将"目击者"与普通的自我区分开来,进而习得一种直观、即时且有生命力的智慧。

得益于这种有生命力的智慧所带来的体验,我们的潜意识深处所释放的意识流能在许多方面给予我们指导,其中包括以下五项尤为重要的内容:

1. 了解形成日常经验的动态因素和外在力量。

2. 了解能快速灵活地帮助我们摆脱自我约束的行为和态度。

3. 在摆脱自我约束后，学习如何更为有效地利用自我，让自我为我们服务而非主导我们的生活，让大脑意识更为清晰也更加集中。

4. 为生活设立新的目标，进而感受实现目标的过程所带来的成就感与满足感。

5. 认清可能阻碍我们实现上述目标的态度、诱因和行为。

正念冥想能帮助我们深刻体会生命的完整，体会现实的紧密联系和日常生活中各项事务的相互关联。它能帮助我们认识事物及自我的本质，并最终了解现实和日常经验相互连接的本质。目前，关于正念冥想作用的数千项研究都表明，人们之所以会感到完整，是因为在冥想过程中，大脑的确处于一种完整状态——正念冥想能在协同左脑与右脑的活动的同时调动有意识和无意识的大脑活动。大脑中的 40 赫兹振动场能整合所有大脑体验，在冥想过程中趋于一致。因此，我认为正念冥想是培养量子思维的一个重要"工具"。

从这一更深层次的体验出发，我们便可回顾并践行灵商的变革原则。在我们的日常体验中，"目击者"如影随形，启发我们的批判性思维与反思智慧，我们也因此变得更为机警、更有效率。

## 如何做正念冥想

就和大多数冥想活动一样，首先，我们要找一个安静的休憩之地以舒适的姿势坐下。可以半盘着腿坐在地上或椅子上，双腿平放，接触"地面"。保持脊柱平直，双手放在膝盖上面，手掌朝上，闭上眼睛。

许多正念冥想教练指出，应当在最开始放松身体，消除生理压力。身体上的放松是内观冥想的首要前提，而非冥想过程的主要组成部分。首先，我们要将注意力集中在双脚，深呼吸，静静地感受，"感受双脚在呼吸"。然后慢慢地，我们将注意力向上移，"感受小腿在呼吸""感受大腿在呼吸""感受骨盆在呼吸"，如此这般一步步往上，直到"感受大脑在呼吸"。最后，我们会感受到整个身体都在呼吸。这部分练习很适合晚上在床上做，可以放松身体、改善睡眠。

接下来就要开始冥想了。首先，让我们把注意力集中在呼吸上，吸气，呼气。不要用力，不要过度集中，只需将注意力轻微集中于呼吸上，感知意识。然后深呼吸，尽可能地延长呼气时间。如此一来，我们会自然而然地进入三摩地<sup>⊖</sup>，一种静止且深入的内心平静的状态，没有内容，只是陷入一种纯粹的意识，甚至感觉不到自己的呼吸。

尽可能地让三摩地过程持续下去。在这一过程中，我们开始观察自己的呼吸，将呼吸集中到下腹。不要用力，也不要刻意，只需轻柔地观察每一次吸气、呼气。伴随着呼吸，思想、情感及关于已发生的实践的记忆开始出现在我们的意识当中。我们要注意到它们，但不要将注意力集中或转移至它们身上。我们无须对它们做任何事情，只需顺其自然，任由它们出现、消失。

但随着我们以"目击者"的视角看待它们，我们又会进入完全

---

⊖ Samadhi 来自梵语，意思是摒除杂念，使心神平静，是佛教的重要修行方法。——译者注

的静止状态，然后开始产生内在意识。我们会获得一种关于它们或
与之相关联的事物的即时且具有生命力的智慧。这种智慧并不由概
念解释，我们也不应该强行将它转为概念。就让它保持原有的样貌，
与自由意识共存。我们可能会因这些内在意识的出现而感到兴奋，
甚至有意停止冥想，将它们记下来。但这是不应该的。内在意识既
然以这种方式出现，那么就算被完全忘记，它们也会在未来我们需
要的时候再次出现。

正念冥想需要每天练习至少 20 分钟才能真正发挥作用。正念冥
想应该成为日常生活的一部分，它的作用会随着时间的累积逐渐显
现。我们无须苦行，也不必为发挥冥想的功效而成为素食主义者，
戒掉辛辣食品、性生活或酒。但最好空腹练习，尤其是清晨、晚餐
前或睡前。每天练习正念冥想不仅能提高我们的灵商，还能改善我
们的体格、情商和智商，帮助我们实现各类智力的全面发展，即全
脑智力。

我在此描述的仅仅是正念冥想的书面入门指导。练习正念冥想
或者任何其他冥想时，最忌讳奉行书面文章所述，不管这些文章是
由你的导师（guru）编写，还是佛祖自己。但觅得一位私人教练总
是好事，因为教练能够指导我们度过冥想过程最微妙的阶段。


## 反思练习

在第 3 章中我们看到，反思是量子思维的关键技能。我们反思
白天发生的某件事情、某个问题甚至是我们自己的思想，从中抽离
出来——也就是说，我们大脑的正常思维无论把这些东西放在什么

地方，我们都身处其外。反思也可以把整个大脑的活动、下意识的快速思考、有意识的慢速思考及大脑左右半球的思考过程进行整合。对事情进行反思，是对这些事情的理解，并化解任何试图将它们封藏起来的压力。反思既可以使大脑清醒，又能使身体放松。

自动的反思过程是经常进行正念修行练习的好处之一。但我又为自己发明了一种训练方法，非常有助于理解和汲取自身及每天发生的事情中有益的方面。在此，我想与大家分享一下，我管这种方法叫作反思练习。

反思练习最好放到一天的最后来进行。地点必须选在一个安静、舒适且不受打扰的地方。我个人比较喜欢去起居室，坐在炉火旁，在烛光下进行练习。坐在房间里，几分钟后我便可以把注意力转移到自己的身体上来。我身体哪里感到紧张或者不适？我的胃部有"肿块"吗？我的呼吸快速或者浅吗？我的胸闷吗？我有没有感觉头疼或者脖子僵硬？就个人而言，我通常会通过思考来感知我的身体。"今晚我的身体想要听什么音乐？"对于很多人来说，音乐的作用像音叉一样，可以与身体内在的韵律产生共鸣，还能够产生抚慰作用。而其他人则可能更喜欢安静。

当我意识到我体内的能量今天是在哪里卡住了后，我可能会问：为什么卡住了？被什么卡住了？今天发生的什么事导致了我的不安？是工作上的一个意外吗？是在家里跟谁交流不畅吗？是被什么问题困住了吗？是觉得今天一天出了太多事吗？是我今天想多了吗？是事情没有如我所愿吗？是什么人或者什么事情让我感到失望或者沮丧了吗？以上这些问题的答案中，有没有哪个引发了我身体上的紧张？如果答案是肯定的，那么这个问题需要进一步探究下去。于是我便开始问：为什么会这样？

为什么今天我跟那个人的交流会让我感到不安？为什么我会对那种事情感到不安？我为什么在那种情况下容易受到伤害？发生那种情况是我所说的话或者所做的事情而导致的吗？我为什么要说那些话或为什么要那么做？我还有别的什么处理方式吗？这件事情可被避免吗？为什么我没有避免？出现那种交流或者情况是不是因为我的某个习惯或者个性倾向？我为什么会这样？我能够改变吗？为什么？为什么？为什么？每一个反思都让我更深层次地挖掘当时的情况及我对于事情的思考或者行为方式。它使得我之前尚未意识到的设想、态度和习惯得以呈现出来，也让我对于生命中其他人的理解更加全面和深刻。

对白天发生的事情进行深入的反思，这个过程是没有尽头的。反复问为什么这个问题会让你拥有洞察力，让身体长舒一口气，让之前的紧张也烟消云散。如同正念修行活动一样，反思练习会对血压、睡眠质量、头脑清醒程度产生积极的影响。这就好比是每天对精神进行的大扫除。

还有一种反思练习可以用来配合或者培养灵商的 12 项转化原则。毫无疑问，反思活动可以提升自我意识。但是，人们只能从 12 项原则中选择一条，并且，反思自己在多大程度上遵守或者不能够遵守它？为什么我过去不像今天这般悲天悯人？为什么当时那种情况下我有点骄傲自大？为什么与意见相左的人共事对我来说很困难？为什么问题出现时我脑中的第一反应是空白？是什么阻碍了即时的发挥？在每一条问题链上，身体都会给出线索，指引我们进行更深层次的探究。

　　贯穿本书的始终，我已经说过很多次，我们人类本质上就是乐于提问的物种，尤其是有关意义的问题。我在第 1 章中对量子世界观进行了概述。显然，提出这样的问题可以视为我们存在的理由，这就是海森堡不确定性原理！我所提出的问题给了我要的答案，梳理出了量子现实下的潜在可能性。我所提出的问题，创造出了我现在生活的世界。此外，更为确定的是，我所提出的问题，成就了现在的我。

结　语
# 量子领导时代：告别高高
# 在上，以仆人心态来做领导

> 这便是那不存在的兽，
> 他们不了解它，却爱它的一切，
> 它的头颈和姿态，它行走的步法，
> 它美丽的眼睛，和宁静的目光。
> 它固然不存在。却因为他们爱它，
> 才有了这不存在的兽。
> 在这干净澄明之地，它轻轻抬起头来，
> 几乎不需要存在。
> 他们喂养它不用玉米，只用存在的可能性，
> 它从中汲取力量。
> 它的前额生有一只角。独角。
> 洁白的兽走向一位少女，
> 它映在银镜中，也映在少女的心里。
>
> ——赖内·马利亚·里尔克（Rainer Maria Rilke）
> 《致俄耳甫斯的十四行诗》"独角兽"

赖内·马利亚·里尔克被公认为 20 世纪最具影响力的奥地利诗人。他的作品紧扣时代，反映了所在时代的一些主要问题。我和我

同事运营的"概念咖啡馆"主要服务于商业领袖——这首关于"独角兽"的诗就是项目中的一份主要阅读材料。在我看来,这首诗为我们关于服务型领导概念的讨论增添了一些新的维度。更重要的是,我认为这些维度恰恰是有关量子的,而要想理解量子领导力,对服务型领导这个概念的理解至关重要。

在我的理解中,服务型领导包含着对量子思维的实践精髓。服务型领导往往通过一种深刻的、革命性的愿景来发挥领导力,而只有那些按三种思维方式中的第三种思考的人才会具备这种愿景。服务型领导改变了系统的运作方式,创造了新的范式,扫除陈旧的思想,让新思想得以萌发。他们的成就不仅归功于他们的行动,更深层次来说,归功于他们拥有的自然状态。由于所有这些因素,服务型领导成了本书的核心话题。拥有这样的领导者对深化企业改革至关重要。因此,我将服务型领导者定为本书最终的概括性主题。

"独角兽"一直是西方文化中的一个重要象征。它是人类想象中最不可能存在的生物,由人类的憧憬和想象力构建出来。在里尔克的诗中,"独角兽"因爱而生,相信它存在的人为"独角兽"开辟了一片天地。在量子科学中,存在的一切都是从量子真空的无限潜能海洋中产生的一系列可能性事件,其中的一些是由观察家或普罗大众选出的。如果能认识到我们的参与共同创造了存在本身,我们就可以更好地发挥自身的创造角色。我们都服务于这片真空,都服务于存在核心中多元的可能性。

那些开始认识到这种"服务之道"的商业领袖知道,他们服务的对象不只是公司或同事,也不只是市场或产品,甚至不只是通常理解的愿景和价值观。他们服务于"独角兽"背后的那种憧憬,并通过他们的努力构建或帮助构建了一个成功且利润丰厚的产业，为商业发展和人类福祉增添一些新的维度。

我之前提到，一位独立公司创始人曾告诉我，她发现人们创业一般是出于三个动机。第一是机遇：这位未来的企业家考察了市场之后，发现某类产品或服务仍存在缺口，就说："得有人来做这个，我来！"第二是才能或机会：这位未来的企业家在审视了自身的资源和才能或者考察了当地的环境之后，说："我可以为大家提供这个。"第三个动机则更加偏重精神层面。在这里，企业家创业的动机不是商业机遇或职业发展，而是一种内在的需求："必须要有这个，一定要做成，我必须要这样做。"我认为，这就是服务型领导者职业生涯的起点。

在我看来，我们讨论过的这三种创业动机之间，这三种大脑的思维方式之间，以及这三种个人和组织的模式之间，有一种有趣且实用的互动方式。第一种动机基于机遇，具有很强的逻辑性：分析市场，找出空白，进行填补。在这种动机里，遵守规则、目标明确的思维方式开始发挥作用。这就好像将自己想象成一个人形的牛顿撞击球，通过控制身体和周边的力量来参与事物格局的发展。这种管理是通过目标来实现的。

第二种动机基于才能，具有很强的关联性：我拥有以下的才能和资源，所以我可以胜任。在这种动机里，我们思维方式中平行的、相互关联的部分开始发挥作用。多数情况下，这种思维模式极大地受到过往经验、习惯和人际关系的影响（因为这些部分的神经连接最强）。这和我们处理人际关系、向他人提供帮助是一个道理：找到自己在某一个关系网中的定位；开始学习家庭手艺，进入家族企业；

然后在熟悉的领域工作，同熟悉的人打交道。

第三种动机基于内在需求，认为"我必须要做"。这种动机是量子的。现存的规定、产品、服务等还不完善，因此我需要为其添加新的内容来弥补缺憾。在这种动机里，我们思维方式中用以创新、破除陈规和规则创造的那部分开始发挥作用。我们的经验对那些没有经历过的事情不屑一顾，所以就不会在我们的大脑中形成概念或范畴。随后，大脑会创造出新的概念，并重构自身。这种自我认知和量子模型是一个道理：我将自己看作世界的共同创造者之一，看作这个宇宙中一个活跃的行为主体来创造各种新事物。如果我想要世界变得不一样，我就得自己去改变它。如果我认为这种产品或服务不可或缺，我就得自己来创造它。

我们发现，不管在大脑还是各种各样的生活体验中，量子思维发挥作用的一个重要前提就是危机的爆发。当我们现有的思维方式运作良好的时候，我们没有动机去改变它。一般来说，当传统科学或保守科学向革新的科学发展的时候，就会出现危机。这种危机通常会有助于服务型领导者的产生。对这些服务型领导者来说，他们常常会经历精神上的危机。他们平时的自我认知、意义和价值框架体系都会遭到挑战，因此，他们会渴求更多的东西。

## 现实工作中的服务型领导者

我非常有幸能结识三位这样的服务型领导者，并对他们的经历有所了解。我想同你们分享他们每个人的故事。这些故事会点亮服务型领导力的一些深层维度，而在我看来，这些和领导力学科的愿景密切相关。

### 朱丽叶的故事

这是一个真实的故事，但是应故事主人公的要求，我在叙述中使用了化名。我要提到的这位商业领袖名叫朱丽叶·约翰逊，她拥有一家规模虽小，但蓬勃发展的企业——"朱丽叶时尚工作室"，地址在英格兰东南部。朱丽叶刚过 40 岁，是一名现居英国的法国移民，她的丈夫是英国人。我上面提到的关于人们创业的三个动机，正是来自于她的观点。

在法国的时候，朱丽叶是一位歌剧明星。她是一个体态丰满的女人，胸膛宽阔，脖颈粗壮，这种体征和其成功的歌唱事业不可分割，她也确实取得了成功。那时，她拥有成功的事业、体贴的丈夫、两个可爱的孩子和一大帮好友。她在精神探索领域也有所涉足，但只是浅尝辄止。但就在随后的一年中，她的丈夫离开了，孩子们决定跟爸爸居住，她的朋友们变得挑剔而冷漠。"我当时崩溃了，"她说，"我不知道发生了什么，也不知道该怎么办。"

朱丽叶接受了她在英国的朋友的建议，报名参加了一个为期六个月的课程，去苏格兰的一个精神社区学习。她研读了 11 世纪苏菲派神秘主义者伊本·阿拉比（Ibn Arabi）的文章，也学习了古代东方和现代西方神秘主义学派的主张，这些学派都致力于歌颂存在的统一性。社区里的生活宁静，有条不紊，引人深思。朱丽叶得以重新认识自己，探索生命中对她而言真正有意义的部分。在课程期间，她遇到了一个英国人，也就是她现在的丈夫。随后，他们一起搬到了英国东南部居住。

搬去英国之后，朱丽叶住在一个商店上层的小公寓里，靠国家福利金生活，职业发展上也没有明确的方向。这时，一个朋友请她帮忙做一件手工裙子。朱丽叶从小就会缝纫，这次为朋友做的这条裙子似乎唤醒了些什么。她又做了几条。从她的设计中，她体会到了她曾经在苏格兰学习时所体会到的热情，一种歌颂着存在统一性和人类表象背后的真理的热情。她决定不管有没有人买，她都要做更多的裙子。但事实上，这些裙子很受欢迎。她的设计非常独到，穿上裙子的人都散发出一种独特的、浓浓的女性气质。她还特地将裙子设计成各种体型都可以穿的样式。"每个身体都是美的，"她说，"每个女性都应该喜欢自己的身体、喜欢自己。"

事实上，朱丽叶的衣服凸显了某种超乎身体甚至超乎女性本身的东西。她微笑着说："对，当然了，这是对所有形式本源的歌颂。"朱丽叶体会到的热情拓宽了她的视野，让她能够做出更多的设计，她开了一家大店铺，生意蒸蒸日上。"我必须要创立这家企业，"她说："我得证明我可以通过我的事业来服务于某些神圣的东西，我希望我的事业成为一项奉献。"尽管如此，她不太情愿称自己为服务型领导者，因为她觉得这个称呼太宏大了，不够谦逊。她引用那位曾启发了她的神秘主义者的话说："只说你所知道的，不说你是如何知道的。"

## 安德鲁·斯通的故事

在整部书里，我们常常读到安德鲁·斯通这个名字，以及他在量子领导力领域的实践。但在他的职业生涯当中，斯通也曾经历过一场危机，正是这场危机启发了他的人生和工作。

安德鲁·斯通博览群书，但他其实并没有接受多少正式教育。用他的话来说，他15岁时"带着耻辱"离开了学校，因为他有五门课拿了零分，其中一门还是木工。他开始靠耍小聪明过日子。还没到17岁，他已经成了威尔士卡迪夫街市上的一个黑市小贩。

黑市小贩卖的都是来路不明的商品。他有自己的街市摊位来卖那些商品，还挣了不少钱。"我有房有车，也有不少好朋友，当然，这些朋友也都是混黑道的。我想追的女孩都能得手，感觉自己已经是个大人物了。"

斯通生于一个犹太家庭，但他对此却不甚在意。然而，1967年第三次中东战争爆发时，他的朋友斥责他，说如果他真是个大人物，就应该回以色列参军打仗。他真的去了。正如那个时代的人所知，他到的时候战争已经结束了，但是他决定再多留一阵子。然而，在以色列的生活并不尽如他意，或者说，他觉得自己的生活并未达到以色列的正常标准。

"过去追女孩时，我总是开着炫酷的跑车在路上狂飙，手中还握着大把钞票，"他回忆道，"但以色列女孩对这些不屑一顾。她们喜欢讨论犹太人的命运、生命的意义这些哲学话题，喜欢战争英雄和那些有追求的男孩。我感觉自己糟透了，简直一文不值，就像一个该被消灭的细菌。"他在以色列的一年间都被这种想法困扰着，直到有一天他突然意识到，自己应该做一个有用的人。他似乎找不到不这样做的理由："即使当我还是个黑市小贩那会儿，我也想让我的顾客满意。我会想卖给他们好一点的货物，现在我觉得，我应该在一个更大的平台上实践这一点。"

斯通写信告诉父亲自己的新想法，他的父亲在威尔士，也是一名街头商贩。斯通告诉父亲，他不知道如何将自己的想法付诸实践，也不知道下一步该做什么。"父亲提醒我，我有一些零售方面的技能。他还跟我讲了玛莎百货公司的经营原则。玛莎百货公司是一家信奉理想主义的犹太企业，以服务社区为信条。父亲说，一个人很难同时具备关怀信条及在买卖之间赚取利润的能力。有些人是社会改良家，写作和演讲能力一流。有些人是天生的商人，赚钱能力一流。但是如果能在玛莎百货公司工作，将优秀的零售技能和社会责任感相结合，并试着将其传递给下一代，这才是一个伟大的挑战。这席话深深地鼓舞了我。"

斯通回到了英国，在玛莎百货公司申请了一份工作。在参加标准招聘考试时，他的表现不佳。当时的招聘负责人是玛莎百货公司前主席的儿子大卫·西埃夫（David Sieff），后来他成了该公司的社区事务主管。西埃夫对斯通说，无论以什么样的常规标准都不会录用你的。但当时，玛莎百货意识到了公司庞大的规模有可能导致官僚主义和公司体制僵化。他们希望能够将公司创始人的经验技术继续保存下去，因此西埃夫说："我的直觉相信你，所以我打算给你一年的试用期。"而接下来的故事书写了该公司的一篇史诗。

## 陈锋：一位儒家君子的故事

41 岁的陈锋是天健水务公司的 CEO，公司总部位于中国浙江省。想要系统地理解陈锋的人生经历中蕴含的能量和启迪，首先需要对中国当今的社会现状有所了解。

中国是世界上最古老、传统文化最丰富的国家之一，但如今，很多中国人都感觉中国社会出现了价值观危机。如今，在城市的各个地方，都能看到有钱人穿着款式新潮的衣服，在高档商店里购买西方奢侈品，也能看到他们开着名牌的西方豪车，其中奔驰是很受青睐的品牌。中国有远见、善反思的群体对现状普遍感到不安和担忧。

在过去的一年里，我应邀去过中国三次，而且今后一段时间还会有更多来自中国的邀请。在中国，我所到之处，发现人们很热衷于"量子信息"。在中国，我能感受到在别的任何地方都感受不到的对自己和对工作的热情。有人告诉我，这是因为"量子论"的概念和中国的传统文化遥相呼应，因此，"量子论"为重新阐述古老的信仰与价值观提供了一种崭新的途径。本人最近受聘在浙江大学开设"量子哲学与中国思想"这门课程。我的年轻学生们都很好学，他们十分关心自己国家的精神世界，也希望能够进一步提升自己。很多人说希望成为"量子领导者"，去积极地改变中国社会。我对他们满怀信心。说到这里，我想分享陈锋的故事。

陈锋出生在石溪村，浙江省的一个农村地区。他很聪明，14岁时就得到了在一所寄宿学校接受教育的机会。但是，离开家庭的约束，他渐渐开始不求上进，不关心学业，三年里一直沉迷于广受中国男生喜爱的武侠小说。书中的传奇式英雄人物充满了积极的能量，他们主持公道，以身作则，启迪他人。这些传奇式英雄深深地影响了陈锋，但却险些毁了他的学业。他最终没有通过最后一年的初中升学考试，只能回家接受父亲的一顿揍。父亲告诉他现在家里生活拮据，只能靠务农为生，听罢，他哭着请求父亲再给他一次完成学业的机会。当他再次回到学校后，他用一年的时间补上了原来三年落下的功课，扔下了武侠小说，成了班上最优秀的学生。毕业时，他顺利升入高中，随后考上大学，踏入商界。但也就在这时，他觉得自己像是社会中的"局外人"，也发现商界的价值体系和自己的观念以及武侠小说中侠客奉行的原则截然不同。

陈锋回忆道："我开始觉得自己在商业上完全是个失败者，我曾经做过两年的销售工作，却没有赢得一个顾客。"2003年时，陈锋成立了自己的公司天健水务，但是却发现在市场上，与其他使用欺骗手段和出售不干净水的水处理公司竞争时，总是处于劣势。他对我说："两年后，我遭遇了人生中最严重的一次危机。我自己一直诚实坦率，也很喜欢为别人服务，但现在的中国社会已经不再需要这些品质了。因此我在想，难道我也应该像其他做生意的人一样行骗吗？"

当时，也许是因为备受思想疑虑的困扰，陈锋生了一场大病。他住了两周医院，其间一直高烧不退，医生当时怀疑他可能感染了"非典"病毒，最终，医生决定让陈锋回家。他的母亲用冰块包裹着他的头和身体，但是依旧没有退烧。

陈锋回忆时说道："有一天晚上，我还在发着烧，模糊中看到一个像我祖母模样的老妇人向我走来，并对我说'但行好事，必没有错'。"他觉得这位老妇人是佛教大慈大悲的观世音菩萨。第二天早上，他退烧了，而且逐渐康复起来。他继续坚持着自己的商业理念，并希望自己可以经营一家由善良的员工组成的良心公司。他决心只聘用诚信可靠、永远不会背弃自己的朋友和顾客的员工。他说："我们寻求的是有着内在动力而不是迫于外力压迫才去工作的人，我们需要有积极正能量的人。"

所有新招聘的天健水务公司的员工都会经历一个为期三天的入

职培训项目，了解公司文化，同时也了解公司对他们的期望。这一项目中有关于《易经》的讲解，因为这本书包含了关于善的理念；同时项目也涉及了其他经典国学，从而使员工明白学习和服务的重要性。公司的名称"天健"便是取自《易经》中的"天行健"。公司总部设有一个"学习岛"，这是一个长长的走廊，陈列着各种推荐阅读的书目。新入职的员工会被告知，这里绝对不允许部门内部或部门之间存在小团体，也不允许蒙混上司和顾客，而此类现象在许多大型国企中十分常见。每一个员工都被教导公司的总体大于部分之和，每一个人都应该对整体负责。同时，公司也告诉员工，在天健，顾客才是真正的雇主，管理的最终目标其实是对自身的管理。员工最终都融入了这一不断进行开放质疑的企业文化中。陈锋说："提出问题是最重要的一种能力，而且重要的是不仅仅要向与自己观点一致的人提出问题，更要勇于向与自己意见相左的人发问。"

天健公司规模尚小，但发展很快。陈锋 2003 年以 2 000 元创立了公司，自创立之时起，公司的年增长率就达到了 30%，目前营业额已经达到了 10 亿元。公司现在已经走出浙江，业务拓展到了其他三个省。据预测，在未来的十年内，天健将会发展成为中国最大的水处理公司。公司内部仍然保持着愉悦、友好的氛围，同事之间都很珍视人际关系。陈锋也因自己的品行受到员工的爱戴，他会去医院看望生病的同事，也会亲自去车站迎接他们从乡下来的父母。公司的一个员工对我说："他就像我们的父亲和兄长。"高级副总裁说："在这里我十分有安全感，无论面临多大的困难，我都觉得十分安心，因为我知道公司永远都是支持我的后盾。"在跟陈锋的高级领导小组一起吃午饭时（该小组的平均年龄是 29 岁），一些人这样向我解释为什么他们对自己的工作如此满意。

一天晚上，我和陈锋在公司总部附近的西湖湖畔散步，他问我："你觉得我们的产品是什么？"

我答道："当然是水。"

他说："其实不然，我们的产品是人，我想树立的是'天健人'，我希望天健的员工能够成为全国商界的一个模范。"他将自己公司的文化总结为"君子文化"，这一想法来自孔子的理念，孔子认为真正的君子是顶天立地的。陈锋希望"天健人"能够成为连接中国传统与当代的桥梁。

## "服务型领导者"的概念

一些西方的商人在讨论服务型领导者这一概念时，认为其指的是一个领导者应该要有深层次的价值观并且能够有意识地将服务融入自己的领导风格之中。但是当东方人谈论价值观时，可能与西方语境中的价值观含义不尽相同。通常而言，西方最好的公司价值观会涉及"杰出、有发挥空间、可发挥潜能、成就、产品与服务质量、投身于永不止步的发展"等概念，而在东方，传统的深层价值观是关于"同情、人性、感恩、为家庭和社会做贡献、忠于先人或忠于我们赖以生存的根基本身"等。传统的东方社会重视合作与诚信，而西方则强调竞争和控制。

在东方，好人一定是集合了人性的各种优点，而在西方，好人通常是按照一个人的行为来衡量的。罗伯特·K. 格林里夫（Robert K. Greenleaf）是最早写论文探讨服务型领导者的人，他的理念中更多的是东方的因素，如他列举的尼泊尔佛教和尚的例子。在《同步性》（*Synchronicity*）一书中，约瑟夫·贾沃斯基（Joseph Jaworski）强调了在公司领导力中，为人比处事更重要。他通过广泛的对话练习帮助领导者触及自己的内在。贾沃斯基自己的人生也在一次与戴维·玻姆关于量子科学思维的对话中发生了转折。我深信这一新科学的概念框架和精神内涵能够为我们理解服务型领导者以及领导者职能的真正含义奠定坚实的基础。

作为麻省理工学院的一名物理学学生，我深知科学和牛顿力学的内涵在拓宽两种价值观上起到的作用：行为的价值观和存在的价值观。牛顿科学体系通过分析和测量来研究物体，它将精神与物质、人与自然割裂开来。它使我们关注当时当下，认为真理非黑即白，以行为和结果来衡量成功和成长。这些，不是影响上述三位领导者言行的价值观。

我们可以看出，20世纪出现的新兴科技有着不一样的哲学与观念基础。量子科学告诉我们，世界是一个整体。人类存在于自然之中，是自然的一部分，在我们的帮助下，现实真正成为现实，我们是自由的主体，肩负着共创自然的责任。在量子科学视角下，在自我物理与精神的基本成分中、延伸中抑或是激发中，我们都生活在"存在"的潜在基态中。正如我之前所说，量子论对自我的阐释表明了我们就是上帝的思维与想法。

在我看来，服务型领导者需要具备四个重要的品质。第一，他们必须具备将生活和事业关联起来的能力。第二，他们必须具备强烈的责任感，信守诺言。第三，他们必须意识到人类的努力，包括交易，都是整个宇宙编织网中微小的一部分。第四，也许是其中最重要的，服务型领导者必须知道他们最终要为谁而服务。他们必须具备谦逊与感恩的品质，知道所有价值观的源泉。

里尔克在描述"独角兽"时说："实际上它不是真的存在。他们出于爱制作了它。"服务型领导者以爱为名。我之前引用的例子也是如此，他们的行为并不是从人性的爱恨情仇与渴望善举的愿望出发，而是出于深层的奉献精神。服务精神远远超出服务对象本身。使女性拥有良好的自我感觉，这一心愿来源于"存在"的潜在本质。另外，使人快乐的心愿来源于犹太人对集体的爱。服务国家的心愿来源于培养和教化善良诚实的人。

对于这些服务型领导者和其他类似的人，商业事务不再局限于为谋利对人、事甚至自然的操控。很大程度上，商业自身已成为一个精神层面的职业。大脑的"灵魂"（量子思维）将大脑的"智力"（串行思维）与"心脏"（联想思维）结合起来。这样一来，开启了大脑持续的思维重构。我相信，唯有从服务型领导者的精神世界出发，才能实现物质世界深刻的变革。于是，我愿以"量子领导者的誓言"结束此书，量子领导者是优秀且卓越的服务型领袖。

## 量子领导者的誓言

我相信，全球商业有财力和能力，在我们如今糟糕的世界中做出卓越成就，帮助自己，也帮助他人做出成就。我希望看到商业将视野提升至"社会底线/短期财务表现"<sup>⊖</sup>之上。我希望看到商业发

---

⊖ 这里是双关，bottom line 有这两层意思。——译者注

展成一种职业，就如同高等职业一般。这就需要在商业中添加道德层面的内容，以价值和服务为导向，逐步消除私企与公众服务机构的天然界限。我希望看到商业对这个世界负有责任，因为商业在这个世界中运行，也从中获益。我希望看到自己成为服务型的商业领袖，不仅为股东、同事、员工、商品和客户服务，也为集体、地球、人性、未来和生活本身服务。

# 译后记

　　探讨宇宙根源的量子物理学，碰上经营企业的管理学，会擦出什么火花？

　　来自英国的企业管理专家丹娜·左哈尔，将这看似天差地别的两大领域深入浅出地糅合为一体，提出自成一家、切中时代需要的量子管理学（quantum management），已经成为管理学界的新浪潮。

　　左哈尔出生于美国，大学时期在麻省理工学院主修物理学和哲学，后来在哈佛大学深入研究东西方文化，并取得哲学、宗教暨心理学博士学位。目前，左哈尔定居英国牛津，并在牛津大学坦普顿学院（Templeton College）和牛津布鲁克斯大学（Oxford Brookes University）教授企业领导相关课程，还主持一家管理顾问公司。

　　身为哲学博士的左哈尔闯进企管领域，其实是场美丽的意外。左哈尔在1990年出版第一本著作《量子自我》（*The Quantum Self*）中，谈论如何运用量子物理学的概念来分析日常言行，进而深入地认识自我、管理自我。这本书上市后，左哈尔竟意外地接到伦敦商学院的演讲邀约，从此开启左哈尔的企业管理之路。后来左哈尔甚至被英国壳牌（Shell）石油公司聘用，向企业内引入量子管理课程，授课达三年之久。之后她便不断受到来自全球各地企业的邀约，包括世界500强中的多家企业，如BMW、沃尔沃汽车、摩托罗拉、飞利浦、英国电信、麦肯锡等。

　　从牛顿物理时代进入量子物理时代，当属21世纪最重要的变革之一。量子物理学大家戴维·玻姆（David Bohm）说"世上一切问题，皆源自思维的问题"。当今世界急速变迁，许多问题、危机及不确定接踵而来，想要妥善应变，只有从根本上转变思维模式。

英国大科学家牛顿在 17 世纪提出的宇宙思想观，深深影响着过去人类的发展。牛顿思维（Newtonian thinking）认为世界是由"原子"所构成。原子和原子间，就像一颗颗台球一样，彼此独立，即使碰撞在一起也会立即弹开，所以不会造成特殊的变化。因此，世界将日复一日地稳定运作。

牛顿思维有错吗？其实并没有错，但其也有局限。在过去的机械工程年代，凡事大都呈现规范化、有秩序，牛顿思维是可行的。但到了今天的信息时代，一切几乎都由量子科技创造出的计算机芯片所主导，到处充满了不确定性与不安全感。牛顿思维已经难再适用。

量子物理学是在 20 世纪初才兴起，是 20 世纪四大新科学理论之一，用以探索宇宙的起源与运行。它主张世界是由能量球（energy balls）所组成。能量球碰撞时不会弹开，反而会融合为一，不同的能量也因此产生难以预测的组合变化，衍生出各式各样的新事物，蕴含着强大的潜在力量。量子理论最初用来描述原子中微观世界的运动行为，但目前大量科技都基于量子技术。量子理论将物理行为描述成不确定的整体行为。1950 年，物理学家玻姆发现量子过程和人的思想过程极为相似。

牛顿思维和量子思维（quantum thinking）属于两种新旧思维模式。

正如左哈尔在书中所说，牛顿思维重视定律、法则和控制，强调"静态""不变"。量子思维重视的却是不确定性、潜力和机会，强调"动态""变迁"。身处 21 世纪竞争激烈的年代里，企业若仍用牛顿思维来管理，强调集权、员工只需听令行事、不得有意见，那将陷入困境。

故而，左哈尔呼吁，企业需要新的量子管理思维，将每个员工看作特殊的能量球，放手让员工集体发挥创意，"由下而上"地为公司注入源源不绝的动力。

无独有偶，包括彼得·圣吉（Peter Senge）、加里·哈默尔（Gary Hamel）等管理大师，也都不约而同地指出，新的企管思维，必须走向民主化、由下而上，管理阶层只需告诉下属要达到什么目标、有哪些资源和条件可用，然后充分授权。唯有如此，才能在充满变迁与不确定的未来年代里，确立长治久安的一席之地。

在量子时代，左哈尔建议企业首先该做的，就是转变过去的思维模式。如果抱着错误的思维，企业架构也必然失当。

倘若一家公司采取的是牛顿思维，它的组织也只能是牛顿式架构。这样的企业比较有明确性（certainty）、可预测性（predictability）以便于管控，领导者需要创造一个易于管控的阶层架构，好让自己可以轻松地由上而下掌控公司。但这样的组织同时也减少了员工发挥创意的自由空间，无法将员工的创意贡献到公司的体系当中。在这种架构下，主管总是在命令员工去做什么、听令行事，却不会询问他们的意见、问他们该做什么。

建立在牛顿思维上的标准作业程序，只会要求员工一直坐在办公桌前不动、一切都依照上级的命令去做、记住上级跟你说了什么和要你完成什么。

但矛盾的是，在这种组织中，主管们却常常要求员工发挥创造力、创新，这几乎是缘木求鱼。

左哈尔用自己的搭档克里斯·雷来举例。克里斯从物理学系毕业，非常有才华，后来与朋友合伙开公司，研发出新产品，搞得有声有色。后来公司为了扩大经营，引进了外来资金，没多久，老板就找来一位拥有管理专才的人担任 CEO。但 CEO 不懂产品的实际生产过程与技术，他只会思考用哪些方式来掌控每一个员工，后来几乎所有员工都挂冠求去。一年后，公司倒了。

克里斯现在在左哈尔的管理顾问公司担任总经理。左哈尔从不对克里斯指手画脚，只是说："我给你 30% 的公司股份，请尽管发挥你的聪明才智去做任何事。当你需要我的意见或建议时，我随时恭候大驾。"左哈尔唯一给他设定的目标，就是实现盈利、让公司成长。

事实上，当今管理学界，已经在反思或区分讨论管理（management）和领导（leadership）的差别。"管理"来自拉丁文的"manus"，意思是"插手介入"（hands on）或"控制"。这在左哈尔看来已经不合时宜了，在当下，更应该倡导领导。

由于技术的创新推动，目前的企业管理领域正出现一种强调"由下而上"的趋势，几乎人人都在谈论"工作的意义""工作的目的"，这确实已经成了一种趋势。

出现这种趋势的原因，在于世界变得繁复庞杂，过去牛顿式的思考已经无法妥善处理现况，已经无法凭着命令、指令来处理事物的复杂性。要适应繁复的现代事物，需要的是自组织（self-organization）。所以，左哈尔提出"如果企业要员工自发而起、自我组织，就要赋予他们从下而上的动力和空间，让他们了解到工作对自己的意义在哪里，鼓励他们充分释放自己的才华"。

但现在有多少公司愿意这样问员工："你有什么好主意？"有多少老板愿意问秘书："你对我的公司有没有什么建议？"多数人还是抱着"我是老板"的心态在管理公司、对待员工。而左哈尔正是希望通过这本书让领导者意识到转变思维有多重要，企业创新仰赖领导者的量子管理模式。

但领导者从牛顿思维转型成量子思维的过程无疑会遭遇许多前所未有的困难，左哈尔直言因为人们都害怕不能掌控一切、害怕冒险，所以很容易产生恐惧。

她反对那些所谓的风险评估分析师，因为正是他们试图把风险量化，希望自己可以掌握风险，结果就是因为这种恐惧心理，将人们从创新的路子上又拉了回来。

大多数的公司都被四种负面的动力推着走：恐惧、贪婪、愤怒和自大。在这种负面的动力氛围下，人们很难看到事物的正面契机。所以，企业需要另外四种正面的积极动力：探索、合作、自我管理（self-mastery）和情境应变（situation-mastery）。如果领导者敢于探索，也许就能发现契机之所在。但如果害怕，领导者就无从发现这些正面的契机。

左哈尔长期学习和研究东方文化，在她的量子管理中，她非常推崇东方文化，直言"西方文化是智商式的文化，而东方文化本质上则比较接近量子式的"。左哈尔认为，西方文化太强调个人，东方文化则太强调团体，她认为，西方基于神经学的科学思维方式是用左脑思维的、理性的、逻辑性的，也是非常线性的思维；而东方的恰恰是右脑思维，它更加注重感觉和直觉，是一种更加注重自发性和全面性的思维。西方呆板的线性思维导致了精神与社会的分裂，同时也造成了很多经济、政治、文化方面的问题；而东方思维的不足之处在于，它不像西方文化那么具有逻辑和理性。

而在量子时代最需要的是东西方文化的对话与融合。"如果说我们可以把东西方文化结合起来，取其精华，去其糟粕，就能得到一种全新的思维模式，我们称为量子模式。量子思维可以给我们新的想法、新的动力、新的价值观，并让我们提出很好的问题、重视自发性、开始认识自我、尊重多样化，在困难面前不低头、学会谦卑、有同情心，同时还有使命感。做到了这些，我们就可以建立一个以量子管理为基础的公司。"

是的，在复杂多变的量子时代，领导者们是时候改变牛顿思维，开始量子领导思维风暴了。

Snow

2016. 3. 26